KB202307

믿음 소망 사랑

하나님과 나를 보여주는 세 가지 색깔의 거울

믿음 소망 사랑

하나님과 나를 보여주는
세 가지 색깔의 거울

고광필 지음

카리스
아카데미

믿음 소망 사랑
하나님과 나를 보여주는 세 가지 색깔의 거울
2025년 6월 10일 발행

지은이 | 고광필

발행인 | 이창우
기획편집 | 이창우
표지 디자인 | 남상은
본문 디자인 | 이창우
교정·교열 | 지혜령

펴낸곳 | 도서출판 카리스 아카데미
주소 | 세종시 시청대로 20 아마존타워 402호
전화 | 대표 (044)863-1404(한국 키르케고르 연구소)
편집부 | 010-4436-1404
팩스 | (044)863-1405
이메일 | truththeway@naver.com

출판등록 | 2019년 12월 31일 제 569-2019-000052호

값: 21,000원
ISBN 979-11-92348-42-1(03230)

임마누엘 교회를 세우는 데

많은 헌신을 하셨고

더불어 이 책도 출판하도록 도움을 주신,

서윤국 집사님께 이 책을 드립니다.

목차

믿음의 삶   115

행복하게 사는 길   161

소망의 거울   201

서론

독자 여러분께

제가 이 책의 제목을 『하나님과 나를 비추는 세 가지 색깔의 거울』이라 이름 붙인 이유는, 이 책이 하나님과 우리 자신을 비춰 주도록 하기 위함입니다. 거울은 있는 그 대로를 비춰주는 도구입니다. 믿음, 소망, 사랑이라는 세 가지 거울을 통해 하나님께서 는 우리 본모습을 비춰 주십니다. 어떻게 하시는 걸까요?

믿음을 통해 말씀을 듣게 하시고 말씀대로 살게 하시며, 소망을 통해 죽음을 이기 게 하시고, 살아가는 데 필요한 소망(hope for living)을 갖게 하십니다. 사랑은 단지 이 론이 아니라 실천이며(요한일서 3:18), 하나님은 사랑으로 우리에게 오셔서 우리 아픔을 함께 겪고 만져주시는 분입니다(히브리서 4:15). 뿐만 아니라, 조건 없는 사랑으로 우리와 함께하십니다. 하나님은 우리의 상황이 어떻든지 언제나 우리와 함께하십니다.

믿음, 소망, 사랑은 우리가 직접적으로 이해하거나 설명하기 어려운 개념입니다. 많 은 의미를 품고 있기 때문입니다. 우리가 거울 없이는 자기 얼굴을 볼 수 없듯, 하나님 을 볼 수 있도록 거울을 하나님께서 만들어 주셔야 비로소 하나님을 뵐 수 있습니다. 인간이 만든 거울은 완전하지 않습니다. 그래서 그 거울로는 우리의 참모습을 볼 수 없 고, 왜곡된 모습만을 비출 수밖에 없습니다. 우리는 하나님이 주신 거울을 통해서만 진실한 자아를 발견할 수 있습니다. 하나님이 만들어 주신 거울이 바로 믿음, 소망, 사 랑입니다. 이 거울을 통해 진정한 하나님과 우리 모습을 함께 보도록 합시다. 그리고 하나님께 영광을 돌립시다. 할렐루야, 아멘!

저는 성 아우구스티누스의 『신앙론』이라는 책을 읽은 적이 있습니다. 믿음, 소망, 사랑에 대한 신학적 저술로, 믿음의 아들 라우렌티우스(Lawrentius)가 기독교 교리 전 반에 대한 명확한 해설을 소책자 형식으로 써달라고 요청한 데서 비롯되었습니다. 아 우구스티누스는 믿음, 소망, 사랑의 올바른 대상이 무엇인지 아는 사람이면, 기독교 교리 전반도 알 수 있다고 보았습니다. 믿음의 대상에 대해서는 사도신경을, 소망의 대상에 대해서는 주기도문을, 사랑에 대해서는 하나님을 그 대상으로 설명하였습니다. 『신앙론』은 저에게 믿음, 소망, 사랑의 중요성을 일깨워 준 책입니다.

하지만 제가 믿음, 소망, 사랑이라는 주제로 직접 저술하게 된 계기는, 사도 바울의 말씀이 되었습니다. 바울은 고린도전서 13:13에서 그런즉 믿음, 소망, 사랑, 이 세 가지는 항상 있을 것인데 그중의 제일은 사랑이다, 라고 말하고 있습니다. 신자에게 항상 있어야 할 것은 믿음, 소망, 사랑입니다. 우리가 매일 세 끼를 먹어야 육체적으로 건강하듯이, 신자는 믿음, 소망, 사랑이 항상 있어야 영적으로 건강하고 올바른 신앙생활을 할 수 있다고 믿습니다. 귀 있는 자는 들을지어다!

믿음, 소망, 사랑 모두 하나님의 선물입니다. '선물'이라는 말이 암시하듯, 이 세 가지는 우리 안에 자연스럽게 생겨나는 것이 아니라 하나님께서 우리에게 선물로 주시는 것입니다. 우리가 믿음의 삶을 풍요롭고 올바르게 살아가게 하려고 하나님께서 이 선물들을 주신다고 저는 생각합니다. 신자의 삶은 자신의 의지로 사는 것이 아니라, 하나님께서 주신 선물을 받아 누리며 사는 것이며, 그렇게 살 때 우리는 자유롭고 풍요로운 신앙생활을 할 수 있습니다. 하나님의 놀라운 사랑이며 배려입니다. 따라서 예수를 믿는 사람은 하나님을 믿고, 소망하고, 사랑하며 살아가는 것이 올바르게 신앙생활을 하는 것입니다. 성령께서 우리 마음에 이 세 가지가 항상 있어야 한다는 사실을 확신시켜 주십니다. 믿음, 소망, 사랑이 반드시 필요한 이유입니다.

본 저서는 아우구스티누스의 책처럼 교리적인 해설서라기보다, 성경에서 말하는 그대로를 쓴 책입니다. 즉, 제가 28년 동안 광신대학교, 호서대학교, 임마누엘교회에서 설교하고 성경 공부하며 강의한 내용들 가운데, 믿음, 소망, 사랑과 관련된 본문과 주제들을 선별하여 전면적으로 수정하고 보완한 내용입니다. 비록 직접적인 설교는 아니지만, 그 흔적들이 문장 곳곳에 있습니다. 제 설교의 특징은 성경을 '설명'하기보다는 하나님의 말씀을 '드러내는 것'(not to impose, but to expose)에 중점을 둔다는 점입니다. 성경 본문을 해석할 때, 저는 성경 언어의 '사용 방식'(use of language)을 관찰하여, 믿음, 소망, 사랑이 무엇인지(what)에 대한 이론적 설명보다는 성경이 그것들을 '어떻게'(how) 표현하고 있는지를 보여주려 했습니다.

성경에서 말하는 믿음, 소망, 사랑은 맥락에 따라 다양한 의미를 지닙니다. 그래서 각각을 다음과 같은 구조로 살펴보고자 합니다. 믿음: 1. 믿음이란, 2. 믿음의 시작, 3. 믿음의 삶 입니다. 소망과 사랑도 이와 유사한 순서로 다룰 예정입니다. 이 책의 목적은 독자들로 하여금 하나님을 올바르게 믿고, 소망하며, 사랑하도록 도전을 주고 격려함으로써, 진정 아름다운 신앙의 이야기를 스스로 써 내려가도록 돕는 데 있습니다.

끝으로, 저를 위해 기도해 주신 분들께 감사의 마음을 전합니다. 저의 신앙의 아버지와 어머니이신 전요한 목자님과 전선지 사모님께 감사드립니다. 호서대학교 강일구 총장님, 신실하시고 사랑이 많으신 정준기 박사님께 감사드립니다. 동역자이신 나현주 목사님, 박은식 목사님, 박성수 목사님, 김호욱 목사님, 박광준 목사님, 성희주 목사님, 국정문 목사님, UBF의 김느헤미아 목자님, 박요한 목자님, 박다윗 목자님, 김모세 목자님께 진심으로 감사드립니다.

또한 한국키르케고르연구소의 오석환 목사님, 키르케고르 작품을 덴마크어와 영어를 일일이 대조하여 처음부터 끝까지 연구번역하시는 대표이사 이창우 목사님, 키르케고르의 작품을 함께 번역하고 계신 윤덕영 목사님께도 감사드립니다. 호서대학교의 황인태 목사님, 김견수 목사님, 감성복 목사님, 홍동표 목사님, 그리고 기도해 주신 서선영 사모님, 서화영 집사님께도 깊은 감사를 드립니다.

저를 위해 기도해 주신 백선기 성도님, 현정숙 성도님, 백광진 성도와 가족분들, 최

기남 목사님과 진솔하시며 지성적인 윤숙자 사모님, 홍순명 집사님, 친구이자 사랑이 많으신 고규석 장로님께 진심으로 감사드립니다. 제 누님을 비롯한 형제자매들에게도 감사를 드립니다.

마지막으로, 임마누엘교회에서 함께 기도하고 예배드리고 찬양했던 서윤국 집사님 가족, 박예은 성도 가족, 이진성 성도, 전성수 성도 가족, 박건태 성도님과 모든 성도, 그리고 저의 가족에게 깊은 감사를 드립니다.

1

믿음의 거울

믿음의 시작

"믿음은 바라는 것들의 실상이요, 보지 못하는 것들의 증거니, 선진들이 이로써 증거를 얻었느니라." (히브리서 11:1~2)

성경에서 말하는 믿음의 대상은 예수 그리스도이다. 예수 그리스도는 믿음의 중보자이며, 하나님과 인간 사이 화해를 이루시는 분이다. 인간의 죄를 대속하기 위해 십자가에서 피 흘리셨고, 하나님은 예수 그리스도를 믿는 자에게 죄사함과 구원을 선물로 주신다..

믿음은 하나님의 선물이다(에베소서 2:8). 이 점에서 기독교의 믿음은 다른 종교들과 질적으로 구별된다. 기독교는 인간이 신에게 도달하려는 종교가 아니라, 하나님께서 인간에게 오신 사건에서 시작되며, 그 절정은 예수 그리스도의 십자가에서 나타난다. 하나님은 죄인을 용서하시고, 구원의 길을 여셨다. 핵심 메시지는 분명하다. "예수 그리스도를 믿음으로 구원에 이른다"(디모데후서 3:15). 하나님께서는 예수 그리스도 외에 다른 이름으로는 구원을 받게 하신 일이 없다(사도행전 4:12).

따라서 예수님을 단순히 '부처님처럼' 혹은 '사대 성인 중 한 분'으로 믿는다면, 성경이 말하는 믿음이 아니다. 그런 믿음에는 구원이 없다. 그렇다면 믿음의 선진들은 어떻게 살았는가? 그들의 삶이 곧 믿음의 해석이다. 히브리서 11장 선언은 단순한 교리적 정의가 아니라, 믿음의 삶을 두 가지 차원에서 증언하는 말씀이다:

바라는 것들의 실상

믿음은 바라는 것들의 실상이다. 추상적이 아닌 사실에 기초하고 있으며, 거짓된 것이 아니라 바라는 것들의 실재(實在)이다. '바라는 것들'은 비록 미래에 속한 것이지만, 그것이 현재 우리 삶 속에서 반드시 이루어질 것이라는 확신을 전제한다. 믿음이란 하나님께서 약속하신 대로 반드시 이루어질 것을 현재 시간 안에서 확신하는 것이다.

그렇다면 미래에 이루어질 것을 믿고, 현재 바라는 것이 무엇인가? 세상적으로는 부유해지는 것, 행복하게 사는 것 등 끝이 없을 수 있다. 하지만 신자가 궁극적으로 바라는 것은 영원한 생명이다. 하나님 나라에서 영원히 사는 것이다.

많은 사람은 죽음이 삶의 끝이라고 생각한다. 그러나 사람들이 생각하는 것처럼, 죽음이 삶의 끝은 아니다. 인간이 한번 죽는 것은 정해진 이치이나, 그 후에는 심판이 있다(히브리서 9:27). 그러나 예수님을 믿는 자는 죽음을 두려워하지 않는다. 이유는 세 가지이다.

첫째, 우리의 심판자는 세상의 독재자나 무자비한 권력이 아니라 예수 그리스도이기 때문이다.

둘째, 죽음이 끝이 아니라 영원한 삶의 시작이기 때문이다.

셋째, 죽음의 순간에도 하나님이 우리와 함께하신다는 확신이 있기 때문이다.

만약 사람이 영원히 산다는 것을 믿는다면, 그렇게 탐욕에 사로잡혀 세상을 악착같이 살려고 하지 않을 것이다. 영원한 나라에 대한 소망을 품는다면, 더 여유 있는 마음으로 사랑하고 나누며 살아갈 수 있을 것이다.

영원한 하나님의 나라는 우리가 돌아가야 할 본향이다(히브리서 11:14). 하나님 나라는 실재하며, 영원하다. 어떻게 그것을 알 수 있는가? 믿음으로 알 수 있다. 영생뿐 아니라, 하나님께서 우리에게 약속하신 모든 것을 믿음을 통해 받을 수 있다. 이것이야말로 믿음의 비밀이 아니겠는가!

보지 못한 것에 대한 증언

믿음은 보지 못하는 것에 대한 증거이다. 우리가 볼 수 없는 것은 증명할 수도 없다. 그러나 믿음은 과학으로도 증명할 수 없는 것을 확실하게 해준다. 바로 믿음을 통해서다. 우리가 하나님 말씀의 신실성을 믿으면 하나님 말씀을 신뢰할 수 있다. 하나님의 약속이 이루어졌으며 동시에 지금도 이루어지고 있음을 보여주는 것이 바로 성경이다. 과학은 말을 통해 설명하지만 믿음은 삶을 통해 보여주어야 한다. 하나님께서 우리를 사랑하사 약속하신 영원한 나라를 소망하면서 행함이 있는 믿음으로 살자.[1]

---
1 칼빈에 의하면 "믿음이란 우리를 향한 하나님의 자비를 확고하고도 확실하게 아는 것이라고 말할 수 있

01. 믿음의 시작

"그러므로 믿음은 들음에서 나며 들음은 그리스도 말씀으로(ρηματος χριστου)말미암았느니라"(롬10:17)

다. 그리고 이러한 지식은 그리스도 안에서 값없이 주어진 약속의 신실성에 근거를 두고 있다. 성령으로 말미암아 우리의 마음에 인친 바 된 것이다.'(Now we will posses a right definition upon the truth of the freely given promise in Christ, both revealed to our minds and sealed upon our hearts through the Holy Spirit.) Institutes, 3.2.7. (Nunc iuta fidei definitio nobis constabit si dicamus esse divinae erga nos benevolentiae firmam certamque cognitionem, quae gratuitae in Christio promissionis veritate fundata, per Spiritum et revelatur mentibus nostris et cordibus obsignatus"). Faith is a uniquely intimate fellowship with the living Christ. Calvin's First Catechism A Commentary, I. John Hesselink, 104. 성 아우구스티누스는 믿음을 동의를 수반하는 숙고(to think with assent)라고 했습니다. 아우구스티누스의 믿음에 대한 정의는 당시의 회의주의자들과 논쟁에서 비롯됩니다. 그들은 말하기를 이 세상에서 확실한 것은 없다고 합니다. 그래서 그들은 회의주의에 빠졌습니다. 문제는 어떻게 회의를 극복하는가에 초점이 맞추어 있습니다. 그것은 판단을 유보하는 것입니다. 그러나 아우구스티누스에 의하면 회의주의자들의 문제는 세상에는 확실한 것이 없다는 것 즉 불확실성에 있는 것이 아니라 믿으려는 의지가 없기 때문이라고 봤습니다. 왜냐하면 우리가 오류를 범한다면 그것은 인간이 존재한다는 사실을 확실하게 말해주는 증거이며 만약 존재하지 않는다면 오류를 범할 수도 없기 때문입니다. 아우구스티누스에게는 불확실성이 문제가 아니라 죄로 말미암아 동의케 하는 의지가 왜곡된 것이 문제입니다. 하나님의 불가항력적인 은혜가 왜곡된 의지를 회복시켜 선행을 하게 합니다. 믿음과 이성의 관계는 믿음으로 이해에 이르는 것(credo ut intelligiam)이라고 아우구스티누스는 말했습니다. 쇠얀 키르케고르는 믿음과 의심의 관계를 깊이 파헤친 기독교 사상가입니다. 대부분의 사람은 의심은 모르기 때문에 생기는 것으로 봅니다. 그러나 키르케고르는 의심이란 잘 모르기 때문에 생기는 것, 즉 지식적인 것으로 보지 않고 의식(consciousness) 혹은 관심(interest)에서 생긴다고 봤습니다. 지식은 무관심한 것(disinterested)에 속하며 관심이란 의식된 지식(interested knowledge)으로 봅니다. 관심이라는 말 자체가 '사이에'(interesse/being between)라는 말로서 관계성 속에서 성립되는 것을 알 수 있습니다. 그래서 수학이나 미학 형이상학 등은 모두 무관심한 지식으로서 의심이 아니라 의심의 전제 조건입니다. 그래서 관심이 없으면 의심이 해결되는 것이 아니라 중화(neutralized)됩니다. 그래서 의심은 이러한 객관적인 지식에 의해서 극복되는 것이 아닙니다. 의심은 실존에서 모순을 수반한 관심(doubt arises through my becoming a relation between two; as soon as it ceases, doubt is canceled)에서 출발하기 때문에 의지의 결단(act of will)이 필요합니다. 이것이 믿음입니다. 그래서 의심은 객관적인 지식적인 설명에서 없어지는 것이 아니라 믿음으로 극복하는 것입니다(De Omnibus Dubitandum est). 키르케고르에 의하면 기독교가 가르치는 지식은 행위를 통해서 깨달아 알게 되는 지식입니다. 루터는 믿음을 마음의 신뢰(trust/fiducia)로 봤습니다. 그는 십계명의 첫째 계명을 주석하면서 믿음이 무엇인지를 잘 말해 줍니다. "우리가 하나님을 경외하고 또 그를 신뢰해야 한다는 것 이외에 다른 것을 이것에서 찾아볼 수 없습니다. 하나님을 경하는 것으로부터 가장 위대한 지혜가 나옵니다. 다른 것을 두려워하고 또 믿는 사람은 다른 그것을 신으로 삼습니다. 만일 여러분이 하나님보다 군주를 더 두려워하면 군주가 여러분의 신입니다. 만일 여러분들이 하나님보다 여러분의 아내 또는 돈을 더 믿는다면, 이것들이 여러분의 신입니다. 그러나 하나님은 손안에 붙들려 있지 않고 마음속에 있습니다. 만일 여러분이 하나님을 경외하고 또 그를 신뢰한다면, 하나님 이외 다른 사람들을 두려워하거나 믿을 필요가 없습니다. 그러므로 첫째 계명은 여러분 마음의 두 부분, 즉 하나님을 경외하는 것과 그를 신뢰하는 것을 요구하고 있습니다."(『루터選集』, 설교자 루터, Vol. 10(컨콜디아사, 1987), 473).

하나님은 태초에 말씀으로 천지를 창조하셨다. 이해하는 것은 '들음'에서 시작된다. 들음은 그리스도의 말씀(ρηματος χριστου, the word of Christ)이다. 말씀은 로고스(ο λογος, the Word)로의 말씀과, 레마(ρηματος χριστου)로서의 말씀이 있다. 전자는 하나님 말씀 자체이다(요한복음 1:1). 후자는 그리스도가 우리에게 하신 말씀이다. 따라서 성령님을 통해 주신 말씀을 우리가 들음에서 생긴다.

성경을 읽을 때 우리 마음에 강력하게 와닿은 말씀이 있었음을 체험했을 것이다. 이 말씀은 반드시 이루어진다. 말씀은 씨앗과 같다. 그래서 씨앗이 땅에 떨어지면 싹이 나는 것처럼 말씀이 우리의 마음밭에 떨어질 때 믿음이 생기며, 말씀을 실천할 때 100배, 60배, 30배의 결실을 보는 정도로 복 받는 신앙을 가질 수 있다.

02. 믿음의 창시자이자 완성자인 예수 그리스도

"믿음의 주요 온전케 하신 이인 예수 그리스도를 바라보라" (히 12:2)

믿음의 창시자는 바로 예수 그리스도이다. 예수 그리스도는 우리의 믿음을 온전하게 하시는 분이다.

신앙생활이란 예수 그리스도를 바라보며 사는 삶이다. 왜 우리는 예수님을 바라보아야 하는가? 그분이 바로 믿음의 시작이며, 믿음을 완성하시는 분이기 때문이다. 예수께서 믿음의 창시자(beginner of faith)라는 말은 대단히 중요한 의미를 지닌다. 믿음의 창시자란 믿음을 시작하게 하는 분, 믿음의 출발점이 되는 분을 의미한다. 히브리서 기자는 바로 이 점을 강조하며, "예수를 바라보자"라고 권면하고 있다. 신앙생활에서 가장 중요한 자세는, 우리의 눈을 사람에게 두지 않고 주님께 고정하는 것이다. 사람에게 눈을 고정할 때 생기는 문제는 이렇다. 사람의 약점이 보이고, 실망하게 되며 미움이 싹트기도 한다. 신앙생활은 점점 힘들어지고, 어떤 이들은 끝내 교회를 떠나기도 한다. 그래서 성경은 우리 눈을 사람이 아니라 예수님께 고정하라고 말한다. 신앙생활은, 믿음의 창시자이며 완성자이신 예수 그리스도를 바라보며 달려가는 순례자의 여정이다. 이 진리를 마음 깊이 새기며, 오직 주님만 바라보는 기쁨과 확신 가운데 살아가야 한다. 그러나 이것이 절대 쉬운 일이 아니다. 훈련이기 때문이다. 그러나 십자가에 달려 죽으시고 부활하신 주님을 바라보며 경주를 이어갈 때, 우리는 지치지 않고 끝까지 달릴 수 있으며, 그 과정에서 믿음이 자라난다. 신자가 신앙의 경주를 잘하기 위해 필요한 두 가지가 있다.

첫째, 모든 무거운 것과 얽매이기 쉬운 죄를 벗어버려야 한다. 주님께 우리의 시선을 고정하지 못하게 하는 것들, 곧 이생의 자랑, 안목의 정욕, 세상의 정욕 등이다. 우리가 무거운 짐을 지고 괴로운 인생을 살아가게 만들며, 거룩한 나그네로서 사는 것을 어렵게 하는 것들이다. 그렇다면 이 무거운 짐과 죄는 어디에 내려놓아야 하는가? 주님의 십자가 아래 내려놓아야 한다. 우리 짐과 죄를 주님의 십자가에 맡기면, 그 짐에서 벗어날 수 있다. 주님께서 우리 무거운 짐을 대신 져주시기 때문이다. 바로 십자가의 비밀이다. 반대로, 우리가 그 짐을 스스로 지고 가려 하면, 절대 그 짐에서 벗어날 수 없다. 죄는 우리를 얽매이게 하기 때문이다. 하지만 우리를 죄에서 해방해 주시고자 예수께서 십자가에 죽으시고 부활하셨다.

"보라, 세상 죄를 지고 가는 하나님의 어린양이로다"(요한복음 1:36)

주님께서 보실 때, 세상 모든 사람은 수고하고 무거운 짐을 지고 괴로운 인생길을 걸어가고 있다(마태복음 11:28). 죄의 짐이다. 그래서 주님은 우리를 이렇게 초대하신다.

"수고하고 무거운 짐 진 자들아 다 내게로 오라 내가 너희를 쉬게 하리라." (마태복음 11:28)

둘째, 인내로서 우리 앞에 놓인 경주를 해야 한다. '인내'란 말은 환난을 전제한다. 환난과 고난이 없다면 인내라는 말을 우리는 이해하지 못할 것이다(로마서 5:3~4). 인생길은 고난과 환난의 연속이다. 그러나 인생의 어려운 경주에서 심판관은 주님이기 때문에 우리는 승리할 수 있다. 주님은 고난을 통해 우리가 주님을 믿도록 하시며, 우리를 인내하는 사람으로 빚으신다. 그렇게 해서 인생의 경주에서 승리하게 하신다.

03. 믿음의 대상

"참 하나님이시요 참 인간이신 예수 그리스도" (요한일서 4:20)

예수 그리스도는 신성과 인성이 혼합된 분이 아니라, 한 인격 안에 신성과 인성이 연합된 존재이시다. 즉, 하나님이 인간이 되신 분이다(요한복음 1:14). 예수 그리스도는 하나님으로서 신자가 도달하려는 목적이며, 인간으로서 신자가 따라가야 할 길이다(칼뱅, 『기독교강요』 3.2.17). 우리는 예수 그리스도를 통해서만 하나님을 찾을 수 있다. 그분이 바로 하나님의 비밀이기 때문이다(골로새서 2:2).

히브리서 11장에서는 믿음의 선진들이 믿음으로 살아간 이야기를 들려준다. 그들은 믿음으로 사자의 입을 막았고, 믿음으로 이삭을 바쳤으며, 믿음으로 홍해를 건넜다. 믿음으로 오실 메시아를 소망하며 살아갔다. 마찬가지로 우리도 다시 오실 예수 그리스도를 바라보며 살아가고 있다. 이 땅에 오셔서 우리 죄 때문에 대신 죽으시고, 생명을 위해 부활하신 예수 그리스도는 마지막 심판을 위해 다시 오실 것이다. 믿음으로 살았던 구름처럼 많은 증인이 그것을 증명하고 있다.

04. 예배의 대상은 남편이 아니라 예수 그리스도

"예수께서 이르시되, 네게 말하는 내가 그로라 하시니라" (요한복음 4:26)

요한복음 4장은 죄인을 구원하러 오신 예수 그리스도와, 목마른 사마리아 여인 사이의 대화를 기록하고 있다. 목마름 자체가 나쁜 것은 아니다. 목마름이 없으면 물을 마시려 하지 않기 때문이다. 영적인 건강도 목마름에서 시작된다. 하지만 중요한 것은 무엇에 대해 목마른가이다. 사랑, 권력, 돈이나 명예? 여러분은 어떤 목마름을 가지고 살아가고 있는가?

사랑에 목마른 사마리아 여인

목마른 여인, 그녀는 사마리아에서 외롭게 살았다. 그녀는 남편이 있으나 남편이 없는 여인이었다. 말하자면 남편이 다섯이나 있었다. 지금도 진짜 남편이 아니라고 고백했다. 사마리아 여인은 남편에 대한 목마름을 가진 여인이라고 볼 수 있다. 그러나 이야기의 뒷부분을 보면, 그녀의 목마름은 단순히 사랑에 대한 갈망이 아니라 예배의 대상에 대한 목마름이었다. 영원히 목마르지 않은 사람이 되고자 했다(요 4:14). 그런데 그런 물을 줄 수 있는 이가 남편인 줄 착각했던 것이다. 우리의 예배 대상은 인간이 아니다. 사마리아 여인에게 영원히 목마르지 않은 물을 줄 수 있는 이는 오직 예수 그리스도이다. 예수 그리스도는 우리의 예배 대상이다. 그리스도를 예배의 대상으로 받아들였을 때, 사마리아 여인은 물동이를 버려두고 마을로 가서 예수가 그리스도라고 증언했다. 인간을 예배 대상으로 삼고 살아가는 사람은 결국 절망으로 몸부림치는 인생을 살 수밖에 없다. 이 물은 마시면 마실수록 더욱더 우리를 목마르게 한다. 돈도, 인간의 사랑도, 명예도, 권력도 우리 예배 대상이 아니기 때문이다.

진정한 예배의 대상

우리가 모든 것을 다해 사랑해야 할 대상은 인간이 아니라 예수님이다. 그렇다면 우리는 어떻게 예수를 사랑해야 하는가? "네 하나님 여호와를 마음을 다하고 성품을 다하고 힘을 다하여 사랑하라"고 했다(신 6:5). 한 분 하나님이 우리의 경배의 대상이다. 그분을 성품을 다하고 뜻을 다하고 힘을 다하여 사랑하라고 했다. 우리의 마음에 새겨야 한다(신 6:6). 자녀들에게 열심히 가르쳐야 한다(신 6:7~8).

05. 오라! 너희를 쉬게 하리라

"수고하고 무거운 짐 진 자들아 다 내게로 오라 내가 너희를 쉬게 하리라."(마 11:28)

수고하고 무거운 짐진 자들아

예수님께서 모든 사람이 다 무거운 짐을 지고 힘겹게 살고 있음을 아신다. 무거운 짐지고 수고하는 삶은 단순히 가난하게 사는 것이 아니라, 죄 때문에 두려움과 불안 속에서 스트레스 받으며 힘겹게 사는 것이다. 인간은 죄로 인한 수고와 무거운 짐을 스스로 해결할 수 없다. 주님 외에 아무도 해결할 수 없다. 성 아우구스티누스도 인간은 하나님이 지으셨기에, 우리 영혼의 닻을 하나님께 내리기까지는 그저 몸부림치는 것일 뿐이라고 고백했다. 이런 인생들에게 주님은, 당신께 오라고 간절하게 초청하신다. 주님께 가면 영혼의 쉼을 선물로 받을 것이다.

예수님의 멍에를 매고 배우라

마음이 온유하고 겸손하니 당신의 멍에를 메고 배우라고 우리에게 권면하신다. 멍에는 무엇인가? 송아지가 자라서 일을 할 수 있을 때 논에 나가 멍에 없이 쟁기질을 할 수 있는 것이 아니다. 코뚜레를 뚫고 소를 콘트롤 할 수 있는 나무로 된 것을 소의 등허리에 씌우고 나서야 쟁기질을 할 수 있다. 소를 훈련시키는 것이다. 소가 일을 하려면 반드시 멍에를 메야 한다. 마찬가지로 우리 영혼에 쉼을 얻으려면 어떻게 해야 하는가? 세상의 멍에를 메는 것이 아니라 예수 그리스도의 멍에를 매고 배워야한다.

예수의 멍에는 주님의 말씀이며, 멍에를 매는 것은 우리가 주님의 말씀에 순종하는 것이다. 주님의 말씀을 순종하면, 말씀의 진리를 깨닫게 되고 진리를 알며 그 진리가 우리를 모든 무거운 짐으로부터 우리를 자유롭게 한다.(요한 8:31~32) 진정한 자유는 우리를 자유케 하는 주님의 말씀 안에서 사는 것이다. 주님의 멍에는 가볍고 쉽다고 했다. 주님의 멍에만 매면 된다. 주님이 말씀하신대로 따르면 쉼을 얻을 수 있다.

06. 길과 진리와 생명이 되신 예수님

"내가 곧 길(η οδος)이요 진리(η αληθεια)요 생명(η ζωη)이니 나로 말미암지 않고는 아버지께로 올자가 없느니라"(요 14:6)

원문에 보면 εγω εμι η οδος라는 말로서 길 자체, 진리 자체, 생명 자체이다. 영어로 보면 I am the way.라고 했다. 이 말은 I am a way.라는 말과는 그 의미에 있어서 큰 차이가 있다. 주님은 하나의 길이 아니라 길 자체이시기 때문이다.

하나님께로 가는 길

예수 그리스도는 하나님께로 가는 길이다. 예수는 하나님과 인간 사이의 다리이다. 우리는 예수 그리스도 없이 하나님을 만날 수 없다. 우리와 하나님 사이에 유일한 중보자가 되신다. 아무도 하나님을 본 자가 없다. 하나님은 당신의 아들, 예수 그리스도를 통해 당신을 계시하셨다. 예수 그리스도를 모르고서는 하나님을 알 수 없다(요 1:18). 하나님은 예수 그리스도를 이 땅에 구주로 보내심으로 말미암아 우리에게 구원의 길을 제시하셨다. 생명의 길을 제시하셨다. 진리의 길을 제시하셨다. 따라서 예수님은 구원의 길, 진리의 길, 생명의 길이다.

두 갈래 인생의 길

성경에 의하면 이 세상에는 두 길이 있다. 하나는 좁은 길, 다른 하나는 넓은 길이다. 전자는 생명의 길, 후자는 사망의 길이다(마 7:13~14). 생명의 길은 좁고 협착하기 때문에 찾는 사람이 적지만 사망의 길은 넓어서 사망의 길로 들어가는 자가 많다고 했다. 주님은 좁은 길이 되시며, 인생을 행복하게 살게 하는 길이다. 주님이 길이 되심을 모르는 것의 결과가 무엇인가? 그 결과는 참으로 무섭고 크다. 영원한 멸망으로 가게된다. 이 세상에 누가 죽기를 원하는 자가 있는가? 주님을 믿는 것이 진정으로 사는 길이다. 이 길은 비록 좁은 길이지만 생명길이 된다.

로버트 프로스트의 두 갈래길(가지 않은 길)이라는 시를 읽은 분이 있을 것이다. 원제목은 'the road not taken' 즉 가지 않았던 길이다. 그 시를 소개하면 다음과 같다.

"노란 숲속에 길이 두 갈래로 났었습니다. 나는 두 길을 다 가지 못하는 것을 안타깝게 생각하면서 오랫동안 서서 한 길이 굽이 꺾여 내려간 데까지 바라다볼 수 있는 데까지 멀리 바라다 보았습니다. 그리고 똑같이 아름다운 다른 길을 택했습니다. 그 길에는 풀이 더 있고 사람이 걸은 자취가 적어 아마 더 걸어야 될 길이라고 나는 생각했었던 게지요. 그 길을 걸으므로, 그 길도 거의 같아질 것이지만.

그날 아침에 두 길에는 낙엽을 밟은 자취는 없었습니다. 아, 나는 다음 날을 위하여 한 길을 남겨 두었습니다. 길은 길에 연하여 끝없으므로 내가 다시 돌아올 것을 의심하면서... 훗날에 훗날에 나는 어디선가 한숨을 쉬며 이야기할 것입니다. 숲속에 두 갈래길이 있었다고. 나는 사람이 적게 간 길을 택하였다고. 그리고 그것 때문에 모든 것이 달라졌다고."

이 시에는 두 갈래 길이 있었다고 했다. 한 길은 훤히 잘 트인 길이고 다른 길은 아무도 가지 않은 길이 있었다고 한다. 어떤 나그네가 두 갈래 길에서 아무도 가지 않았던 길을 선택했다. 그가 먼 훗날에 자기의 인생을 되돌아보면서 하는 말이, 자기가 택한 길, 아무도 가지 않았던 그 길을 택한 것이 자기 인생을 멋있게 생명력 있게 살게 했다는 내용의 시이다. 우리는 누구를 막론하고 인생의 갈림길에서 어느 하나를 선택해야 한다. 생각으로는 두 길을 다 갈 수 있으나 실제로는 한 길 밖에 갈 수가 없기 때문이다. 여기서 중요한 사실은 어느 길을 선택할 것인가이다. 어느 길을 선택하느냐에 따라서 인생이 결말이 달라지기 때문이다.

좁은 길을 택하면 좁고 협착하지만 생명의 길이며, 넓은 길은 많은 사람이 가지만 죽음의 길이다. 진정한 삶의 길을 가려면 길 되신 주님을 따라가야 한다. 예수님은 우리가 따라가야 할 길이다. 인생을 흔히 나그네에 비유한다. 신자는 거룩한 나그네이다. 존 번연은 『천로역정』이라는 책에서 신자를 천성을 향해가는 순례자로 비유했다. 나그네가 세상에 너무 집착하면 좁은 길을 갈 수 없다. 넓은 길을 갈 수 밖에 없다. 예수님은 신자가 따라가야 할 길이 되신다. 어떻게 따라가야 하는가? "무리와 제자를 불러 가라사대 아무든지 나를 따라오려거든 자기를 부인하고 자기 십자가를 지고 나를 좇을 것이니라." (막 8:34) 자기를 부인해야 한다. 하나님의 영광을 위해 고통과 희생을 감당해야 한다.

자기를 부인하는 것은 얼마나 어려운지 모른다. 세상에서 가장 어려운 것이 있다면 자기부인이다. 알버트 슈바이처는 세 개의 박사학위를 가진 사람이다. 철학박사, 신학박사, 의학박사 학위를 가졌다. 게다가 오르간 연주도 전문가 수준이다. 그런 그도 마가복음 8장 34절 말씀을 깊이 이해하지 못했다고 고백했다. 어찌 보면 우스운 일이 아니겠는가? 어려운 공부는 다 잘 했던 사람이 하나님의 말씀을 잘 이해하지 못했다니 참으로 아이러니하다. 그러나 자기 영광과 모든 것을 버리고 아프리카 랑바레네 정글에 있는 병원에서 한센병 환자를 치료하기 위해 결단 했을 때 자기부인이라는 말을 깨닫게 되었다고 고백했다. 하나님 말씀은 자기부인을 통해 이해되는 말씀이라는 것을 말해준다. 하나님 말씀을 이해하고 싶은가? 말씀을 이해하기 위해 자기를 부인해 보자.

주님을 따르기 위해서는 자기 십자가를 져야 한다. 세상에 자기 십자가가 없는 사람이 없다. 자기 십자가란 자신의 문제를 말한다. 사도 바울에게는 몸의 가시가 자기 십자가였다. 자기 십자가는 자기가 져야하고, 남이 지면 부담스럽고 무거운 짐이 된다. 그래서 자기 십자가를 지고 주님을 따라가야 한다. '따라간다'는 것은 자기 생각으로 주님을 따르는 것이 아니라 주님이 원하시는 대로 따라가는 것이다.

주님은 앞서 가심으로 우리를 당신의 사랑과 섭리로 인도하신다. 그래서 피곤치 않은 길이 되신다. 주님은 우리의 선한 목자가 되셔서 우리를 선한 길로 인도하신다. 길 되신 주님을 따라가려면 자기를 부인하고 자기십자가를 지고 따라 가야한다. 그러면 생명과 평안과 영원한 생명을 얻을 수 있다. 그러나 주님을 따르지 아니하면 결국 우리의 인생은 죽음으로 끝나버리는 것이다. 허무한 인생, 부질없는 인생이 될 것이다.

진리 되시는 예수 그리스도

요한복음 18장은 예수 그리스도의 잡히심과 대사장 안나스 앞에서의 심문, 총독 빌라도 앞에서 심문받으신 사건이 기록되어 있다. 예수님 생애 가운데 가장 큰 모멸과 배신, 괴로움을 당하는 가장 힘든 시기라고 볼 수 있다. 죄가 있어 재판장 앞에 서신 것이 아니라 유대인들의 정치적인 음모에 의해 신성모독죄로 고발되었기 때문이다. 예수님이 자신을 하나님의 아들이라고 하셨기 때문이다. 그러나 유대인들은 이를 받아들이지 아니하고 신성모독죄로 고발하여 예수를 죽이고자 작정하였다. 그러나 유대인들은 사형선고를 내릴 권한이 없었기 때문에 로마 총독 빌라도에게 예수님을 끌고 갔다. 그리하여 예수님은 빌라도 앞에 서셨다.

빌라도는 예수님께 물었다. "네가 유대인의 왕이냐?" 예수님은 빌라도에게 반문하셨다. "네 질문이 너의 질문이냐 아니면 다른 사람이 나에 대해 그렇게 물은 것이냐?" 빌라도도 "당신은 내가 유대인인지 아시오?" 하고 되물었다. 예수님을 고발한 사람들은 동족들과 대제사장인데 도대체 당신은 무슨 잘못을 했느냐고 다시 물었다. 주님께서 대답하셨다. "내 왕국은 이 세상 것이 아니다. 만일 이 세상의 왕국이라면 내 부하들이 싸워 유대인의 손에서 나를 벗어나게 했을 것이다." 빌라도는 "어쨌거나 당신이 유대인의 왕이냐?"라고 다시 물었다. "나는 당신이 말하는 대로 왕이다. 나는 이를 위해서 태어났고 이것을 증거하기 위해 세상에 왔다." "이는 진리에 대하여 증언하기 위한 것이니 진리에 속한 자는 누구나 내 음성을 듣는다." 빌라도가 물었다. "진리가 무엇이냐?"

정말 궁금해서 직접 묻고 대답한 진지한 대화가 아니라, 계속 냉소적인 질문과 대답으로 이어지는 내용임을 알 수 있다. 또한 빌라도가 진정 진리가 무엇인가를 알고자 해서 한 질문도 아니다. 그러나, 예수님이 진리를 증거하기 위해 오셨다고 하니, 도대체 진리가 무엇이기에 이 사람은 죽음을 무릅쓰고 증거하는 것인지에, 갑자기 심각해진 것이 아닌가 생각한다. 주님도 빌라도 앞에서 최후진술을 하셨다. 당신이 오신 목적이 무엇인가를 분명하게 말씀하셨다. 진리를 증거하기 위해 오셨다고 말씀하셨다. 도대체 진리가 무엇인가? 진리가 무엇이기에 그것을 위해서 예수님은 죽어야 한다는 말인가?

진리가 무엇인가 하는 질문은 단순히 빌라도의 질문이 아니라 주님께서 나에게 하신 질문으로 받게 되었다. "너는 진리가 무엇이라고 생각하느냐?" 오래전 나도 이 질문에 관해 생각하다가 도저히 스스로 알 수 없어서 포기하고, 그리스 철학에 진리를 무엇이라 하는지 찾고자 철학책을 읽은 적이 있다. 지금도 읽고 있다. 진리라는 말은 그리스어로 ἀλήθεια(alétheia)알레테이아'로, 어원적으로 보면 ἀ~ + λήθη의 합성어로서 ἀ~는 부정접두사요 λήθη(레테)는 '망각'이라고 한다. 어원적으로 보면 진리란 망각에서 벗어나게 하는 것, 즉 망각을 깨우치는 것이라고 할 수 있다. 깨달음을 진리라고 한다. 무지를 깨는 것은 중요하다. 가장 좋은 방법이 소크라테스의 산파법이다. 무지를 깨우쳐 지식 혹은 진리에 이르게 하는 교육방법이다. 그러나 과연 깨우침이 진리인가 할 때 의심이 간다.

빌라도의 질문에 예수님은 직접 대답하지 않으셨다. 빌라도가 예수님의 말씀을 받아들일 자세가 되지 않았기 때문인지도 모르겠다. 그러나 예수님은 요한복음 14장 6절에서 '나는 길이요 진리요 생명'이라고 말씀하셨다. 진리는 예수 그리스도이다. 그러면 진리를 아는 노하우(know-how)는 무엇인가?

07. 진리를 아는 노하우(know-how)

사도 요한에 의하면 진리를 아는 노하우는 주님 말씀 안에 사는 것이다(요 8:31). '산다'는 말은 아주 중요한 말이다. 하나님 말씀을 먹고 순종하며 '살아야' 진리를 알 수 있다. 말씀 안에 살면서 깨달음에 도달하는 것이 진리를 아는 것이다.

자유롭게 하는 진리 되신 예수 그리스도

주님 말씀 안에 우리가 거하면 진리를 깨닫고 진리가 우리를 자유롭게 하리라고 주님께서 약속하셨다. 참 진리는 자유롭게 하는 진리이다. 자유롭게 하는 진리란 죄로부터 해방을 말한다. 다시 말하면 우리를 얽매는 모든 것으로부터 자유롭게 하는 것이다. 그렇다면 진리는 어떻게 확증되는가?

진리의 증거자

진리를 알게 되면 진리를 증거하는 자가 되어야 한다. '증거'한다는 말은 μαρτυρέω

(martureō, 마르투레오)라는 고대 그리스어로, 진리를 위해 독배를 마실 수 있어야 한다는 말이다. 소크라테스는 진리를 수호하기 위해 독배를 마셨다. 독배를 마심으로 자기가 말하는 것이 진리임을 증명한 것이다. 마찬가지로 예수 그리스도가 진리임을 아는 자는 독배를 마실 각오로 예수를 그리스도로 증거하는 삶을 통해 보여줘야 한다. 마침내는 주님을 위해 순교자가 되는 것이다. 또한 진리를 아는 자는 주님의 음성을 듣는 자가 되어야 한다. 주님 말씀을 듣고 순종하는 자가 진리를 아는 자이다. 진리를 알면 우리는 주님처럼 진실한 자가 되어야 한다. 요한복음 1장 14절에서 "말씀이 육신이 되어 우리 가운데 거하시매 우리가 그의 영광을 보니 은혜와 진리가 충만하다"고 하였다. 진리를 아는 자는 은혜를 끼치는 진실한 신자가 되어야 한다.

생명이신 예수 그리스도

예수 그리스도는 생명이다. 예수 그리스도는 '태초부터 계시는 생명의 말씀'이고 '영원한 말씀'이라고 했다. 예수 그리스도는 하늘에서 내려온 '생명의 떡'이다. 하늘에서 내려오는 주님의 떡을 먹는 자는 굶주리지 않고, 믿는 자는 목마르지 아니한다(요 6:33~36). 주님이 주시는 떡은 영생하는 참 음식이요 물은 참된 음료이다(요 6:56). 성찬식에서 먹는 떡은 주님의 살이요 마시는 잔은 죄사함을 위한 주님의 보혈이다.

예수 그리스도는 신자가 따라가야 할 길이요, 자유롭게 하는 진리요, 영생토록 살게 하는 참 음식이요, 음료이다.

08. 네게 무엇을 하여주기를 원하느냐?

"예수께서 일러 가라사대 네게 무엇을 하여 주기를 원하느냐? 맹인이 가로되 보기를 원하나이다"(막 10:51)

예수는 단순히 육신의 병을 고치시는 분이라기보다는 영적으로 눈이 먼 자를 영적으로 깨우치시는 분이다. 주님께서 제자들과 여리고를 떠나 예루살렘으로 올라가실 때 일어난 사건이다. 제자들 뿐만 아니라 허다한 무리가 예수님을 좇았다. 디메오의 아들 소경 거지 바디메오가 길가에 있었다. 그는 나사렛 예수가 지나가신다는 말을 들었다. 그는 소리를 질렀다. "다윗의 자손 예수여 나를 불쌍히 여기소서!" 무리들은 소경에게 잠잠하라고 꾸짖었다. 바디메오는 더욱 크게 소리 질렀다. "다윗의 자손 예수여 나를 불쌍히 여기소서!"

부르짖는 소리를 들은 주님은 가시던 길을 멈추면서 소경을 부르라고 하셨다. 제자들이 소경을 부르며 말하되 안심하고 일어나라 주님께서 너를 부르신다고 말했다. 바디메오는 너무도 기뻐서 겉옷을 버리고 뛰어 일어나 예수께 나아왔다. 주님은 아주 중요한 질문을 하셨다. "네게 무엇을 하여 주기 원하느냐?" "선생님이여 보기를 원하나이다." 주님께서 "네 믿음이 너를 구원하였느니라" 하시니, 바디메오가 곧 보게 되어 예수를 길에서 좇았다.

소경 거지의 소원

아주 예전에 TV에서 본 내용인데, 시각 장애인으로 태어난 어떤 사람이 3살도 채 못 되었을 때 부모가 시청 앞에 버린 이후로 보육원에서 자라게 되었다. 부모가 없었기에, 같은 보육원에서 지내던 다른 사람에게 부모가 찾아오면 그렇게 부러워했다고 한다. 처음엔 부모를 원망하고 세상도 원망하면서 살았지만, 예수님을 알게 되고 난 후 자기에게 없는 것은 생각하지 않고 있는 것만 생각하면서, 피아노도 배우고 결혼도 하고 선교사로서 활동하며, 이제는 자기를 버린 어머니를 찾고 싶다는 눈물겨운 고백을 했다. 보지 못하는 것도 서글픈 일인데, 사회적으로 장애인이라는 표를 달고 살게 되면서 온갖 냉대와 멸시를 받고 살아야 한다는 것은 한 맺힌 일이요, 때문에 원망과 불평 속에서 인생을 사는 사람도 있다고 한다.

바디메오도 그런 원망과 좌절 가운데서 살았을 것이다. 한맺힌 인생을 살았을 것이다. 그런 한이라도 이것을 승화시키면 엄청난 힘을 발휘할 수 있다. 소경의 한 맺힌 사연은 바로 앞을 볼 수 없었던 것이었다. 그의 평생 소원은 눈을 뜨는 것이었다. 한맺힌 사연을 주님께 고하며 주님의 자비를 구할 때 주님은 무시하지 않으셨다.

죄인인 우리는 주님의 한없는 자비를 구할 수 밖에 없다. 이 세상에 주님께 자비를 구하지 않고 살 수 있는 사람은 없다. 진정 의로운 사람은 하나님 앞에서 자비를 구하는 자라고 말씀하셨다.

예수님의 질문

인간은 소원을 품어야 한다. 믿음이 성숙해 갈수록 소원은 하나가 되어야 한다. 그래야 하나님 앞에서 부르짖을 수 있다. 덴마크의 기독교 사상가 키르케고르는, 신자에게 마음의 청결[the purity of heart]이 필요한데, 원하는 것이 하나가 되는 상태라고 말했다. 그래야 그것에 일생을 바칠 수 있기 때문이다. 기독교 사상사에 큰 획을 그은 성 아우구스티누스는 자기의 일생 소원은 하나님과 인간을 아는 것이라고 했다. 그는 하나님과 인간을 알기 위해 일생을 살았다. 서구신학에서 그를 공부하지 않고서는 신학을 할 수 없는 정도로 중요한 인물이다.

나에게도 일생 소원이 있었다. 나도 인간을 알고 싶었다. 그래서 그 분야 공부에 반평생을 투자했다. 깨달은 것은, 인간은 정도 차이가 있을 뿐 '야속한 존재'(본능적으로 자기 밖에 모르는 존재/ 불덩어리가 동시에 내 발등과 자녀의 발등에 떨어진다면 누구 발의 불덩어리를 먼저 치울 것인가? 라고 한다면, 본능적으로 자기 발등에 떨어진 불이라고 한다)라는 것이다. 인간의 마음은 항상 악하다고 성경은 말한다(창 6:5, 창 8:21). 인간은 본능적으로 하나님에게 불순종하는 존재이다. 원죄를 갖고 태어났다. 전적으로 부패한 존재이다. 이것을 깨달은 나는 이후에는 방향을 바꾸어 주님 아는 것을 일생 소원으로 삼았다. 그런데 주님을 알려고 방향을 잡으니 주님께서 내게 요구하시는 것이 있었다. 주님을 알기 위해 모든 것을 해로운 것으로 여기는 희생이 있어야 하며 주님이 원하시면 죽을 수도 있는 믿음이 필요하다는 것이었다. 그러나 주님께서 당장 죽으라고 하셔도 막상 죽을 수 없는 나 자신을 발견하고 더욱 기도하게 되었다. "주님, 제가 나의 구주를 더욱 깊이 알기 원합니다. 사도 바울에게 하신 것처럼, 주님을 알기 위해 아픔과 죽음까지도 불사하는 자기부인의 믿음을 저에게도 허락해 주시기를 기도합니다."

사랑하는 독자 여러분에게는, 오직 한가지 소원이 있다면 무엇인지 묻고 싶다. 만약 주님이 "네게 무엇을 하여 주기를 원하느냐고?" 물으신다면 분명하게 말할 수 있는 단 한가지 소원이 있는가? 있다면 주님께 부르짖자. 주님은 반드시 이루어 주실 것이다. 만약에 없다면, 지금부터라도 정말로 기도하시기를 바란다. 소원이 없는 자는 살았으나 죽어 있는 자이다. 하나님은 우리의 평생 소원을 두고 인도하시는 분이다. 주님은 우리의 소원을 이루어 주시는 분이다.

09. 하나님은 한 분이시다

"이스라엘아 들으라 우리 하나님 여호와는 오직 유일한 여호와시니"(신명기 6:4~9)

하나님은 한 분이시다. 성부 성자 성령으로 계신다. 그러나 세 사람의 신이 아니다. 우리는 이를 삼위일체 하나님이라고 부른다. 한 분 하나님이 우리에게 요구하시는 것은 네 가지이다. 들으라, 사랑하라, 마음에 새기라, 가르치라.

들으라!

하나님은 "이스라엘아, 들으라!" 라고 명령하셨다. 무엇을 들으라고 했는가? 하나님 여호와는 오직 하나인 하나님이시라고 말했다. 사랑하는 독자 여러분, 귀를 기울여 들으라고 하나님이 성령님을 통해서 말씀하시기 때문에 나 또한 여러분에게 권면할 수 있다.

마음을 다하여 하나님 여호와를 사랑하라

하나님은 한분이시기 때문에 전심을 다해서 사랑해야 한다. 우리가 사랑할 수 있기 때문에 사랑하는 것은 아니다. 우리의 전 생애와 전심으로 사랑을 받으시기에 합당한 하나님으로 인정하며 살라는 주님의 명령이다. 명령은 인간을 가치 있고 존경 받는 사람으로 만들기 때문이다. 어떻게 만드는가? 명령이기 때문에 가치가 있는 것이 아니라 명령을 지키려고 하면 아픔과 희생을 감수해야 하기 때문에 가치를 지니는 것이다. 명령을 지키기 위해 얼마나 큰 희생을 감당해야 하는지에 따라 명령의 가치가 결정된다. 전심으로 하나님을 사랑하라는 명령은 많은 희생을 감수해야 하기 때문에 가장 중요한 계명이 된다.

나는 가능하면 매일 운동을 하려고 한다. 산책을 하기 위함도 건강을 위해서도 아니다. 운동이 바로 명령이기 때문이다. 운동을 안 하면 누워 지내야 한다. 하기 싫을 때가 오히려 더 많지만 비가 오나 눈이 오나, 날이 몹시 추워도 매일 한다. 왜? 살기 위해서이다. 운동을 하고 나면, 당연히 몸의 컨디션이 더 좋다. 사소한 일상을 통해서도 동일하게 깨달은 것은, 명령은 아픔을 통해서 수행되어지며 그 결과는 정말 좋다는 사실이다.

하나님을 전심으로 사랑하자. 하나님을 사랑하기 위해 아픔을 다하자. 그럴 때 우리는 하나님께 충만한 축복을 받을 것이며, 행복한 삶을 선물로 받는다. 여기서 하나 궁금한 점이 생기는데, 하나님이 명령하실 때는 그 명령을 수행할 능력이 우리에게 있기 때문이 아닌가? 이 논쟁은 그 정도로 가치가 있고 중요한 논쟁이다. 죄성을 가진 인간이 하나님의 명령을 과연 지킬 수 있는가? 만일 가능하다면, 우리는 전적으로 부패한 존재가 아니다. 종교개혁의 창시자인 마틴 루터는 노예의지를 주장했다. 다시 말해, 인간이 타락하고 자유 의지를 상실했다. 죄의 노예가 된 인간에게 예수 그리스도의 전적인 은혜가 무조건 필요하다. 예수님의 불가항력적인 은혜로 노예 의지로부터 해방되어 인간이 자유의지를 다시 갖게 된다. 따라서 하나님을 전적으로 사랑할 수 있는 것은 우리 의지가 아니라 자유롭게 된 의지로 가능하다. 이것을 가능케 한 것은 성령이 부어주신 아가페 사랑이다.

마음에 새기라

"오늘날 내가 네게 명령하는 이 말씀을 너는 마음에 새기라"라고 명령하셨다. 말씀을 마음에 새기기 위한 가장 좋은 방법은 하나님 명령대로 사는 것이다. 그대로 살면 습관이 되고, 습관이 되면 명령대로 하지 않고는 살지 못하게 된다. 제2의 천성이라고도 했다. 못하는 것이 죄로 느껴진다. 예수님도 습관을 따라 기도하셨다고 한다(눅 22:39). 습관을 좇아 기도하다보니 습관이 되었다고 한다. 그러면 자연스럽게 마음에 새겨질 줄로 믿는다. 머리로 생각하지 말고 습관으로 살면 하나님의 명령이 마음에 새겨지는 것이다. 삶(form of life)이 된다. 삶이 될 때 모든 것이 자연스러워 진다. 삶이 될 때 자연스럽게 기도할 수 있고, 명령을 행할 수 있다.

자녀들에게 부지런히 가르쳐라

하나님을 사랑하도록 가르치라는 말이다. 우리는 자식을 가르칠 때 어떻게 가르치고 있는가? 누구와 같은 사람이 되라고 가르치는가? 가령 대통령이나 외교관 혹은 변호사가 되어라 그렇게 가르치는가? 무엇보다 먼저 하나님을 사랑하도록 가르쳐야 한다. 하나님을 사랑하도록 가르치면 하나님을 사랑하는 대통령, 변호사, 교수, 의사가 될 수 있기 때문이다. 그렇게 가르치지 않으면, 자녀가 자라서 좋은 직업은 가질 수 있을지언정, 하나님을 사랑하지 않는 대통령, 의사, 판사, 변호사가 될 수 있다. 비록 구두 수선공이 되더라도 하나님을 사랑하는 구두 수선공이 되면 아름답고 성공한 사람이 된다는 것을 부모가 명심해야 할 것이다.

애이브러햄 링컨을 보자. 링컨을 낳아 준 어머니가 링컨이 어렸을 때 죽으면서 두 가지 유언을 남겼다고 한다. 하나님을 사랑하고 이웃을 사랑하라는 것이다. 이런 유언을 받은 링컨 대통령은 미국 역대 대통령 중에 누구보다 존경받는 대통령이 되었다.

사랑하는 독자 여러분, 하나님은 한 분이시다. 그렇기 때문에 우리가 전심으로 사랑해야 한다. 어떤 희생을 치르면서라도 하나님을 사랑해야 한다. 그리고 우리가 이 말을 마음에 새기고 자녀에게, 또 교회에서, 부지런히 가르치고 강론하기를 기도하면서 행하자. 그리하면 이 땅에서 잘되고 복 받으며 하나님께서 우리를 높이신다고 약속하셨다(신 11: 18~32).

10. 여호와는 나의 목자시니

"여호와는 나의 목자이시니 내게 부족함이 없으리로다(The Lord is my shepherd, I shall not want)."(시 23:1)

여호와는 우리의 목자이시다. 감히 이름조차 불러볼 수 없는 여호와 하나님이 우리의 목자시니 얼마나 영광스러운 일인가? 얼마나 감격스러운 일인가? 가령 아버지가 대통령이라고 한다면 여러분은 이 분이 나의 아버지라고 소개할 때 아버지가 높임을 받는다고 생각하는가? 소개하는 자식이 높임을 받게 될 것이다. 여호와 하나님이 우리의 목자이시라고 할 때, 하나님은 목자이시고 우리는 그의 기르시는 양이 된다. 양은 목자 없이 살 수 없는 존재이다. 마찬가지로 우리는 여호와 하나님이 없이는 살 수 없다. 여호와 하나님이 우리의 목자이시니 우리는 부족함이 없다.

'부족함이 없다'는 말은 아주 중요한 의미가 있다. 영어로 "want"라는 말로 결핍 상태를 말한다. 인간의 모든 문제는 결핍에서 생긴다. 결핍은 무서운 병이다. 그러나 시편 기자는 여호와가 자신에게 목자되시니 부족함이 없다고 했다. 즉, 결핍되지 않는 삶을 살고 있다는 말로 이해할 수 있다. 만족스러운 삶, 행복한 삶을 산다고 이해할 수 있다.

독자 여러분의 삶은 만족스럽고 행복한가? 아니면 누군가를 원망하며 불평하는 삶을 살고 있는가? 그렇다면 삶이 왜 만족스럽지 않은가? 문제는 무엇이며, 어떻게 하면 만족스러운 삶을 살 수 있다고 생각하는가? 왜 우리는 만족할 수 없는 것일까?

욕망 때문이다. 욕망이란 무엇인가? 욕망은 결핍이다. 욕망을 채워야 만족을 느끼는 것이다. 욕망이란 양면성을 가지고 있다. 욕망은 한편으로는 고통의 원인이 될 수 있으나, 다른 한편으로는 힘의 원천이 될 수도 있다. 가질 수 없는 욕망, 채울 수 없는 것을 채우려고 할 때는 욕망이 고통의 원인이 된다. 그러나 올바른 대상에 대한 욕망이 있으면, 욕망의 대상을 향한 막강한 힘을 가질 수 있다. 우리는 욕망의 문제를 해결할 수 있다(시 1:1). 여호와 하나님이 해결해 주시기 때문이다. 여호와 하나님이 내 목자가 되시니 내게 부족함이 없다. 우리의 결핍을 채워주신다. 여호와 하나님이 바로 우리의 욕망이 되시기 때문이다. 그래서 우리에게 결핍이 없게 되는 것이다.

목마른 사마리아 여인에게 주님은 귀중한 진리를 말씀해 주셨다(요 4: 1~25). 세상이 주는 물은 다시 목마르게 하지만 주님이 주시는 생수를 마실 때 갈증을 해결할 수 있다고 예수님은 말씀하셨다(요 4:13~14). 주님이 우리 욕망의 대상을 바꿔주심으로 인간의 갈증을 해결하신다(시편 42:1~2). 사슴이 시냇물을 갈급함과 같이 내 영혼이 주를 찾기에 갈급하게 하신다. 욕망의 대상이 시냇물에서 하나님이 된다. 우리 영혼은 하나님을 갈급하게 된다. 따라서 우리의 영혼은 정화되고 순수해진다.

그런데도 우리가 만족스럽게 살지 못하는 이유가 무엇인가? 우리 욕망의 대상이 여호와 하나님이 아니라 여전히 물질이기 때문에 문제가 생긴다. 물질이 우리의 욕망이 될 때 우리의 마음은 악으로 향하게 된다. 물질을 사랑하는 것은 일만 악의 뿌리이다(딤전 6:10). 명예나 권력이 우리의 욕망이 될 때 우리를 죽음으로 내몰게 된다. 정욕적인 사랑이 욕망이 될 때 우리는 결핍 가운데 살게 된다.

다윗은 여호와 하나님이 우리의 욕망이 될 때 욕망에 대한 근원적 해결책이 생긴다고 말한다. 하나님이 우리의 목자가 되신다. 항상 우리를 푸른 초장으로 인도하시고 쉴만한 물가로 인도하신다. 우리의 영혼을 소생시키셔서 곤고함에서 벗어나게 하신다. 자기의 명예를 위해 우리를 보호하신다.

사망의 음침한 골짜기를 다닐지라도 죽음을 두려워하지 않는다

나의 목자되신 여호와 하나님이 나와 함께하신다. 하나님이 함께하셔서 보호하시고 인도하시기 때문에 두려워하지 않는다. 주님의 지팡이와 막대기가 나를 안위하신다. 험한 인생길에서 주님이 보호자가 되시기 때문에 위로가 된다.

내 잔이 넘치나이다

원수가 보라는 듯이 주님께서 직접 우리에게 먹을 것, 입을 것을 주시고, 우리의 잔을 넘치게 하신다. 우리가 잔을 채우려고 할 때는 언제나 부족하다. 그러나 여호와 하나님이 우리 잔을 채워주시기 때문에 언제나 넘친다. 우리 잔이 넘치는 것은 잔이 채워져 있을 때가 아니라 비어 있을 때이다. 그래서 배가 부를 때가 아니라 배가 고플 때 가장 맛있게 먹을 수 있다. 시장이 반찬이라는 말이 얼마나 진솔한 말인지 모른다. 우리 잔이 비워져 있을 때 주님은 넘치게 채워주신다. 우리 마음의 잔을 비우자. 그리하면 넘치게 채워주실 것이다.

내가 영원히 여호와 집에 살겠습니다

우리가 사는 날 동안 하나님의 선하심과 인자하심이 우리를 인도하신다. 하나님의 한결같은 사랑이다. 하나님이 이렇게 우리를 사랑해주시니 주님을 떠날 수 없다. 그래서 여호와의 집에서 영원토록 살겠다고 고백했다. 그런데도 왜 우리는 행복한 삶을 살지 못하는가? 여호와가 우리의 목자 되심을 믿지 못하는 것이 불만족의 문제이다. 이 시간 여러분과 내가, 여호와가 나의 목자 되심을 고백하고 그분의 인도하심에 우리를 맡기자. 그럴 때 여호와 하나님은 우리 주님이 되신다. 주님은 선한 목자이시다(요한 10:11). 주님은 우리를 사랑하사 우리 죄를 위해서 대신 죽으신 선한 목자이다. 예수님이 우리의 욕망이다. 예수님에 대한 굶주림과 목마름을 가져야 한다. 그래야 우리는 만족하는 삶을 살 수 있다. 매일 주님이 주시는 영생수를 마시며, 생명의 떡을 먹으며 살 때 우리는 행복하고 목마르지 않은 삶을 살 수 있다.

11. 보라! 임마누엘로 오신 예수 그리스도를

"보라 처녀가 잉태하여 아들을 낳을 것이요 그 이름은 임마누엘이라 하리라 하셨으니 이를 번역한즉 하나님이 우리와 함께 계시다 함이라"(마1:23)

예수 그리스도는 결혼한 부부에게 태어난 것이 아니라 성령으로 동정녀 마리아를 통해 나셨다. 그래서 우리와 똑같은 성정을 가진 인간이시나 죄가 없으신 분이다. 인간이지만 죄가 없으신 분이다. 그분은 참 하나님이며 참 인간이다(요일 5:20). 그래서 하나님과 인간 사이의 중보자가 되신다. 바로 예수와 임마누엘이다.

12. 임마누엘이라는 이름

주님의 이름은 임마누엘이다. 번역한 즉 '하나님이 우리와 함께 계시다'라는 의미이다. "보라 처녀가 잉태하여 아들을 낳을 것이요 그 이름은 임마누엘이라 하리라 하셨으니 이를 번역한즉 하나님이 우리와 함께 계시다 함이라."(마 1:18)

마태가 소개한 임마누엘은 어떤 분이신가?

임마누엘의 의미

'보라'라는 히브리어는 헨(꾀)의 연장형 히나(꾀꾀)로써 감탄사이다(마 1:23). 하나님이 육신을 입고 이 땅에 오신 것은 우리에게 감격을 주는 역사적인 사건이다. 죄인을 구원하시고 함께 하시기 위해 오신 것이기 때문이다.

임마누엘을 번역하면 '하나님이 우리와 함께 계시다'라는 말이다. 이 말이 왜 감격을 주는가? 인간은 죄성(sinfulness)을 가진 자로 태어났다. 죄를 짓지 않고는 살 수 없는 존재이다. 이 세상은 죄인들이 사는 세상이다. 죄로 말미암아 공의보다는 불의가 판을 치고 있다. 그러나 죄인을 구원하시고, 함께 하셔서 죄를 깨닫고 회개하게 하여 주시고, 친구가 필요할 때 친구가 되어주시고, 위로가 필요할 때 위로하여 주시고, 희망이 필요할 때 희망을 주시는 임마누엘의 하나님이 오셨기 때문에 크리스마스가, 매일이, 일생이 기쁜 것이다.

임마누엘 하나님은 우리와 함께하시기 위해 오셨다. 여기서 '함께'라는 말을 한번 되새겨 생각해 보자. 얼마나 감동적이고 우리가 원하던 단어인가? 그리움이 왜 생기는 것인가? 외로움이 왜 생기는 것인가? 함께 살고 싶은 심정에서 기인하는 것 아닌가? 우리는 가장 사랑하는 사람과 늘 함께 살고 싶은 소원이 있다. 함께 살지 못하는 것은 불행이다.

임마누엘은 우리 믿음의 선배들과 함께하셨다. 그리고 그들의 생애를 선한 길로 인도하셨다. 요셉의 생애는 참으로 아름다운 생애였다. 요셉이 한번이라도 하나님을 원망하거나 형제를 미워하고 원망한 적이 있는가? 요셉은 완벽에 가까운 인간이다. 형제들의 시기와 질투 가운데서도, 보디발의 집에서도, 감옥에서도, 애굽의 총리가 되었을 때도, 그는 한 번도 남을 원망하거나 질투한 적 없는 완벽한 사람이었다. 어떻게 연약한 인간이 그러한 생애를 살 수 있을까 하는 의구심을 갖게도 한다. 우리네 죄인들과는 너무 차이가 커서 거리감을 느끼게도 한다. 그러나 창세기를 자세히 공부하면 요셉의 생애에서 항상 '함께' 하시는 분이 있었다. 바로 여호와 하나님이다. '여호와께서 요셉과 함께 하시므로' 그가 형통한 자가 되었다(창39:2~3, 21). 여기서 반복되는 말이 무엇인가? 여호와께서 '요셉과 함께하심으로'라는 말이다. 여호와께서 함께 하시므로 요셉의 생애가 만사형통하게 되었다.

여호수아는 하나님의 종 모세의 뒤를 이어 이스라엘 민족을 이끌고 가나안 땅으로 들어가라는 막중한 사명을 받았을 때, 그는 두려움 가운데 있었다. 하나님께서 뭐라 말씀하셨는가? 책망하셨는가? 그렇지 않다. 모세와 함께한 것처럼 평생 함께 하시겠다고 약속하셨다(수 1:5). 그래서 여호수아의 일생도 만사형통하였다.

다윗을 보자. 그는 파란만장한 생애를 보낸 하나님의 사람이었다. 그러나 그가 이기는 신앙생활을 할 수 있었던 비결이 무엇이었는가? 그는 사망의 음침한 골짜기를 다닐지라도 해를 두려워하지 않음은 주께서 나와 '함께'하심이라고 고백했다(시편 23:4). 하나님이 우리와 '함께' 하시면 만사가 형통하게 된다. 미래에 대한 두려움과 불안 가운데 살아가야 하는 우리에게 임마누엘은 얼마나 큰 감격과 기쁨의 소식이 되는지 모른다. 임마누엘 하나님이 육신을 입고 이 땅에 오셨다. 그분이 예수 그리스도이다.

임마누엘의 오심

예수 그리스도는 인간을 죄로부터 구원하시고 우리와 함께 사시기 위해 육신을 입고 이 땅에 오셨다. 예수 그리스도의 오심은 아버지 독생자의 영광이요 은혜와 진리가 충만한 역사적인 사건이다(요1:14). 온 백성에게 미칠 큰 기쁨의 좋은 소식이다(눅 2:11).

주님은 우리와 함께 살기 위해 하늘에서 땅까지 내려오신 겸손하시고 사랑이 많으신 분이다. 주님과 함께 사는 생활은 두려움이 없고 불안하지 않다. 주님은 우리와 세상 끝날까지 함께 하신다(마 28: 20). 아, 얼마나 감격스러운가! 죄인인 우리를 구원하시고 함께 사시기 위해서 오신 주님을 영접하고 사랑하자. 임마누엘로 오신 예수 그리스도이시여, 우리의 마음에 좌정하시고, 우리에게 필요한 것을 채워주소서, 그리고 우리의 손을 항상 붙잡고 가소서.

예수 그리스도는 메시아이다. 구세주이다. 구세주라는 개념은 기독교의 핵심적인 개념으로 세계 어느 종교를 연구해 봐도 구세주라는 개념은 없다고 한다. 세상의 많은 종교는 창조주의 개념이나 혹은, 어려움으로부터 인간을 보호하는 개념은 있어도 기독교처럼 하나님이 성육신하신 구속주의 개념은 없다는 사실은 우리에게 무엇을 시사해주는 것인가?

기독교만이 유일한 계시의 종교임을 깨닫게 해준다. 아프리카 세네갈에서 온 흑인 목사가 광주 무등교회에서 주일 낮 예배를 인도했는데 자기 나라 국교는 마호메트 교회라서 기독교 인구는 0.8%에 불과하지만, 국교인 마호메트 교회에 '하나님은 사랑'이라는 개념이 없다고 고백했다. 창조주 하나님의 개념은 있어도 인간의 죄를 용서하시기 위해서 성육신하신 구속주의 개념은 없다고 했다. 기독교에서 구세주 하나님의 개념은 기독교의 핵심이요 성경의 핵심메시지이다(딤후3:15). 칼빈도 성경에는 창조주 하나님의 지식과 구속주 하나님에 대한 지식이 있다고 했다. 우리는 구세주 하나님이신 예수 그리스도를 통해서 하나님을 창조주요 구세주로 알고 있다. 성숙한 신자가 되는 것은 예수를 나의 구세주로 믿고 아는 것이다.

예수님이 구세주라는 개념에는 인간은 죄인이라는 개념과 맞물려 있다. 인간은 죄를 짓기 때문에 죄인이며, 죄성을 갖고 태어나서 죄를 지을 수밖에 없다. 그래서 실제로 죄를 짓지 않은 어린아이라고 하더라도 죄성을 가지고 있다. 어린애들도 자기 젖을 다른 아이가 먹으려고 할 때 시기와 질투가 있는 것을 볼 수 있다. 죄성을 가진 인간의 본성을 간접적으로 보여 주는 것이 아닐까?

사람을 죽이는 것이 바로 죄이다. 사도 바울 같은 사람도 "오호라 나는 비참한 사람이로다 이 사망의 몸에서 누가 나를 건져내랴"(롬 7:24)고 절규했다.

예수 그리스도는 임마누엘로 이 땅에 오셨다

살다보면 개인적으로도 많은 고난을 겪지만, 국가 전체가 큰 어려움에 빠지는 시기도 온다. 그럴 때는 더욱 전 국민이 불안과 두려움에 사로잡힌 채 허탈감에 빠져 살 수밖에 없다. 희망이 없는 것 같기 때문이다. 그러나 우리가 예수 그리스도를 바라보며 두려워하지 말자. 절망하지 말자. 임마누엘로 오신 우리 주님이 우리와 함께하시기 때문이다. 그는 세상 끝날까지 우리와 함께하신다고 약속하셨다. 우리가 비참할 때나, 슬플 때나, 고통과 시련을 겪을 때도, 주님은 우리와 항상 함께하시고 위로해주시기 때문이다. 그리고 우리가 넘어져 걷지 못할 때는 우리를 당신 등에 업고 걸어가시기 때문이다.

불안과 두려움 가운데 떨고 있는 사람들을 자유롭게 하시고 함께 하시기 위해, 주님은 임마누엘로 이 세상에 오셨다. 임마누엘로 오신 주님을 마음에 영접하면 우리와 함께하시고 선한 길로 우리를 인도하신다. 푸른 초장에 우리를 누이시고 시절을 좇아 열매 맺는 나무가 되게 하실 것이다.

13. 섬기려 오신 예수 그리스도(막 10:42~45)

예수님은 이 땅에 왜 오셨는가? 마가복음은 주님의 모든 사역을 섬김으로 요약한다. 주님께서 오신 목적은 복음을 전파하기 위함이라 했으며(막 1:38), 죄인을 부르러 오셨다고 말한다(막 2:17).

이 말씀을 종합해 볼 때 주님은 복음을 선포하심으로 죄인을 부르시고, 십자가를 통해서 구원하셔서, 그가 또 다른 사람을 섬기는 신자로 만드시기 위해 오셨다고 할 수 있다. 그래서 믿는 자란, 위로는 하나님을 섬기며 아래로는 서로 섬기며 사는 신자가 되어야 한다. 섬기러 오신 주님의 생애를 본받는 신자가 되기를 서로 기도하자.

인자의 오신 목적

"인자의 온 것은 섬김을 받으려 한 것이 아니라 도리어 섬기려 하고 자기 목숨을 많은 사람의 대속물로 주려함이니라."(막 10:45) 섬기는 삶의 반대는 무엇인가? 지배하는 삶이다. 세상 사람들은 권세를 부리며 임의로 사람들을 주관한다고 말씀하셨다. 세상에서 소위 높은 사람이라고 하는 자는 자기 이익을 위해서 자기가 가진 권력을 휘두르는 사람이다. 오직 자기의 이익을 위해 인간을 도구 삼아 이용해 먹으려는 자들이다. 그러나 그 결과는 참으로 비참한 것임을 역사가 보여준다.

지배하고자는 하는 마음은 인간이면 다 가지고 있다. 정도의 차이가 있을 뿐이다. 인류 역사의 흥망성쇠를 보면 지배하고 지배받는 역사의 점철이었다. 동물의 세계에도 강자와 약자가 있다. 이 세상 어디에나 강자와 약자가 있고 지배하고 지배 받는 악순환 속에서 살고 있다. 이것이 죄악된 세상의 현상이다.

그러나 주님은 이 땅에 오심으로 새로운 세상을 여신 것이다. 그것이 하나님의 나라이다. 천국은 주님이 공의와 사랑으로 다스리는 나라이다. 주님은 세상 삶의 원리인 지배의 논리가 아니라 섬김의 원리로 다스리신다. 주님은 이 땅에서 우리를 지배하심으로 사신 것이 아니라 섬기며 사셨다. 말씀으로 우리를 섬기셨다. 병을 고침으로 우리를 섬기셨다. 우리를 사랑하심으로 섬기셨다. 끝내는 우리 죄를 위해 자기 목숨까지 버림으로 우리를 섬기셨다. 부활하심으로 우리 믿음을 확고하게 하셨다. 섬김의 극치는 남을 위해 자기 목숨을 버리는 삶이다. 그렇다면 신자는 어떻게 살아야 하는가?

하나님을 섬겨야 한다

신자는 위로는 하나님을 섬겨야 한다. 여호수아 24장 14~28 절에 보면 여호수아가 나이가 들어 하나님 나라에 갈 때가 되었다. 그래서 이스라엘 백성들에게 유언을 하였다. 내용의 핵심은 여호와를 성실과 진정으로 섬기라고 했다. 여호와만을 섬기라고 했다. 그래야 산다고 했다. 하나님을 일편단심으로 섬기라는 말이다. 하나님을 섬겼다가 또 배반하는 것은 하나님에 대한 성실성과 진실성에 문제가 있는 것이다. 주님은 죽기까지 하나님을 섬기셨으며 우리를 섬기셨다(빌 2:8).

신자는 교회를 섬겨야 한다

어떻게 섬겨야 하는가? 하나님께서는 누구에게나 섬기는 은사를 주셨다. 은사는 똑같지 않다. 가르치는 은사, 봉사하는 은사, 전도하는 은사, 음악 등 각 사람에게 각각 다른 은사를 주셨다. 하나님이 이런 은사를 우리에게 주신 것은 주님의 몸 된 교회를 섬기라는 것이다. 남의 은사를 시기할 필요가 없다. 주신대로 감사하며 서로 섬기며 주님의 교회를 세워가는 것이다.

신자는 서로 섬겨야 한다

사도 바울은 사랑으로 서로 종노릇 하라고 권면했다(갈 5:13). 서로 섬기는 생활을 통해 교제가 이루어지고 성도 간 사랑이 두터워지는 것이다. 사랑 안에서 서로 종노릇 하는 것은 아름답고도 기쁜 일이다.

섬기는 삶은 위대한 삶이지만, 지배하는 삶은 세상 사람의 삶이다. 섬기는 자는 위대한 자이지만, 지배하는 자는 폭군이다. 위로는 하나님만을 섬기며 아래로는 서로 섬기는 삶을 살 수 있기를 기도하자.

세계를 지배하는 두 가지 리더십이 있는데 하나는 카리스마를 가진 리더십이고, 다른 하나는 섬기는 리더십이라고 한다. 전자는 미국 대통령인 John F. Kennedy, 후자는 Abraham Lincoln이라고 한다. 그러나 오늘날 시대가 요구하는 것은 섬기는 리더십이라고 한다. 진정으로 국민을 섬기는 지도자, 진심으로 교회와 성도를 섬기는 목사가 필요한 시대이다. 섬기는 목사, 장로, 권사, 집사, 평신도가 되자.

14. 예수는 생수이다(요 4:14)

"내가 주는 물을 먹는 자는 영원히 목마르지 아니 하리니 내가 주는 물은 그 속에서 영생하도록 솟아나는 샘물이 되리라"

야곱의 우물가에서

주님은 목마른 사마리아 여인을 찾아 구원하러 오셨다. 예수님과 사마리아 여인과의 대화는 이스라엘에 있는 야곱의 우물가에서 게다가 한낮에 일어났다. 주님은 유대인으로서 유대인의 관습에 의하면 유대인과 이방인과의 혼혈족인 사마리아인과는 서로 교제는 커녕 대화조차 나누지 않았다. 그런데도 주님은 야곱의 우물을 찾아가셔서 목마른 여인을 구원하시고자 대화를 나눠주신 것이다. 사랑이 많으신 주님, 참으로 감사합니다.

주님과 사마리아 여인과 대화

표면적으로는 물에 관한 것 같지만, 실제적으로는 인간의 목마름에 관한 것이었다. 물이란 단어로 은유적으로 사용하면서 육체가 아닌 영혼, 본질적이며 존재론적인 인간의 목마름을 말씀하고 계신다.

목마름의 문제

요한 일서 2장 16절에 보면 인간에게 세 가지 종류의 목마름이 있음을 알 수 있다. 정과 욕에 대한 목마름, 안목에 대한 목마름, 이생의 자랑에 대한 목마름이 있다. 정도의 차이가 있을 뿐, 목마름이 없는 사람이 없을 것이다.

살면서 몸이 다치는 일보다 마음이 다치는 일은 얼마나 오래 치유되기 어려운지 모른다. 시간이 지나 좋아졌다고 생각하면서 살다가도, 예기치 못한 일이 방아쇠가 되어 예전의 상처가 떠오르게 되면, 걷잡을 수 없는 감정으로 소용돌이 안으로 다시금 몰아넣어지게 되던 것을 우리는 각자의 경험을 통해서 알고 있다. 인간의 목마름은 이토록 강하고 막을 수가 없다. 목마른 사람이 물을 안 먹고 견디어낼 수 있는가? 죽으면 모르지만, 목마른 사람은 물을 먹어야 살 수가 있다. 그렇다면, 피할 수도 막을 수도 없는 인간의 목마름을 어떻게 극복할 수 있는가?

불교처럼 고행을 통해 가능한가? 아니면 명상이나 여행을 통해 가능한가? 프랑스의 위대한 문인 중 한 사람인 발자크는 부와 권력, 사랑을 향한 인간의 목마름이란, 죽기 전까지는 끝이 없다고 했다. 죽어야만 끝나는 인간의 목마름을, 살아가는 동안에는 과연 어떻게 해소할 수 있는가? 물을 안 먹어보려 하면 할수록 더욱 강해지는 것이 인간의 목마름이다.

내가 한때 대학에서 강의하던 시절 이야기이다. 신학교 졸업반 학생들을 인솔해서 수양관 금식기도에 간 적이 있었다. 수양관에 여러 아름다운 것도 많지만, 아름다운 연못에 자유로이 노니는 고기 떼를 보면 얼마나 낭만적이고 아름다운지 모른다. 그런데 금식하는 학생들이 고기를 보고 매운탕을 해 먹으면 좋겠다고 하는 말을 듣고, 이전에는 깨닫지 못했던 깊은 진리를 깨닫게 되었다. 배가 부를 때는 낭만적이고 아름다워 보였던 물고기들이지만, 배가 고플 때는 먹을 것으로 보인다는 사실이다. 금욕의 문제이다. 욕망을 금기하는 것으로 그것을 제거할 수 없다는 사실을 깨달은 순간, 나는 무릎을 치면서 그제야 우리 주님의 말씀을 깨닫게 되었다.

목마름의 해결

"예수께서 대답하여 가라사대 이 물을 먹는 자는 다시 목마르려니와 내가 주는 물을 먹는 자는 영원히 목마르지 아니하리니 나의 주는 물은 그 속에 영생하도록 솟아나는 샘물이 되리라." 사랑하는 여러분, 주님이 주시는 물을 마시면 영원히 목마르지 않다. 그 속에서 영생하도록 솟아나는 샘물이기 때문이다. 한번 먹음으로 더 이상 목마르지 않게 된다는 말이 아니다. 영원히 목마르지 않는다는 말은 두 가지 의미가 있다.

주님이 주시는 생수

예수님이 주시는 물은 영원토록 솟아나는 생수이다. 그래서 수많은 사람이 아무리 마셔도 절대 말라 없어지지 않는다. 주님은 목마름의 문제를 물을 못 마시게 함으로 목마름의 문제를 해결하신 것이 아니라 마음대로 마시게 함으로 목마름의 문제를 해결하도록 하셨다.

목마름의 대상을 바꿔주심

주님이 주는 물은 인간의 목마름을 새로운 차원으로 바꾸어주신다. 우리의 목마름-정욕에 대한 목마름, 안목에 대한 목마름, 이생의 자랑에 대한 목마름-의 대상이 변하여 주님을 향한 목마름으로 변하게 한다. 주님의 영광을 위해 살게 한다. 주님이 주시는 물을 마시고 사마리아 여인이 어떻게 변화되었는가? 요한복음 4장 29절에 보면 물동이를 버려두고 마을에 가서, 그 동안은 상종하지도 않던 사람들에게 '예수는 그리스도'라고 전했다. 사마리아 여인이 '예수는 그리스도'라고 고백을 하게 하다니, 정말로 주님은 하나님이고 구세주이다..

주님이 주시는 물은 하나님 말씀이다. 우리 안에 살아계시는 성령님께서 우리의 마음을 다스려 주시기를 기도하자. 그렇지 아니하면 흐르는 감정을 막을 길이 없기 때문이다.

15. 복음은 하나님의 능력이다

"내가 복음을 부끄러워 하지 아니하노니 이 복음은 모든 믿는 자에게 구원을 주시는 하나님의 능력이 됨이라"(롬1:16)

복음은 하나님의 능력이다. 고대그리스어 원문에 보면 능력은 두나미스라는 말로 핵폭탄은 저리 가라 할 정도로 같은 막강한 힘을 가진 것이다(롬1:16). 사도 바울은 복음을 부끄러워하지 않는다고 말했다. 사도 바울도 예수님을 믿기 전에는 복음을 부끄러워 했음을 암시하고 있다. 유대교를 믿는 동안에는, 예수 믿는 사람들을 핍박하고 감옥에 가두기까지 했다. 유대인들에게 복음은 걸림돌이 되었기 때문이었다. 그뿐만 아니라 지혜가 있다고 자처한 헬라인들에게 복음은 어리석은 것이었다. 복음은 소위 지혜 있는 자, 부자, 권력을 가진 자에겐 필요 없는 것처럼 생각될 때가 있다. 복음을 부끄럽게 생각하는 사람들의 생각이다. 성경책을 들고 다니기를 부끄럽게 생각하는 사람도 있다. 사람이 많이 있는 데서는 기도도 하지 않고 식사를 하는 사람도 있다. 복음을 부끄럽게 여기는 사람이다. 사도 바울이 복음을 전할 당시는, 복음 전하면 핍박을 받고 순교를 당하는 시대였다. 목숨을 거는 일이었다. 그러나 사도 바울은 주님을 구주로 영접한 뒤에는 복음을 부끄럽게 생각하지 않았다. 복음은 모든 믿는 자에게 구원을 주시는 하나님의 능력이기 때문이다. 믿는 자에게만, 아니, 믿기만 하면 누구든지 구원을 주시는 하나님의 능력이다.

복음은 모든 사람에게 해당된다. 유대인나 헬라인에게만 필요한 것이 아니다. 이 세상에 복음이 필요하지 않은 사람은 한 사람도 없다. 누구나 복음이 필요하다. 모두가 죄인이기 때문이다. 그러나 구원은, 모든 사람에게가 아니라, 믿는 모든 자에게 주어진다. 이것은 하나님의 능력이 부족해서가 아니라 하나님의 뜻이다. 믿는 자에게만 복음은 효력을 발생한다.

복음은 하나님의 힘(power of God)이다. 세상에는 많은 가공할 힘이 있다. 핵폭탄 같은 물리적인 힘은 차치하고, 독재자의 힘, 경제의 힘 등이 있다. 세상에서 힘을 기르는 이유는, 자기가 세상을 지배하기 위함이다. 그러나 진정 강력한 힘은 복음이다. 사람을 구원하는 힘이기 때문이다. 복음을 영접하면 어떻게 살아왔던 사람이라도 하나님의 자녀가 된다. 변하여 새사람 된다. 독일의 히틀러가 유대인을 전멸하기 위해 단지 유대인이라는 이유 하나로 독가스실에 넣고 무자비하고 무참하게 죽였다. 그것을 주도한 사람들은 비밀경찰들이었다. 이루 말할 수 없을 정도로 악질적이고 무자비한 사람들이었다고 한다. 그러나 나중에 들리는 말은, 그런 사람들도 예수를 구주로 영접하고 변하여 새사람이 되었다고 한다. 1990년대 경 한국을 경악하게 만들었던, 당시에 가장 끔찍한 살인을 저질렀던 살인자들도 감옥 안에서 예수 믿고 변화되어 찬송하며 사형을 당했다고 한다. 누가 이런 사람들을 변화시킬 수 있는가? 인간의 권력, 혹은 물리적으로 강력한 핵이 그런 힘을 가지고 있는가? 파괴하는 힘은 있지만 인간을 변하여 새사람 되게 하는 힘은 아니다. 이 힘을 가진 분은 오직 한분, 복음이신 예수 그리스도이시다. 복음만이 죄악으로 물든 인간을 구원할 수 있다.

이때, 하나님의 능력을 체험해야 신자가 될 수 있다. 똑같은 능력을 가진 복음이라도 받아들이는 사람이 어떻게 받아들이느냐에 따라 하나님의 능력을 체험할 수도, 그렇지 아니할 수도 있다. 복음의 능력을 체험하기 위한 한가지 조건이 있다. 복음에 대한 지적인 이해가 아니라 믿음이다. 복음을 하나님의 말씀으로 받아들일 때, 믿는 자 안에서 하나님의 능력이 발휘한다. 그래서 어떤 사람이라도 복음을 믿으면 변하여 새사람이 된다.

독자 여러분 중에 혹시라도 하나님의 복음을 부끄러워하는 사람이 한 사람이라도 있다면? 그 이유가 복음의 능력을 의심하기 때문은 아닌지 궁금하다. 의심하지 않길 축복한다. 그래서 어떤 사람도 복음을 영접하면 하나님의 자녀가 된다. 변하여 새사람 된다. 우리도 매사에 하나님 말씀을 먹고 생활하면서 하나님의 능력을 체험하여 각자의 신앙이 성장하는 삶이 되길 서로 기도하자.

16. 피난처 되신 하나님

"하나님은 우리의 피난처이시오 힘이시니 환난 중에 만난 큰 도움이시니라"(시편 46:1~11)

고라 자손의 시이다. 시란 아무 때나 나오는 것이 아니다. 인생의 여정에서 깊은 깨달음이나 감동을 받을 때 시가 나온다고 한다. 그렇다면 이 시는 고라 자손들이 신앙의 여정에서 하나님의 보호하심과 인도하심을 깊이 체험하고 깨달은 진리를 시로 노래한다고 볼 수 있다. 주석가에 의하면 이 시의 배경은 아스루의 왕 산혜립이 히스기야 왕 시대의 이스라엘을 침공한 시기라고 한다. 국가의 운명이 풍전등화 같은 위태로운 상황에도 불구하고, 개입하셔서 구원을 성취하시는 하나님의 놀라운 힘과 은혜를 감사함과 기쁨으로 찬양하는 시라고 볼 수 있다.

하나님은 피난처

이 시의 핵심 내용은 무엇인가? 본문의 1, 7, 11절에 보면 '하나님은 우리의 피난처' 라는 말이 세 번이나 반복된다. 하나님은 우리의 피난처이며, 우리의 힘이며, 환난 중에 우리에게 도움을 주신다. 참으로 놀라운 위로의 말씀이다. 전쟁도 죽지만 않으면 참여할 만하다는 속담도 있다. 어려움이 닥쳐와도 피할 곳이 있고 환난 중에 도움이 있다면 어려움이나 환난은 우리 신앙의 뿌리를 자라게 한다.

우리는 피난처가 필요할 때, 힘이 없을 때, 환난 중에, 하나님이 우리의 피난처요, 힘이시오, 도움이 되심을 알 수 있다. 인간에게 기쁨과 슬픔은 서로 다른 언어이지만 양자의 대비 속에서 그 의미를 깨달아 알 수 있다. 환난이나 어려움, 고난은 원죄의 결과로 이 땅에 왔지만, 죄악에 빠진 우리를 예수님이 당한 십자가의 고난을 통해 하나님께서 구원하셨기 때문에 고난, 환난이 새로운 의미를 갖게 된다. 이것이 십자가를 통해 나타난 하나님의 지혜요 능력이다.

하나님은 우리의 피난처가 되신다. 땅이 변하든지 산이 흔들리든지 바다 가운데 빠지든지 바닷물이 흉용하고 뛰놀든지 그것이 넘침으로 산이 요동할지라도 우리는 두려워하지 않는다고 했다. 하나님이 우리의 피난처요, 힘이시오, 환난날에 만날 도움이 되시기 때문에 두려워할 필요가 없다.

사랑하는 독자 여러분, 어려움이 있는가? 환난이 있는가? 힘이 없는가? 두려워하지 말자. 하나님이 우리의 피난처가 되시고, 힘이 되시고 환난날에 우리의 도움이 되시기 때문이다.

마음을 쏟아 놓으라

"백성들아 항상 그를 의지하고 그 앞에 마음을 쏟아 놓으라 하나님은 우리의 피난처이시로다"

환난 날에 신자는 누구를 의지해야 하는가? 하나님을 의지하라고 했다. 환난 날에 하나님 앞에 우리의 마음을 쏟아 놓으라고 하셨다. 환난 날에는 우리의 마음을 닫아 버리기가 일쑤이다. 왜 그런가? 들어줄 사람이 없기 때문이다. 신자는 환난의 날에 우리의 속마음을 하나님 앞에 쏟아야 놓아야 한다. 그러면 하나님이 우리를 도와주시고 힘주시고 피난처가 되어주신다.

두려워마라

환난의 날에 왜 두려워하지 않아야 하는가? 하나님께서 우리와 함께하시기 때문이다. 하나님이 함께하셔서 우리를 도와주시고 인도하시고 피난처가 되시니 두려워할 필요가 없다. 하나님은 우리와 함께하시기 위해 하늘에서 땅까지 내려오셨다. 임마누엘의 하나님이다. 우리 안에 내주하고 계신다. 함께하시는 하나님께 상담하고 문제를 아뢰고 도와주시도록 기도하자. 주님은 분명히 도와주신다. 우리에게 피할 길을 주시고 힘이 없을 때 힘 주시고 도움이 필요할 때 도움을 주신다.

우리 신앙의 여정에서 환난과 고난을 당하지 않는 사람은 한 사람도 없다. 인생사가 고난의 연속이기 때문이다. 그러나 우리 신자에게는 고난과 환난은 오히려, 피난처가 되시는 하나님, 힘이 되시는 하나님, 도움이 되시는 하나님을 만날 기회가 되는 것이다. 하나님은 마귀와의 전쟁에서 우리에게 피난처가 되어주시고 힘이 없을 때 힘을 주시고, 도움이 필요할 때 도와주시고 외로울 때 함께하심으로 우리 하나님이 되신다. 환난의 날에 여호와를 의지하며 그 앞에서 마음을 쏟기를 서로 기도하자. 하나님은 우리의 피난처가 되시기 때문이다.

17. 공의, 사랑, 겸손을 요구하시는 하나님

"여호와께서 네게 구하는 것이 오직 공의를 행하며 인자를 사랑하며 겸손히 네 하나님과 함께 행하는 것이 아니냐"(미가 6:6~8)

인간이 만든 신들은 제물을 원한다. 그래서 소위 신적인 것들을 섬기는 것을 보면 무엇을 바침으로 예배한다. 왜? 신에게 무엇인가를 바쳐야 원하는 것을 들어 주기 때문이다. 그러나 우리가 믿는 하나님은 우리에게 제물을 요구하지 않으신다.

공의를 행하는 것

하나님은 우리에게 공의를 원하신다. 공의는 생각하는 것이 아니라 행하는 것이다. 자기가 살기 위해 남을 해롭게 하는 것은 공의가 아니다. 공의가 없을 때 질서가 없다. 하나님이 원하시는 것은 '오직 정의를 물같이, 공의를 마르지 않는 강 같이 흐르게 하는 것'이다(암 5:25).

인애를 사랑하는 것

인자란 말은 히브리어로 헤세드라는 말로서 영어로는 steadfast love, mercy을 의미하는 것으로 하나님의 변함없는 사랑을 의미한다. 하나님의 한결같은 헤세드가 없이는 우리는 하나님 앞에 설 수 없다. 하나님은 헤세드를 실천하는 것이 아니라, 헤세드 자체를 사랑하라고 했다. 우리는 하나님의 헤세드를 실천하기가 매우 어렵다. 그러나 사랑할 수는 있다. 사랑하면 실천할 수 있기 때문이다. 사랑한다는 언어는 아주 농도가 짙은 언어이다. 변함없는 사랑, 한결같은 사랑을 사랑하는 우리가 되기를 기도하자.

겸손한 신자가 되는 것

하나님이 가장 싫어하시는 것은 교만이다. 교만은 패망의 선봉이라고 했다(잠언

16:18). 반대로, 하나님이 가장 좋아하시는 것은 겸손이다. 교만은 하나님과 동등됨을 취하려는 자세이다. 예수 그리스도는 본질상 하나님과 동등한 분이지만 동등됨을 취하지 않으시고 종의 몸으로 이 땅에서 오셔서 죽기까지 순종하셨다(빌 2:8).

겸손한 신자가 되려면 하나님을 경외해야 한다. 하나님 앞에서 두렵고 떨림이 있어야 겸손해진다. 다시 말하면 경건한 신자가 되어야한다. 경건은 쥐어짜는 것이 아니라 그리스도 예수의 은혜에 의해 우러나오는 것이다.

우리는 죄인이다. 죄인은 회개가 먼저이지 번죄물이 먼저가 아니다. 뇌물의 성격을 가진 물질을 가지고 하나님 앞에 서는 것이 아니다. 찬송가에도 있듯이 내 모습 이대로 주님께 나아가 죄를 회개해야 한다. 회개하고 하나님의 음성을 들어야한다.

18. 잃은자를 찾아 구원하러 오신 예수님

"예수 그리스도는 잃은 자를 찾아서 구원하러 오셨다."(눅 19:1~10)

어떤 점에서 삭게오는 잃은 자인가? 찾아오신 예수님은 누구신가?

잃은 자 삭게오

삭게오는 누구인가? 누가복음 19:2에 의하면 그는 세리장이요 부자라고 했다. 삭게오는 오늘날로 말하면 국세청장이라는 막강한 권력을 갖고 있는 사람이었다. 그리고 부자였다. 어떻게 그가 부자가 되었는지 잘 알 수 없지만 아무튼 부자였다. 그럼에도 불구하고 삭게오는 그 당시 사회에서 죄인 취급을 받은 사람이었다(눅 19:7).

당시 이스라엘은 로마의 식민지였다. 삭게오는 유대인인데 로마인에게 고용되어 유대인 동족으로부터 세금을 거두어들여 바치는, 소위 로마 앞잡이 놀이를 하는 사람이었다. 그래서 동족으로부터 소외를 당하고 죄인 취급을 받았다. 한국식으로 말하면 일제시대 일본 앞잡이 노릇을 하면서 대한민국 국민을 착취한 사람과 같을 것이다. 비록 삭개오 세리장이요 부자였지만 당시 사회로부터 소외당하는 것은 괴로운 일이요, 마음에 상처를 받고 사는 사람이었을 것이다. 이것이 삭개오에 대한 당시 사람들의 평가였다.

삭개오라는 이름은 히브리어로 청결한 사람, 의로운 사람이라는 의미이다. 부모가 자녀의 이름을 지을 때는, 이름과 같은 사람이 되도록 하는 염원에서 이름을 지어 준다고 한다. 그렇다면 삭개오의 부모는 삭개오가 청결하고 의로운 사람으로 살기 원해 그렇게 이름 지었을 것이다. 그런데도 삭개오가 왜 그렇게 사람들로부터 죄인 취급을 받고 '허가 받은 도둑'이 되었는지는 잘 모를 일이다. 가난과 억압에서 탈피하고자 성공 위주의 삶을 추구했는지도 모른다. 세상적으로는 성공한 사람이 되었는지 모르지만 자기 마음속에는 갈등과 고민이 있었음을 알 수 있다.

그러나 주님의 입장에서 보면 또 다른 평가를 받을 수 있다. 주님이 이 땅에 오신 목적은 잃어버린 자를 찾아서 구원하기 위해서이다. 그렇다면 삭개오는 어떤 점에서 잃은 자가 되는가? 삭개오는 인간적으로는 세리장이요 부자였다. 사회적으로는 죄인 취급을 받은 사람이었다. 그러나 주님의 편에서 보면 삭개오는 잃어버린 자였다.

'잃은 자'라는 말을 한번 묵상해 보자. 원문에 보면 $\alpha\pi o\lambda\lambda\upsilon\mu\iota$로서 $\alpha\pi o$(으로부터)라는 말과 $o\lambda\lambda\upsilon\mu\iota$(파괴하다, 폐허가 되다, 멸망되다)의 합성어이다. 어원학적으로 '잃다'라는 말은 있어야 할 자리에 없는 것을 '잃어버렸다'라고 하며 때로는 누구의 소유로부터 없어지는 상태를 잃어버렸다고 한다. 돈을 잃어버리면 다시 돈을 벌면 되는 것이다. 물건을 잃어버리면 다시 사면 된다. 그러나 사람을 잃어버리면 다른 사람으로 대치시키는 것이 불가능하다.

누가복음 15장, 잃은 양의 비유, 잃은 드라크마, 잃은 아들의 비유가 나온다. 양이 목자로부터 달아나서 없어질 때 잃은 양이 되며, 드라크마가 소유자로부터 없어질 때 잃은 드라크마가 된다. 아버지로부터 떨어져 나간 상태나 멀어진 상태를 잃은 아들이라고 한다. 이런 점에서 보면 삭개오는 천지를 창조하시고 죄인을 구원하려 오신 구세주 하나님으로부터 떨어진 상태, 같이 살고 있지 않은 상태를 말한다. 예수님을 모르는 자는 잃어버린 자이다. 예수님은 창조주요 구속주이다. 인생의 모든 것(행복, 사랑, 진리, 희망, 믿음)이 되시는 분이다. 따라서, 인생의 방향을 잃어버리고 살아야 할 분명한 목적이 없는 사람은 잃은 자이다. 탕자의 비유에서 보면 탕자는 죽었다가 살아난 자라고 했다. 예수님을 모르거나 떠난 자는 잃은 자이다. 따라서, 예수님을 모르는 자는 신분고하를 막론하고 잃어버린 자이다. 우리 가운데도 공부 잘하고 성격도 좋고, 얼굴도 예쁘고, 가정환경이 아무리 좋아도 주님을 믿지 않으면 잃어버린 자이다. 이 세상에 가장 불쌍한 자는 예수님을 믿지 않는 자이다. 반대로 주님을 믿는 자는 가장 행복한 자이다. 주님이 선한 목자가 되시기 때문이다.

잃은 자를 찾아 구원하러 오신 예수님

주님은 잃어버린 자를 찾아 구원하러 오셨다. 실제로 주님은 잃은 자 삭개오를 찾아 오셔서 삭개오 집에 머물겠다고 하셨다(눅 19:5). 잃은 자 삭개오는 무척 기뻐하며 뽕나무에서 내려와 주님을 영접했다. 죄인의 집에서 함께 먹고 마시겠다는 주님의 사랑의 초청에 삭개오는 감동받고 회개했다. 소유의 절반을 가난한 자에게 줄 것이며 누구에게 토색한 것이 있으면 네 배로 갚겠다고 약속했다. 예수를 영접하는 것은 회개를 통해 이루어진다. 삶의 전환을 의미한다. 하나님의 사랑과 능력을 체험할 때 진정으로 회개할 수 있다. 스스로 회개하는 것 같지만, 그 또한 하나님께서 예수 그리스도에게 육신을 입혀 세상에 보내시고 죄인을 직접 찾아가 구원하시는 것이다. 회개한 삭개오에게 주님은 구원을 베푸실 뿐만 아니라 아브라함의 자손이라고 인정하셨다.

삭개오를 찾아 오셔서 구원하신 주님은 어떤 분인가? "인자의 온 것은 잃어버린 자를 찾아 구원하러 함이라." 잃어버린 한 마리 양을 찾아헤매시고 구원하러 오신 주님을 생각할 때 참으로 주님은 선한 목자이심에 틀림없다. 선한 목자는 양들을 위해 목숨을 버리는 자라고 했다. 주님께서 찾아오시지 않았다면 어떻게 우리가 주님을 믿을 수 있겠는가? 예수 그리스도는 죄인인 우리를 구원하기 위해 하늘 나라 영광을 버리고 이 세상에 오셨다.

주님은 지금도 잃어버린 자를 찾아 구원하고자 하신다. 우리는 이러한 주님의 마음을 배우는 자가 되어야 하겠다. 주님께서는, 무리가 주님을 영접하고 구원받기 원하는 간절한 심정으로 말씀하셨을 것이다. 우리 주위에는 잃어버린 자가 없는가? 내 친구는 잃어버린 자가 아닌가? 내 부모는 잃어버린 자가 아닌가? 세상에서 모든 것을 얻었다고 해도 주님을 믿지 않으면 잃어버린 자이다.

19. 평강을 주시는 예수님

"아무것도 염려하지 말고 모든 일에 기도와 너희 구할 것을 감사한 마음으로 하나님께 아뢰라 그리하면 모든 지각에 뛰어난 하나님의 평강이 그리스도 예수 안에서 너희 마음과 생각을 지키시라"(빌4:4~7)

나는 오래 전 KBS 아침마당에서 부부집중탐구라는 프로그램을 봤다. 이야기인 즉 결혼한지 25년이 된 50대 초반 부부가 나왔다. 남편의 화투치는 버릇 때문에 부부 사이에 문제가 생겼다. 남편은 어렸을 때 사랑방에서 어깨 너머로 화투를 배우게 되더니, 매일 화투를 치지 않으면 살 수 없을 정도로 화투에 중독되었다고 한다(어렸을 때 무엇을 배우냐는 그 사람의 일생을 좌우한다). 남편은 스트레스를 풀기 위해 그저 재미삼아 화투를 친다고 했다. 그러나 부인은 남편에 대한 염려가 생기고 불안해서 마음의 병이 생겼다고 했다. 염려는 인간을 병들게 만드는 것이다. 문제는 우리가 일생 가운데 염려하지 않고 살 수 없다는 것이다. 그렇다면 어떻게 염려하지 않고 살 수 있는가?

'세 살 버릇이 여든 간다.' 라는 속담이 맞다. 내가 어려서 무엇을 배웠는가를 생각하고 그것이 좋은 것이 아니라면, 지금이라도 회개하라. 그렇지 않으면 남은 생애마저도 비참하게 살다 죽게 된다. 특히 인간이 도박을 하면 그런 삶이 된다. 나는 어떤 습관을 가지고 있는가를 생각해보라. 그리고 회개하라. 이것이 죄를 씻는 유일한 방법이기 때문이다.

"그리하면 모든 지각에 뛰어나신 하나님의 평강이 그리스도 예수 안에서 너희 마음과 생각을 지키시라." 주님을 믿는 자에게 하나님의 평강이 우리 마음과 생각을 지켜주신다고 약속하셨다. 여기서 말하는 평강은 인간이 주는 기쁨이 아니라 이를 초월한 하나님의 평강이다.

인간은 정말로 마음이 편안해야 살 수 있다. 내 집안은 유전적으로 위장의 기능이 좋지 않은 가족력이 있는 것 같다. 음식을 먹으면 소화가 잘 되지 않아 소화를 시키기 위해 약을 계속 먹고 괴롭게 산다. 뱃속이 불편하면 기분이 좋지 않다. 얼굴 표정이 좋지 않다. 의욕도 떨어지고 짜증이 난다. 육신도 이러할진대, 더욱 중요한 마음이 편하지 않으면 매사가 더욱 잘 풀리지 않고 집중할 수 없다. 평강이 없는 곳에 불안이 있을 뿐이다. 불안은 만병의 원인이라고 한다. 그러면 어떻게 마음에 하나님의 평강을 소유할 수 있는가? 이 말은 결론에 해당하는 말이다. 그러면 서론은 어떤 것인가? 빌립보서 4:4~6에 보면 세 가지 명령이 나온다.

기뻐하라

일이 잘되면 기뻐하는가? 그렇지 않다. 항상 기뻐하라고 했다. 인간이 어떻게 항상 기뻐할 수 있는가? 항상 기뻐할 수 없다. 그래서 주안에서 기뻐하라고 했다. 주안에서 우리는 항상 기뻐할 수 있다. 영어로 보면 rejoice라는 말이다. joice라는 말도 기쁨이라는 말이다. re~라는 말은 반복한다는 뜻이다. 주안에서 기뻐하라는 말은 주님을 통해 기쁨을 나의 것으로 만들라는 말이다. 기쁨은 고난과 동전 양면의 관계이다. 고난이 없는 기쁨은 참 기쁨이 아닌 것이다. 나를 살리기 위해 고난 받으신 주님을 생각하고 그 고난에 동참하며 살 때, 고난 가운데서도 기쁨이 강물처럼 흐르도록 살 수 있는 것이다.

관용을 베풀라

관용을 모든 사람에게 알게 하라. 여기서 관용이란 친절을 의미한다. 친절을 베풀며 살 때 모든 사람에게 선행이 알려지게 된다는 말이다. 모든 사람에게 다 좋은 소리를 들을 수는 없지만 할 수 있으면 친절을 베풀면서 살아야 한다.

기도하라

아무 것도 염려하지 말고 오직 감사함으로 하나님께 구하라고 했다. 하나님은 우리 아버지이다. 우리가 필요한 것을 알고 계신다. 그런데 우리는 염려를 한다. 무엇을 입을까, 무엇을 먹을까, 무엇을 마실까 염려한다. 그러나 이런 것들은 이방인이 구하는 것이라고 했다. 신자는 염려하지 말아야 한다. 염려는 만병의 원인이요, 염려한다 해서 무엇이 이루어지는 것도 아니다. 사람이 불안 가운데 있으면 하나님 말씀에 순종할 수 없기 때문에 결과적으로 죄를 짓는 것이다. 마가복음의 씨뿌리는 자의 비유에 의하면, 염려는 신앙을 질식하게 만들어 열매를 맺지 못하게 한다. 염려 속에 있을 때 우리는 기도할 수 없다. 그러나 감사함으로 기도로 간구할 때, 우리 형편을 아시는 주님께서 도와주신다.

하나님께서 가장 싫어하시는 것은 하나님을 원망하는 것이다. 민수기를 보면 이스라엘 백성들은 조금만 어려움이 닥치면 하나님께 원망을 하고 하나님의 종을 원망했다. 사흘이면 가나안 땅에 갈 수 있는 거리를 돌고 돌아 광야생활을 40년 동안 하기까지, 하나님은 이스라엘 백성을 훈련하셨다. 애굽에서 나온 백성 중, 하나님을 원망한 20세 이상은 갈렙과 여호수아를 제외하고는 다 광야에서 죽었다. 하나님께 감사함으로 간구하지 못하는 것은 하나님을 원망하는 것이요 믿지 못하는 것이다. 하나님을 멸시하는 것이라고 했다.

하나님께서는 항상 주안에서 기뻐하며, 친절을 모든 사람에게 베풀며, 감사함으로 필요한 것을 구하라고 말씀하셨다. 이것은 하나님의 명령이요 뜻이다. 하나님의 평강을 주시며, 이 평강이 염려를 제거한다. 세상에 살면서 영원을 생각하도록, 하나님의 평강이 늘 우리 생각을 바꿔주시며, 평안한 삶을 선물로 주신다.

20. 섬기는 종으로 오신 예수 그리스도

"인자가 온 것은 섬김을 받으려 온 것이 아니라 도리어 섬기려 하고, 자기 목숨을

많은 사람의 대속물로 주려 함이니라."(막10:45)

인간은 인정받기 위해 산다고 한다. 남이 나를 인정해 주면 기쁘고, 인정받지 못하면 슬퍼하며 절망하기까지 한다고 한다. 어떤 사람은 인정받지 못할 때 토라진다고 한다. 시기와 질투가 일어나고 상대방의 약점을 꼬집기까지 하게 된다고 한다. 각 사람이 정도만 다를 뿐, 이러한 욕망이 없는 사람은 없다. 살아 숨쉬고 있는 한, 이러한 소원, 이러한 욕망을 없앨 수 없다. 그렇다면, 문제는 어떻게 이런 소원을 이룰 수 있는가이다.

지금부터 들려드릴 말씀은, 주님께서 제자들에게 주신 말씀이다. 예수님을 믿는다고 하지만 주님께서 오신 목적은 알지 못하고, 높은 자리에 앉을 생각에만 빠져있는 제자들에게, 진정 위대한 삶이 어떤 것인지, 주님께서는 아픈 심정으로 가르쳐주고자 말씀하신다.

제자들의 소원

주님은 예루살렘을 향하여 가고 계신다. 인류의 죄를 대속하기 위해 십자가를 지시려 예루살렘으로 올라가는 도중에, 예수님의 수제자인 요한과 야고보가 예수님께 나아와 자기들의 소원을 말했다.

주님은 나무라지 아니하시고 네 소원이 무엇이냐고 물었다. 두 제자는 "주의 영광 중에 하나는 주의 우편에 하나는 주의 좌편에 앉게 하여주옵소서" 하며 간청했다. 높은 자리에 앉기를 원했다. 마태복음 20:20에 보면 야고보와 요한의 어머니까지 합세하여 자식들의 자리를 두고 다투었다. 자식이 존경받는 자리에 앉을 것을 원하는 어머니의 심정은 동서양 고금을 막론하고 다름이 없는 것 같다.

주님은 말씀하셨다. 너희가 구하는 것을 알지 못한다고 말씀하셨다. 내가 마시는 잔과 세례를 받을 수 있느냐고 물으셨다. 주님의 십자가에 죽으심을 의미한다. 높은 자리에 앉는 것에만 온통 생각이 팔려 있던 제자들은, 알지도 못한채 할 수 있다고 담대히 말했다.

주님은 계속해서, 좌우편에 앉는 것은 하나님이 하실 일이라고 말씀하셨다. 이것을 듣고 있던 나머지 제자들이 야고보와 요한에 대해 심히 분히 여겼다고 마가복음 10:41절에 기록하고 있다. 왜 심히 분히 여겼을까? 그들에게도 똑같은 마음이 있었기 때문이었을 것이다. 높은 자리에 앉는 것은 열두 제자들 모두의 관심사였다. 마가복음 9:35절에 보면 제자들 사이에서 누가 크냐는 것에 관해 커다란 논란이 있었다. 심히 분히 여기는 제자들을 보시고 주님은 마음 아픈 심정으로 그들에게 두 종류의 삶을 가르치셨다.

두 종류의 삶

먼저는 이방인의 삶이다. 마가복음 10:42절 말씀을 한 번 읽어보자. "예수께서 불러다가 이르시되 이방인의 소위 집권자들이 저희를 임의로 주관하고 그 대인들이 저희에게 권세를 부리는 줄을 너희가 알거니와." '임의로 주관하고,' 혹은 '권세를 부린다'는 뜻을 한번 생각해보자. 이방인의 소위 높은 자들은 자기들의 이익을 위해 사람들을 이용해먹고 권세를 부린다고 말씀하셨다. 이들은 말이나 소를 부리듯이 자기들의 이익을 위해 사람을 소처럼 부려먹는다고 하셨다. 소나 말은 동물이기 때문에 부려먹을 수 있지만, 사람은 하나님의 형상으로 지음 받았기 때문에 인격적으로 대해야 하는데 소나 말처럼 부려먹는 것은 참으로 비인격적인 것이다. 아무튼 예수님을 믿지 않는 세계에서 높은 사람이란, 권세와 세도를 부리는 자들이다. 오늘날의 모습도 같다.

다음으로 기독교인의 삶이다. 이방인들은 권세를 부리고 자기 이익을 위해 사람을 이용해 먹지만 기독교인은 그렇게 살아서는 안된다고 예수 그리스도는 말씀하셨다. 그렇다면 신자는 어떻게 살아야하는가?

주님의 말씀을 한 번 읽어보자. "너희 중에는 그렇지 아니하노니 너희 중에 누구든지 크고자 하는 자는 너희를 섬기는 자가 되고 너희 중에 누구든지 으뜸이 되고자 하는 자는 모든 사람의 종이 되어야 하리라." 기독교 관점에서 볼 때 높은 사람이란 부리는 자가 아니라 섬기는 자가 되어야 한다고 말씀하신다. 기독교 관점에서 볼 때 존경받는 사람이 되는 것은 예외가 없다. 주님은 말씀하셨다. '누구든지'이다. 위대한 사람이 되려면 남을 섬기는 삶을 먼저 배워야 한다. 주님께서 이땅에 오신 목적이 무엇인가? 섬김을 받으러 오신 것이 아니라 섬기러 왔다고 하셨다. 그리고 죄인인 우리를 죄에서 해방하기 위해 십자가에서 우리 죄를 대속하고자 이땅에 오신 것이다.

섬김의 결과

하나님의 뜻을 섬기기 위해 주님은 십자가에 죽으셨다. 그 결과 하나님께서 주님을 지극히 높이셨다. "이러므로 하나님이 그를 지극히 높여 모든 이름 위에 뛰어난 이름을 주사 하늘에 있는 자들과 땅 아래 있는 자들로 모든 무릎을 예수의 이름에 꿇게 하시고 모든 입으로 예수 그리스도를 주라 시인하여 하나님 아버지께 영광을 돌리게하셨느니라." 우리가 먼저 섬길 때, 때가 되면 하나님께서 높여 주신다. 이것이 진정한 높임이다. 섬기는 생활을 배우려면 십자가에서 우리를 위해 죽으신 주님의 사랑을 덧입어야 한다. 그렇지 아니하면 끌어안지 못할 사람은 끌어 안을 수가 없다. 내가 좋아하는 사람을 섬기는 것은 쉬운 일이다. 그러나 내가 싫어하는 사람을 섬기는 것은 인간의 능력으로는 불가능하다. 용서받은 은혜를 성령을 통해 덧입지 않으면 섬기는 삶을 살 수 없다. 섬기러 오신 주님의 생애를 본받는 것이 위대한 삶의 시작이다.

21. 마음이 상한 자에게 가까이 하시는 하나님

"여호와는 마음이 상한 자에게 가까이 하시고 중심에 통회하는 자를 구원하시는 도다"(시34:18)

시편 34편은 다윗이 사울 왕을 피해 도망하여 가드 왕 아기스한테 가서 피신한 내용을 다루고 있다. 아기스 왕의 신하들이 유대 백성들이 춤추며 다윗을 노래하여 가로되, "사울이 죽인자는 천천이요 다윗은 만만이로다 했던 자가 아니냐"고 하자, 다윗은 아기스 왕의 신하들이 자기에 관해 말한 것을 듣고 아기스 왕을 심히 두려워하며 그들 앞에서 미친 체하며 대문짝에 끄적거리며 침을 수염에 흘리고 다녔다(삼상 21:12).

다윗은 어떤 사람인가? '전쟁은 여호와께 속했다'고 당당하게 말한 용맹한 사람이 아니었는가?(삼상17:46) 물맷돌 두개로 거인 골리앗의 이마를 명중하여 죽인 자가 아닌가? 그리도 당당하던 다윗이 자기 생명에 위협이 다가오자, 이방인 앞에서 심히 두려워하며 살기 위해 미친 짓을 한다. 오직 생명을 지키기 위해, 체면과 지위를 버리고 미친 척하고 비굴하게 행동하는 인간의 나약한 모습을 보게 된다. 다윗도 어차피 연약한 한 인간에 불과한 것 아닌가?

다윗이 아기스 왕 앞에서 미친 사람인 척 하다가 결국 쫓겨나서 지은 시가 시편 34편이다. 자기의 부끄러운 과거를 생각할 때 시를 노래할 수 있을까?그렇다면 다윗은 무엇을 깨달았기에 이런 시를 쓸 수 있었을까

마음이 상한 자에게 가까이 하시는 하나님

인간은 대개 외모가 아름답고, 지적이고, 친절하고, 자기에게 이익이 되는 자를 가까이 하고, 사귀고 싶어한다. 그러나 여호와 하나님은 마음이 상한자에게 가까이 하신다. 인격적인 모욕을 당할 때, 자기 자신이 어떤 이유로 초라하게 보일 때, 누가 자기 말을 들어주지 않을 때, 마음이 상하게 된다. 그러나 하나님 편에서 볼 때 마음이 상하게 되는 경우는 죄로 말미암아 하나님의 마음을 상하게 하는 경우이다. 하나님의 마음을 상하게 하는 자는 자기 죄를 인정하는 자이다. 자기의 연약성을 인정하는 사람이다.

다윗을 보자. 살고자 미친 척한 자신을 생각할 때 참으로 한심했을 것이다. 인간적으로 보면 부끄러워 차마 얼굴을 들 수 없는 자신을 발견하고, 절망 속에서 자학하면서 살았을 수도 있다. 내가 겨우 이 정도 밖에 안 되는 존재인가 하면서 자책할 수 있을 것이다. 그러나 자기 모습 그대로 하나님께 나아가 주님의 자비를 구하는 것을 우리가 알 수 있다. 깊이 회개를 했다. 하나님은 이런 자에게 가까이하신다. 친구가 되시고 사귀고 싶어하신다.

하나님 앞에서는 변명은 필요없다. 하나님은 우리 죄를 다 아시기 때문이다. 회개

만이 우리가 하나님 앞에 설 수 있는 조건이다. 여호와께 내모습 이대로 나아가자. 그리고 회개하자.

중심에 통회하는 자

다윗은 이스라엘의 영웅이었다. 그러나 자신의 생명에 위협을 느꼈을 때 약해지다 못해 미친 사람인 것처럼 연기까지 했다. 그러나 하나님께 나아가 자신의 무력함과 죄를 회개했다. 그리고 다음과 같이 고백했다. "하나님은 중심에 통회하는 자를 구원하시는도다." 영어로는 '심령으로 통회하는 자(the crushed in spirit)'라고 번역할 수 있다. 통회한다는 말은 깊이 회개하는 마음의 상태를 의미한다. 다윗의 위대한 점은 하나님 앞에서 겸손하게 자기 죄를 인정하는 것이었다. 그리고 하나님의 자비를 구하는 것이었다. 이것이 심령으로 통회하는 자이다.

성 아우구스티누스도 『고백록』을 통해 말하기를, 양파껍질 하나 하나를 벗기듯이 하나님 앞에서 자기 죄를 고백하고, 자기 죄를 회개한 자에게 한없는 자비를 베푸시는 하나님의 은혜를 찬양하는 것이, 그 책을 쓴 목적이라고 고백했다. 하나님은 옷을 찢지 않고 마음을 찢는 회개를 받으시고 구원하신다(요엘 2:13).

다윗은 "내가 여호와를 항상 송축함이여 내 입에서 계속하리로다." 라고 고백했다. 살기 위해서 미친 사람인 척 했던 다윗이 어떻게 하나님을 항상 송축할 수 있겠는가? 하나님의 자비와 은혜가 아니면 다윗이 어떻게 얼굴을 들 수 있겠는가 말이다.

죄 때문에 마음이 상한 내모습 이대로 주님께 나아가자. 하나님의 자비를 구하자. 이 약속을 믿는 것이 믿음이다.

22. 사죄의 권세자, 예수님

"소자야! 안심하라 네 죄가 사함을 받았느니라"(마 9:2)

주님께서 배를 타고 가버나움으로 가셨다. 침상에 누운 중풍병자를 데리고 그 친구들이 예수님께 나아왔다. 중풍은 현대 의학으로도 고치기 무척 어려운 병이다. 친구들의 믿음을 보시고 예수님이 중풍병자에게 말씀하셨다. "소자야! 안심하라." 병 때문에 절망과 좌절 가운데 있는 중풍 환자가 주님의 자비하신 음성을 듣고 큰 위로를 받았을 것이다. 게다가 병도 고쳐주셨다.

신약성경에 나타난 예수 그리스도의 주된 사역은 두가지이다. 말씀 전파와 치유 사역이다. 죄를 용서하고 육신의 병을 고쳐 주신 것이다.

사죄의 권세자 예수 그리스도

주님께서는, 중풍병자에게 네 병이 나았다고 하지 않으시고, "네 죄 사함을 받았느니라." 라고 말씀하셨다. 그리고 마가복음에, 주님께 세상 죄를 사할 수 있는 권세가 있는 것을 보여 주시기 위해, "걸어라!" 라고 말씀하시니 중풍병자가 자리를 들고 걷게 되었다.

주님은 하나님의 아들이시기에, 죄 사함을 주는 권세를 하나님 아버지께로부터 위임 받으신 분이시다. 실제로 중풍병자의 죄와 병을 고치심으로 권세를 나타내셨다. 어떤 참혹한 죄를 지은 자라도 주님을 믿으면 용서하시고, 마음의 병까지도 고쳐주시는 분이시다. 이 세상의 근본 문제는 모두 죄의 문제이다. 이 문제를 해결하시는 분은 오직 예수 그리스도이다. 모든 것은 주님의 사랑이다.

아담아, 네가 어디 있느냐?

"아담아, 네가 어디에 있느냐"?(창세기 3:7) 여호와 하나님이 아담을 부르시며 물으신다. 인간의 실존을 물어보시는 질문이다. 우리는 하나님의 면전(coram Deo)에서 살아야 하는데 하나님의 면전에서 피할 때 주님은 우리를 찾으신다. 창세기 3장은 인류의 비극이 시작되는 이야기이다. 아담과 이브가 하나님 말씀에 불순종하여 하나님 면전에서 떠나 피하여 숨었기 때문이다. 하나님은 성난 음성으로 찾으시는 것이 아니라 부드러운 음성이되 근심하시는 심정으로 부르셨을 것이다.

아담과 이브는 하나님이 건설하신 에덴동산에서 하나님 말씀에 불순종하여 선악과를 따먹고 자신이 벗은 것을 알게 된다. 죄를 짓기 전에는, 에덴동산에서 하나님과 교제하며 매일 행복하게 살았다. 그러나 선악과를 따 먹은 후에는 그렇게 하지 못했다. 동산에 거니시는 여호와 하나님의 음성을 들었다. 그들이 여호와 하나님께 다가갔는가? 여호와 하나님의 낯을 피하여 동산 나무 사이에 숨었다. "내가 동산에서 하나님이 거니시는 소리를 듣고 내가 벗었으므로 두려워하여 숨었나이다."라고 아담이 고백했다. 아담과 이브는 죄를 짓기 전에는 벌거벗었으나 부끄러워하지 않았다고 했다(창 2:25). 그러나 죄를 짓고 나니 눈이 밝아져 자신이 벗은 줄을 알게 되었다. 그리고 부끄러움을 감추기 위해 무화과나무 잎으로 몸을 가렸다(3:7). 여기서 보면 죄란, 하나님 앞에서 발가벗은 나의 의식, 즉 죄의식(self~consciousness before God)임을 알 수 있다. 부끄러운 자신을 발견하는 것이다. 하나님은 죄 지은 아담과 이브를 찾으셨다. 처벌하시기 위해서? 아니다. 그들이 자기 자신을 돌아보도록 찾으신 것이다.

하나님 앞에서 자기 발견

우리는 여기서 중요한 교훈을 얻는다. 하나님 낯을 피하고 교제하기를 두려워 하는 사람은 하나님께 죄를 지었기 때문이라는 것이다. 요한복음에도 빛 되신 하나님께 나오지 않고 어두움을 더 사랑하는 것이라고 말한다. 자기 행위가 악하기 때문이라는 것이다. 하나님 앞에 죄를 지은자는 하나님과 교제하기를 두려워하고 하나님의 낯을 피하여 숨고 어두움을 사랑하게 된다. 그러나 하나님은 이렇게 두려워하고 숨은 자를 찾아오셨다. "네가 어디에 있느냐?" 죄지은 아담을 부르신 하나님은 어떤 하나님이신가?

아담을 찾아오신 하나님은 여호와 하나님이시다

여호와 하나님은 사랑의 하나님이다. 집을 나간 탕자 생각에 잠 못 이루시면서 기다리시는 여호와 하나님이시다.

죄를 용서하시는 하나님

우리 죄가 주홍같이 붉을지라도 눈과 같이 희게 하시겠다고 약속하신 사랑의 하나님이다(사1:18). 우리가 변하여 새사람되기 원하시는 사랑과 치유의 하나님이다.

잃은 양을 찾으신 주님

아담을 찾아오셔서 부르시는 여호와 하나님은, 아흔아홉 마리의 양을 놔두고 잃은 양 한마리를 찾아서 구원하러 오신, 선한 목자 되시는 예수 그리스도이시다. 죄인을 사랑하시고 구원하기 위해 육신을 입고 이땅에 오셔서 십자가에 못박혀 죽으시고 부활하신 예수 그리스도이다(눅19:10). 죄를 지어 죽을 수 밖에 없는 인간을 향한, 하나님의 놀라운 사랑이다.

예수는 그리스도

유대인들은 사도 바울의 복음사역을 훼방하고 대적했다. 그래서 사도 바울은 두려움 가운데 있었다. 그런데도 '예수는 그리스도'라고 밝히 전했다. 인간적으로는 마리아와 요셉의 아들인 예수가 하나님과 인간 사이에 중보자가 되시며, 마땅히 죽어야 할 죄인을 구원하러 오신 구속주이심을 확실하게 증명했다. 사도 바울의 메시지는 아주 단순했다. 예수는 그리스도라고 전파했다. 예수는 그리스도이다. 메시아다. 구세주이다.

사도 바울이 고린도에 있을 때 "내 말과 내 전도함이 지혜의 권하는 말로 하지 아니하고 다만 성령의 나타남과 능력으로 하여 너희 믿음이 사람의 지혜로 있지 않고 다만 하나님의 능력에 있게 하려 하였노라."라고 말했다. 예수가 그리스도가 되심을 밝히 증거하려면 성령님의 감동을 받아야 한다. 그래야 세상 지혜에 기반을 두지 않는 메시지가 된다.

종교개혁자 마틴 루터는 당시 천주교 면죄부 사건이 성경적이지 않다는 사실을 95개 항목으로 만들어 비텐베르크 교회 문에 부착함으로써 종교개혁을 시작했다. 교황청은 갖은 술책을 동원하여 루터에게 고난을 주었다. 한편 루터를 파문하기 위해 열리는 보름스 제국의회에 참석 요청을 받은 루터는, 제국의회에서 많은 황제와 제후, 추기

경 앞에서 심문을 받게 되었다. 요즈음 국회 청문회와 같은 것이었다. 루터는 이렇게 말했다. "내 양심은 하나님 말씀에 사로잡혀 있습니다. 따라서 나는 취소할 수 없으며 또 취소하지도 않을 것입니다. 왜냐하면 양심을 거스르는 일은 안전하지도 않고 유익하지도 않기 때문입니다. 나는 달리 어떻게 할 도리가 없습니다. 여기에 내가 서있나이다. 하나님이여 나를 도우소서. 아멘."하고 담대히 증언했다. 말 한마디에 목숨이 왔다 갔다 하는 제국의회에서 루터가 그렇게 담대히 말할 수 있었던 것은 자신의 용기가 아니었다. 그는 오직 말씀에 사로잡힌 사람이었다. 그래서 '성경적인 것이 아닌 것'에는 '아니요' 라고 대답할 수 있었다.

마찬가지로 우리도 하나님 말씀에 사로잡히면 예수가 그리스도임을 담대히 전할 수 있다. 하나님 말씀에 사로잡히고 성령에 감동된, 하나님의 종이 각자 되기를 기도하자. 하나님 말씀과 성령님만이 우리의 심령을 다스려 주시도록 기도하자. '예수는 그리스도'라고 분명히 전할 수 있는 신자가 될 수 있기를 서로 기도하자.

23. 포도나무 되신 예수 그리스도

"내 안에 거하라 나도 너희 안에 거하리라 가지가 포도나무에 붙어 있지 아니하면 절로 과실을 맺을 수 없음같이 너희도 내 안에 있지 아니하면 그러하리라."(요 15:4)

포도나무 비유이다. 주님이 가장 많이 사용하신 방법이다. 비유를 통해 주님과 우리의 관계성을 말씀해주는 성경구절이 많다. 주님은 포도나무요 우리는 그의 가지라고 했다. 그리고 가지가 포도나무에 붙어있지 않으면 말라 죽는다고 하셨다. 마찬가지로 우리도 그리스도 안에 거하지 않으면 믿음이 죽게 된다. '내 안에 거하라'는 말이 반복된다. 신자가 포도나무 가지로서 사는 생활은 주님 안에 거하는 생활이다.

신자의 생활은 말씀 안에 거하는 생활이다.

"너희가 내 안에 거하고 내 말이 너희 안에 거하면 무엇이든지 원하는 대로 구하라. 그러면 이루리라." 하나님 말씀 안에서 사는 생활을 의미한다. 우리가 매일 밥을 먹고 사는 것처럼 신자가 먹을 음식은 하나님 말씀이다.

하나님 말씀의 능력을 체험할 수 있다.

하나님 말씀을 듣고 실천하지 않은 사람은 주님 안에 거하는 사람이 아니다. 그저 말씀을 듣기만 하는 사람이다. 그렇게 살면 바리새인이 된다. 위선자가 된다. 그러면 하나님 말씀 안에 사는 자의 축복이 무엇인가?

주님은 우리에게 놀라운 축복을 약속해주셨다. 우리가 하나님 말씀 안에서 원하는 것이 있으면 순간순간 구하라는 말이다. 자기가 원하는 대로 구하라는 것이 아니다. 하나님 말씀 안에 거하는 사람만이 하나님 원하시는 것을 구할 수 있다. 구하는 방법은 기도이다.

기도가 무엇인가? 장로교회를 창설한 칼빈은 『기독교 강요』에서 하나님께서는 우리에게 필요한 모든 것은 당신의 창고에 쌓아두고 계신다고 말했다. 우리는 기도로 필요한 것을 꺼내어 쓸 수 있다고 했다. 기도는 신자가 실천해야 할 최상의 것이다. 그래야 신자는 생명력 있게 살 수 있다.

많은 열매를 맺을 수 있다.

우리가 하나님 말씀에 순종하면, 하나님께서 우리로 하여금 열매를 많이 맺어 하나님께 영광을 돌리도록 해 주시고, 우리는 주님의 제자가 된다고 하셨다. 하나님을 기쁘시게 하며 우리도 하나님의 기쁨을 누릴 수 있다. 예수님의 제자된 생활이다.

24. 나도 너를 정죄하지 아니하노니 다시는 죄를 짓지 말라

"나도 너를 정죄하지 아니하노니 가서 다시는 죄를 짓지 말라" (요 8:1~11)

참으로 슬픈 이야기이다. 예수를 고발하기 위한 목적을 갖고, 간음한 여인을 잡아서 고발한 이야기이기 때문이다. 그것도 다른 사람이 아니라 그 당시 종교 지도자인 바리새인과 서기관들이었기 때문이다. 모세의 율법에 의하면 그와 같은 여인은 돌로 쳐죽임을 당해야 한다.

그러나 간음하다 현장에서 잡혀서 돌로 쳐죽임을 당해야 할 이름 없는 한 여인을 구원하시고 "나도 너를 정죄하지 아니하노니 가서 다시는 죄를 짓지 말라"라고 말씀하시는 주님은, 우리에게 깊은 감동과 울림을 준다. 주님의 한없는 은혜와 사랑에 감동을 느끼게 한다. 우리 주님외에 이 세상에 이런 분이 어디 있겠는가?

이른 아침에

주님은 늘 하시던대로 감람산에서 기도하시고 아침에 성전으로 나아오셨다. 백성들도 주님의 가르침을 받기 위해서 성전에 나왔다.

서기관들과 바리새인

간음하다 잡힌 여인을 누가 끌고 와서 성전 가운데 세우고 신랄한 질문을 했는가? 백성들인가? 그 당시에 권세를 누리는 서기관들과 바리새인들이었다. "모세의 율법에 의하면 이런 여자를 돌로 치라 하였는데, 선생은 어떻게 하시겠는가?" 그들은 주님을 진퇴양난에 빠지게 했다. 죽이라 하면 로마법에 위배되고 그렇지 아니하면 모세의 율법을 어기게 된다. 이들은 예수님을 난감하게 했다.

주님의 대답

주님은 몸을 굽혀 손가락으로 땅에 무언가 쓰셨다. 대답을 기다리는 서기관들과 바리새인들은 다그쳐 예수님께 물었다. 그때 예수님은 "너희 중에 죄가 없는 자가 먼저 돌로 치라"(요 8:8)고 말씀하셨다. 와우! 주님이 아니면 누가 이런 지혜로운 말씀을 하실 수 있겠는가? 주님이 지혜가 되기 때문이다(고전 1:30). 죄가 없는 자가 돌로 치라고 하셨다. 돌로 치는 조건을 제시함으로서 바리새인과 서기관들의 요구를 만족시켰으며, 동시에 불쌍한 여인의 생명을 무리들로부터 구하시는 길을 제시하셨다.

사람들의 반응

사람들은 양심의 가책을 받아 젊은이부터 어른까지 하나씩 그 자리를 떠나가고 오직 예수와 그 가운데 서는 여자만 남았더라고, 성경은 기록하고 있다. 한국말 번역인 '양심의 가책'이라는 말은 원래 성경에는 없다. 각자에게 죄가 있음을 인정했기 때문이다. 이 세상에 어린이로부터 어른에 이르기까지 죄가 없는 사람은 아무도 없다는 것을 반증해 준다.

예수님과 여자의 대화

예수 그리스도께서 먼저 말을 걸었다. "여자여, 너를 고발하던 그들이 어디 있느냐 너를 정죄한 자가 없느냐?" "없나이다." "나도 너를 정죄하지 아니하노니 가서 다시는 죄를 범치말라 하시니라." 부드럽고 뜨거운 사랑의 말씀이다. 주님은 세상의 바리새인과 서기관들과는 다른 분이시다. 그들은 여인을 고발했고 정죄한 사람들이었다. 그들은 종교지도자들이었다. 예수 그리스도를 보자. 예수님은 세상을 정죄하려 이 땅에 오시지 아니하고 죄인을 구원하러 오셨다(요 3:17).

간음하다 잡혀서 죽어야 할 운명의 여인을 정죄하지 않는 것이, 예수님에게 정죄할 권한이 없어서가 아니다. 그는 죄가 없으신 분이기 때문에 얼마든지 죄인인 우리를 정죄하실 수 있는 분이다. 그런데도 그렇게 하지 않은 것은 죄를 안 짓도록 하기 위해서이다. 그래서 "가서 다시는 죄를 짓지 말라"라고 말씀하셨다. 죄를 용서하심으로 죄를 안 짓게 하시는 주님의 놀라운 사랑과 지혜에 감탄하지 않을 수 없다. 아마, 용서받은 이 여인은 평생토록 죄를 안 지으며 살았을 것이다. "나도 너를 정죄하지 아니하노니 가서 다시는 죄를 범치말라." 이 말씀이 여인의 마음속에 평생 남았기 때문일 것이다. 죽음으로부터 자신을 살리는 말씀이기 때문이다. 주님의 부드러우면서도 준엄한 음성이 여인의 귀에 평생도록 쟁쟁하게 들렸을 것이기 때문이다. 죄짓고 싶은 욕망이 생길 때마다 그 여인은 무릎을 꿇고 기도했을 것이다. "나를 살려주신 주님, 주님의 사랑을 생각할 때, 주님의 은혜를 잊을 수 없습니다. 그런데도 죄를 짓게 하는 욕망이 속에서 또 올라옴은, 저도 이것을 어찌할 수 없습니다. 이것이 나임을 또 발견합니다. 성령의 능력으로 죄를 지으려는 나의 욕망을 죽이게 하여 주옵소서."(롬 8:14)

25. 주께 받은 사명

"나의 달려갈 길과 주 예수께 받은 사명 곧 하나님의 은혜의 복음을 증거하는 일을 마치려 함에는 나의 생명을 조금도 귀한 것으로 여기지 아니하노라."(행 20:24)

사도 바울이 밀레도에서 사람을 보내 에배소교회의 장로를 불러놓고 말했다. 자기는 모든 겸손과 눈물로 주님을 섬겼다고 말했다. 유대인들이 사도 바울을 죽이려고 음모와 간계 속에서도 참으며 주님을 섬겼다고 했다. 그는 유대인들에게나 헬라인들에게 회개하고 주 예수를 믿을 것을 가르쳤다. 그러나 이제 밀레도를 떠나서 하나님의 뜻에 따라 예루살렘으로 가게 되었다. 예루살렘에서 무슨 일을 당할지 잘 모르지만 핍박과 환난이 기다리고 있었으며 어쩌면 생명까지도 불사해야 하는 그러한 상황이었다.

주 예수께 받은 사명
사명에는 '그럼에도 불구하고'라는 언어가 선행되어야 한다. 그래서 바울도 자신의 사명을 다음과 같이 고백했다. 환난과 피박이 자신을 기다리고 있으나 참으로 놀라운 고백을 했다. 사도 바울의 사명은 무엇인가?
사명은 목숨을 바치는 것이다. 인간이 준 사명이 아니다. 주 예수께서 주신 사명이다. 하나님의 은혜의 복음을 증거하는 것이다. 이 세상에서 가장 큰 일이 무엇인가? 생명을 살리는 것이다. 하나님의 은혜의 복음이다.

사도 바울이 변화되기 이전에 어떤 사람이었는가? 그는 예수 믿는 자를 핍박하고 죽이기까지한 살인자였다(행 22:4). 그러나 하나님의 은혜로 사도가 되었다. 사도 바울은 자신을 죄인의 괴수에서 사도로 변화시킨 하나님의 은혜의 복음을 전하는 것이 자신이 달려갈 길 즉 은혜의 복음을 전하는 길이라고 고백했다. 이것이 사도 바울의 궁극적인 사명이었다. 독자 여러분, 하나님께서 여러분에게 은혜로 주신 사명이 무엇인가?

궁극적인 목적

우리는 세상에서 직업을 가지고 살아가고 있다. 그러나 이것은 우리의 궁극적인 사명은 아니다. 이 세상에 존재하는 모든 것을 보자. 풀한포기, 나무 한그루라도 각 존재의 목적을 하나님의 예정과 섭리 가운데 받았고, 나름대로의 시작과 끝이 있다. 벼는 심겨져 자라 쌀이 되어 인간을 먹이는 것으로 자기 일생을 마친다. 연어는 강에서 태어나 바다에서 자라다가 다시 자기가 태어난 곳으로 돌아와서 자손을 번식하는 사명을 감당한 후에 죽어간다고 한다. 이처럼 세상에 존재하는 모든 것은 다 하나님께 받은 사명이 있다. 자연의 미물들도 이럴진대 인간은 더 말할 나위가 없다. 하나님께서 여러분과 나를 죄로부터 은혜로 구원하셨다. 그리고 은혜의 복음을 전하도록, 궁극적인 사명을 주셨다. 이것이 여러분과 나의 사명이다. 벼가 자랐지만 수확되지 못한 벼는 자신의 사명을 다하지 못함으로 갈아엎어지거나 불에 태워지는 것처럼, 독자 여러분과 나 또한 주님께서 은혜로 주신 사명을 감당하지 못할 때 우리 인생도 무의미한 쭉정이 인생이 되고 말 것이다.

사명을 감당하는 자세

사도 바울은 주 예수께 받은 사명을 어떻게 감당했는가? 첫째, '그럼에도 불구하고'이다. 그가 예루살렘에 가면 죽을지도 모르지만 그럼에도 불구하고 예루살렘에 올라갔다. 사명인의 자세는 세상 논리인 '그러하기 때문'이 아니라 언제나 '그럼에도 불구하고'이다. 둘째, 하나님의 은혜의 복음을 겸손과 눈물로서 전했다. 겸손과 눈물이 없이는 하나님의 은혜의 복음을 전할 수 없다. 하나님의 은혜의 복음을 전하기 위해서 여러분은 얼마나 눈물을 흘렸는가? 하나님은 당신의 눈물병(시 56:8)에, 당신이 은혜의 복음을 전하기 위해 흘린 눈물을 모두 담으시고 보상해주실 것이다. 셋째, 사명은 하나님의 은혜로 감당해야 한다. 그래야 감격이 있고 피곤치 않다.

독자 여러분, 주님의 은혜의 복음을 겸손한 마음으로 전하자. 눈물을 흘리면서 전하자. 눈물로 씨를 뿌리면 하나님은 기쁨으로 단을 거두게 하신다.

26. 심판하시는 하나님(롬 2:1~10)

사도 바울은 그리스도를 통한 하나님의 마지막 심판을 말하고 있다(롬 2:1~16). 오늘을 사는 신자들은 하나님의 심판에 몹시 무디어있는 것 같다. 법원에서 심판을 받는 것에 대해서는 민감하지만 하나님의 심판은 대수롭게 여기지 않는 경향이 있다. 그러나 이런 자는 창세기에 나오는 롯의 사위들처럼 하나님의 말씀을 농담으로 여기다가 유황불에 타죽는 것과 같은 하나님의 심판을 면하지 못할 것이다. 죄를 죄로 여기지 않고 오히려 자신들의 죄악된 행위를 변명하며 살아가고 있다. 그러나 하나님은 당신의 진리대로 심판하신다고 말씀하셨다. 하나님의 심판은 공정하고 의로운 심판이다. 그렇다면 어떤 자가 하나님의 심판을 받게 되는가?

남을 비판하는 사람에게

하나님의 심판을 면할 수 없다. 같은 일을 행하기 때문이다. 여기서 비판하지 말라고 해서 비판을 조금이라도 해서는 절대 안 된다라는 것은 아니다. 비판이 우리 사회에서 긍정적인 역할을 할 때가 있다. 가령 경제가 파탄 지경에 이르러 IMF로부터 긴급 구제자금을 지원받은 것에 관해 정부와 책임자들의 잘못을 지적하고 비판하는 것은 건전한 국가운영을 위해서도 필요하다. 그러나 남을 힐뜯고 음해하는 그러한 비판은 하지 않아야 한다. 남의 좋은 이야기, 아름다운 이야기를 전해도 사회 전체가 아름다워지기 어려운데, 다름 사람의 약점을 들먹이고 사람 간에 이간질하는 데 이용하는 것은 아름답지 못한 것이다.

하나님은 행한 대로 보응하신다

세상 속담에도 '콩 심은 데 콩 나고 팥 심은 데 팥 난다'라는 말이 있다. 콩을 심으면 콩이 나지 팥이 날 수 없다. 자연의 순리이다. 영어로는 '대가를 치른다(pay the price)'라고 말한다. 더 엄중한 표현이다. 세상에서 우리가 고난을 겪을 때 우리가 과거에 잘못했던 언행들 때문에 어떤 대가를 치르고 있다고 생각하게 된다면, 그보다 슬픈 일은 없다. 하나님은 참고 선을 행하여 영광과 존귀와 썩지 아니함을 구하는 자에게는 영생을 선물로 주신다. 선을 행하는 데는 많은 인내가 필요하다. 손해도 봐야 한다. 성공할 것 같고, 성공하고 있는 사람을 도와주는 것은 쉽다. 그러나 인간적으로 볼 때 희망조차 없어보이는 사람을 돕는 것은 쉬운 일이 아니다. 주님의 심정을 가져야 한다. 주님의 이름으로 찬물 한 그릇만 주어도 하늘에서는 상이 크다고 했다. 신자는 주님의 이름으로 선을 행해야 한다. 선을 행하면 어떤 열매가 주어지는가? 영광과 존귀와 평강이다. 우리는 세상에 살면서 선을 행하며 살아야 한다. 이것이 아름다운 삶이다. 악을 악으로 갚지 말고 선으로 이기라고 하셨다.

그러나 당을 지어 진리를 따르지 아니하고 불의를 따르는 자에게는 노와 분으로 심판하신다. 그런 자에게는 환난과 곤고가 있다. 어느 공동체에나 끼리끼리 모이고 당을 형성하는 일이 있다. 그러나 끼리끼리 모여 남의 흉을 보고 비난하는 것은 진리를 따르는 것이 아니다. 하나님의 심판을 받을 뿐만 아니라 환난과 곤고를 받게 된다.

하나님은 악을 행하는 사람을 죽일 수도 있다. 그러나 우리에게 오래 참으시는 것은 우리가 회개하여 새사람이 되게 하시려고 오래 참으시는 것이다. 우리는 악을 행할 때 즉시 회개해야 한다. 사랑하는 독자 여러분, 세상 사는 동안, 주님의 이름으로 선을 행하는 신자가 되기를 서로 기도하자.

27. 복음이란?

"이 아들로 말하면 육신으로는 다윗의 혈통에서 나셨고 성결의 영으로는 죽은 자 가운데서 부활하여 능력으로 하나님의 아들로 인정되셨으니 곧 우리 주 예수 그리스도시니라."(롬 1:3~4)

복음이란 무엇인가? 복음은 예수 그리스도이다. 복음은 성경에, 선지자들을 통해 미리 약속하신 것이다. 구약은 오실 복음에 대한 약속이요 신약은 오신 복음에 대한 증거이다. 성경은 예수 그리스도에 관해 기록한 책이다. 성경은 우리에게, 예수 그리스도 안에 있는 믿음을 통해 구원에 이르도록 지혜를 가르쳐주는 책이다.

육신으로는

예수님은 육신으로는 다윗의 혈통에서 나셨다(롬 1:3). 다윗이 누구인가? 이스라엘의 왕이다. 그래서 주님은 인간의 혈통에서 보더라도 왕손이자 왕 자체이다.

성결의 영으로는

성결의 영으로는 하나님의 아들이라 인정되셨으니 곧 우리 주 그리스도 예수이다.

예수 그리스도는 성령의 능력으로 부활하사 하나님의 아들로 인정되셨다. 부활은 성령의 능력으로 된 것이요, 만약 부활이 없다면 예수님은 하나님의 아들로 인정되지 못했을 것이다. 성결의 영은 예수 그리스도를 죽음에서 부활하게 하신 성령이다(롬 8:11). 하나님의 아들이 죽었다가 부활하지 못했다면 예수 그리스도는 하나님의 아들로 인정받지 못했을 것이다.

복음은 예수 그리스도이다

주님이라는 말은 당시에 로마 황제에게 붙이는 칭호였다고 한다. 당시에 로마가 거의 전 세계에 해당할 정도의 지역을 지배하고 있었기 때문에, 로마 황제는 전 세계의 황제나 다름없었다. 그러나 성경에서는 주님이 로마 황제가 아니라, 인간의 죄를 사하기 위해 이 땅에 오신 예수 그리스도가 곧, 만유를 다스리시는 황제, 주님이 되신다. 주님은 만유의 왕이다. 우리는 주님께 경배와 찬송을 드려야 한다.

주님은 만유의 주가 되실 뿐만 아니라 예수 그리스도이다. 주님의 이름은 예수이다. 죄인을 죄로부터 구원하시기 위해 이 땅에 오신 그리스도이다. 기름부은 자, 곧 메시아, 구세주를 의미한다.

주님께서 이 땅에 오셔서 제자들을 부르고 키우셨다. 주님께서 가이사랴 빌립보에서 제자들에게 "사람들이 나를 누구라고 하더냐?"라고 질문하셨다. 선지자 중의 한 사람, 혹은 민중의 지도자라고 했다. 어떤 사람은 도덕의 완성자라고도 한다. "그러면 너희는 나를 누구라고 하느냐?" 주님은 제자들에게 물었다. 베드로가 "주님은 그리스도십니다."라고 고백했다. 이 고백은 혈과 육에 의해 고백한 것이 아니라 하나님의 계시라고 말씀하셨다(마 16:17). 예수를 그리스도로 고백한 사람이 복있는 사람이라고 주님은 말씀하셨다. 주님은 이 고백 위에 교회를 세우겠다고 약속하셨다(마 16:18). 교회는 하나님의 교회이다. 주님이 교회의 머리와 몸이 되시며 신자를 머리의 지체로 삼으셨다(엡 1:18, 4:16). 우리는 주님을 그리스도로 고백해야 한다.

28. 아버지여, 저희 죄를 사하여 주옵소서

"이에 예수께서 가라사대 아버지여 저희를 사하여 주옵소서 자기의 하는 것을 알지 못함이라" (눅 23:34)

나는 특별히 고난주일 설교를 준비할 때면 평소보다 많이 고민하고 기도하곤 한다. 나도 짧은 인생을 살면서 적지 않은 고난을 당했다. 하나님의 예정과 섭리 가운데 하나님께서 나의 부족한 믿음을 키우시기 위해 나로 하여금 많은 고난을 체험하도록 하셨다고 믿는다. 그런데도 고난주일 설교가 늘 어렵다. 고난주일 설교는 왜 매번 준비하기가 어려운지 한번 생각해 봤다. 일생을 돌이켜 보니, 고난주일 설교를 한 횟수 자체가 매우 적었는데다, 주님을 위해 내가 욕 먹고 침 뱉음 당하고 뺨을 맞아본 적이 없었음을 고백하지 않을 수 없다. 주님의 고난에 직접 동참하는 것이 거의 없었던 내가 어떻게 고난주일 설교를 감당할 수 있겠는가? 심히 주님 앞에 죄송스럽고 부끄럽기 짝이 없음을 고백하지 않을 수 없다. 회개하는 심정으로 오늘도 설교단상에 선다. 주님께서 저를 용서하여 주시기를 기도한다.

본문 말씀은 주님께서 십자가 상에서 하신 칠언(七言) 중의 하나이다. 주님이 십자가에 못박혀 있으신 중에서 하신 마지막 말씀이다. 일반적으로 사람도 죽음 직전에 하는 말을 대단히 중요하고 진실하게 받아들인다. 사는 동안에는 아니었을지라도, 누구든 죽기 전에는 아주 진실해진다고 한다. 하물며 주님의 말씀이겠는가?

이사야 선지자는 죄를 사하기 위해 침 뱉음 당하고 채찍에 맞으시고 뺨 맞으시고 십자가에 피흘려 죽으시는 주님을 이렇게 묘사했다.

"그는 멸시를 받아 사람에게 싫어 버린바 되었으며 간고를 많이 겪었으며 질고를 아는 자라 마치 사람에게 얼굴을 가리우고 보지 않음을 받는자 같아서 멸시를 당하였고 우리도 그를 귀히 여기지 아니하였도다 그는 실로 우리의 질고를 지고 우리의 슬픔을 당하였거늘 우리는 생각하기를 그는 징벌을 받아서 하나님께 매 맞으며 고난을 당한다 하였노라 그가 찔림은 우리의 허물을 인함이요 그가 상함은 우리의 죄악을 인함이라 그가 징계를 받음으로 우리가 평화를 누리고 그가 채찍에 맞음으로 우리가 나음을 입었도다 우리는 다 양 같아서 그릇 행하여 각기 제 길로 갔거늘 여호와께서는 우리 무리의 죄악을 그에게 담당시키셨도다"(사 53:3~6).

인용문에 의하면 주님이 십자가를 지고 아픔과 지극한 고난 가운데 계신 가운데, 두 가지 부류의 사람들과 그들의 반응을 살필 수 있다. 가슴을 치며 슬피 우는 자가 있었다. 여자들이었다(눅 23:27). 다른 한 부류는 주님을 채찍질하고 침 뱉으며 비웃고 조롱하는 사람들이었다. 죄도 없으신 주님이 십자가의 형을 받고 죽어 가는데 비웃고 조롱하는 것이 어떻게 가능할까? 살아서 엄청나게 나쁜 짓만 저지르고 죽은 사람도 있지만, 그래도 죽음 앞에서는 침묵하며 애통해 해 주기 마련일진대, 심지어는 본인이 지은 흉악한 죄 때문에 십자가형을 당했던 자도 주님을 비방했다. 이런 비방과 조롱과 채찍질을, 다른 이방인들도 아니고 하나님을 믿는 유대인들, 당시 종교 지도자들이었던 대제사장 및 서기관과 바리새인들이 한 짓이었다고 하면, 여러분은 차마 이것을 믿을 수 있겠는가?

그러나 주님은 당신을 조롱하고 뺨을 치는 사람을 저주는커녕 꾸짖지도 않으셨다. "이에 예수께서 가라사대 아버지여 저희를 사하여 주옵소서 자기의 하는 것을 알지 못함이니다."(Father, forgive them, for they do not know what they are doing)

죄성의 표출

십자가를 지시는 주님을 비웃고 조롱하고 뺨을 때리는 것은 인간의 아이러니도 아니요, 정신적으로 문제가 있는 것도 아니요, 죄악된 인간의 죄성의 표현일 뿐이다. 인간은 도대체 얼마나, 어디까지 죄인인 것인가? 죄 있는 인간이 죄 없는 주님의 뺨을 치다니, 이것은 전적으로 부패한 인간의 죄성의 표현이 아니고 다름 아니면 무엇이겠는가?

죄악의 인간

주님께서 보실 때, 예수님을 비웃고 십자가에 못박으라고 소리친 유대인들과 종교 지도자들은 자기들이 하는 짓이 죄악된 인간 속성에서 나온다는 것을 잘 모르고 있다는 것이다. 유대인들은 주님을 시기하고 질투하는 가운데 "십자가에 못박으라!"라고 소리쳤지만 깊은 의미에서 보면 그들은 그런 악독함이 인간 깊은 내면에 뿌리박고 있는 죄 때문이라는 것을 알지 못했다. 이세상에서 가장 큰 무지는 자기가 죄인인 것을 모르는 자이다. 세상에서 가장 심각한 인간의 비극은 자기가 부패한 인간임을 모르는 것이다. 옷을 벗고도 벗은 줄을 모르는 자와 같다. 파스칼은 그의 위대한 작품 『팡세』에서 인간이 자기가 죄인인 것을 깨닫지 못하는 것이 비극이라고 했다. 자기가 죄인인 것을 깨닫는 것이 인간의 위대함이라고 했다.

죄 용서를 위한 주님의 기도

주님은 자기를 비방하고 십자가에 못 박은 사람의 죄를 용서하여 주시기를 하나님께 기도하셨다. 죄를 미워하시되 죄인을 사랑하시는 주님의 사랑을 배울 수 있다. 진정한 힘은 죽이는 것이 아니라, 살리는 것이다. 진정한 사랑의 힘은, 시기하고 질투하는 데 있는 것이 아니라 용서하는 데 있다. 주님의 한없는 사랑을 덧입어 우리도 서로 용서할 수 있는 신자가 되기를 서로 기도하자. 주님의 길을 따라간 스데반 집사도 자기를 돌로 치는 자를 향하여 "무릎을 꿇고 크게 불러 가로대 주여 이 죄를 저들에게 돌리지 마옵소서." 하고 죽었다(행 7:60). 이것이 신자로서 할 수 있는 최고의 기도이다.

고난 주간을 맞이하여 각자가 자신을 돌아봐야겠다. 주님은 당신을 비웃고 조롱하고 뺨 치고 침 뱉은 자들을 멸시하지도, 그들에게 분노를 품지도 않으셨다. 오히려 그들 죄의 용서를 아버지 하나님께 빌었다. 우리 가운데 서로 비방한 적은 없는가? 시기하고 질투한 적은 없는가? 자기도 모르는 사이에라도 남에게 상처와 아픔을 준 적은 없는가? 주님이 십자가상에서 기도하신 것처럼 우리도 주님의 용서의 사랑을 덧입기를 기도하자. 서로 용서할 수 있기를 기도하자. "아버지여, 저희를 사하여 주옵소서" "주여, 우리들이 주님의 용서의 사랑을 덧입게 하시고, 우리로 하여금 모든 사람을 용서하게 하소서."

29. 믿음의 삶: 히브리서 11장

"믿음으로 모든 세계가 하나님의 말씀으로 지어진 줄을 우리가 아나니 보이는 것은 나타나는 것으로 말미암아 된 것이 아니니라."(히 11:3)

믿음으로 안다

하나님이 세계를 창조하셨다는 것을 어떻게 아는가? 이 세계가 하나님에 의해서 창조되었다는 것을 인간은 절대로 증명할 수 없다.

믿음으로 우리는 이 세계가 하나님의 말씀으로 지어진 줄을 알 수 있다고 증언했다. 하나님은 말씀으로 세계를 지으셨다(창 1:1). 하나님은 말씀으로 천지도 지으시고 우리를 당신의 형상대로 만드셨다. 말씀은 살아 있고 좌우의 날선 어떤 검보다 예리하여 혼과 영과 및 관절과 골수를 찔러 쪼개기까지 하며 또 마음의 생각과 뜻을 판단(discern)하나니 지으신 것이 하나도 그 앞에 나타나지 않음이 없고 우리를 판단하시는 이의 눈앞에 만물이 벌거벗은 것 같이 드러나느니라(히 4:12~13).

하나님 말씀은 거울이다. 우리의 마음을 들여다 보는 가장 정확한 방법은 하나님의 말씀에 비추어 보는 것이다. 이 세계는 하나님이 창조주이심을 보여주는 거울이다. 우리는 세상 만물을 보면서 하나님의 신성과 능력을 알수 있다(롬 1:2). 하나님이 말씀으로 세상을 지으신 것은, 우리로 하여금 핑계를 대지 못하게 하기 위해서다.

30. 믿음으로 아벨은(히 11:4)

"믿음으로 아벨은 가인보다 더 나은 제사를 하나님께 드림으로 의로운 자라 하시는 증거를 얻었으니 하나님이 그 예물에 대하여 증거하심이라 저가 죽었으나 그 믿음으로 오히려 말하느니라"

창세기 4장 1~8절에 나오는 아벨과 가인의 이야기이다. 아담과 이브는 아들을 둘 낳았다. 큰 아들은 가인이고 둘째 아들은 아벨이다. 큰 아들 가인은 농사하는 자였으며 작은 아들 아벨은 양치는 자였다. 세월이 지난 후에 가인은 땅의 소산으로 제물을 삼아 여호와께 드렸고 아벨도 양의 첫 새끼와 그 기름으로 드렸더니 여호와께서 아벨과 그 제물은 열납하였으나 가인과 그 제물은 열납하지 아니하시니 가인이 심히 분하여 안색이 변했다. 왜 하나님 여호와께서 아벨과 그 제물은 받으셨으나 가인과 그 제물은 받으시지 아니하셨는가?

사람에 따라서는 가인은 농사의 소산으로 제물을 드렸기 때문이며 아벨은 양의 첫 새끼와 그 기름으로 제물을 드렸기 때문이라고 하는 사람도 있다. 어떤 사람은 제물을 받고 안 받고는 하나님의 절대 주권이라고 하는 사람도 있다. 그러나 이런 해석은 본문에 기록되어 있지 않다.

히브리서 저자는 어떻게 해석하고 있는가? 아벨은 믿음으로 가인보다 더 나은 제사를 드렸다고 평가했다. 하나님은 아벨을 의로운 자라 인정하셨다. 그가 죽었을 뿐만 아니라 오히려 믿음으로 말한다고 증거했다. 첫째, 아벨은 믿음으로 제사를 드렸다. 둘째, 그는 죽었으나 믿음으로 말한다.

아벨은 믿음의 제사를, 가인은 불신앙의 제사를

아벨은 믿음으로 제사를 드렸다. 제사에 여러 가지 종류가 있다. 레위기에 보면 속건제, 화목제, 속죄제 등 구약성경에 많은 제사제도가 있다. 아벨과 가인이 드린 제물은 감사 제물에 속한다. 창세기 4장에 보면 하나님은 가인과 그 제물은 받아들이지 아니하시고 아벨과 그 제물은 받아들이셨다고 말하고 있다. 왜일까?

하나님의 관점에서 보면 단순히 제물이 아니라 누가 제물을 드리느냐가 중요하다. 그러면 아벨과 가인은 어떤 사람이었는가? 직업이 아니라 그들의 인격과 믿음의 삶을 의미한다. 아벨은 믿음으로 가인보다 더 좋은 제사를 여호와 하나님께 드렸다. 아벨은 믿음으로 신앙의 여정을 살아왔던 사람이다. 그래서 하나님 여호와께서 의로운 자라고 인정하셨다. 그러나 가인은 어떤 사람이었는가? 요한일서 3장 12절에 보면 가인은 선을 행하지 않고 악을 행하는 자라고 했다. 악을 행하는 사람이었기 때문에 아우 아벨을 죽였다고 말한다.

가인은 선을 행하지 않고 악을 행하는 자였다. 악을 행하고자 하는 자신의 욕망을 다스리지 못한 자였다. 사실 신앙의 편에서 보면 믿음으로 살 때만이 우리는 선을 행할 수 있다. 믿음으로 살지 못할 때 마음의 정과 욕을 다스릴 수 없다. 창세기 4장에서 "열납"이라는 말은 영어로 respect 라는 말이다. 이 말은 그 사람의 행동과 마음 씀에서 나오는 말이다. 그래서 가인은 생각하는 것과 마음 쓰는 것이 존경할 만한 사람이 아니라는 말로 이해할 수 있다. 이런 사람의 제물을 하나님이 받으시겠는가? 받을 수 없다. 신자는 마음 씀이 올바르고 항상 선한 생각을 하고 선을 행하는 사람이 되어야한다.

아벨은 믿음으로 살았다

아벨은 믿음으로 살았다. 그래서 그 제물은 믿음의 표현이었다. 아벨은 자신의 일생을 하나님께 제사를 드리는 심정으로 살았다. 로마서 12장 1절에서 신자는 우리 삶 전체를 바쳐서 하나님이 기뻐하시는 산제사로 순간 순간 드리라고 하셨다. 이것이 우리가 드릴 영적 예배라고 하였다. 그러나 가인의 삶은 매일 매일의 삶이 믿음으로 산 삶이 아니었다. 하나님께서 자신과 제물을 받으시지 않았을 때 얼굴색이 변하였으며 자기 동생 아벨을 돌로 쳐서 죽인 인류 최초의 살인자가 되었다. 죄의 소원은 우리에게 있으나 그것을 다스려야 한다. 그러나 다스리지 못할 때 죄의 삯은 사망이다.

하나님은 가인의 제물은 받지 않고 아벨의 제물은 받았다. 우리는 헌금 자세를 살펴볼 수 있다. 하나님은 돈을 받으시는 것이 아니라 헌금을 드리는 사람의 마음을 보신다.

아벨은 죽었으나 믿음의 삶으로 말한다

아벨은 죽었으나 오히려 믿음으로 말했다(히 11:4). 우리는 죽으면 모든 것이 끝나버린다고 말한다. 인간의 삶은 죽음으로 끝나는 것이 아니다. 죽은 후에는 심판이 있다(히9:27). 그렇다면 죽은 사람이 믿음으로 말한다는 것은 어떤 의미인가? 아벨도 죽었으나 그의 믿음의 삶을 통해 지금도 우리에게 말하고 있다. 믿음의 삶이 우리가 어떤 사람인가를 말해준다. 그러나 가인은 악한 마음을 가지고 인생을 살았으며, 인류 최초의 살인자가 되었다. 이토록 믿음의 삶은 중요하다.

31. 믿음으로 에녹은

"믿음으로 에녹은 죽음을 보지 않고 옮기웠으니 하나님이 저를 옮기심으로 다시 보이지 아니하니라 저는 옮기우기 전에 하나님을 기쁘시게 하는 자라하는 증거를 받았느니라."(히 11:5)

세상에서 죽지 않고 하나님의 부르심을 받은 사람이 있는가? 그러나 성경에 죽지 않고 하나님의 부르심을 받은 두 사람이 있다. 엘리야(왕하 2:1~11)와 에녹이다.

하나님을 기쁘시게 하는 삶

에녹은 믿음으로 죽음을 보지 않고 하나님 나라에 가게 되었다. 엘리야는 하나님의 부르심을 받고 불수레를 타고 올라갔다. 에녹과 엘리야에게 일어난 일은 하나님이 하신 일이다. 그러나 아무 이유없이 그렇게 하신 것은 아니다. 믿음의 행위 때문이다. 에녹은 하나님이 데려가기 전에 하나님을 기쁘시게 하는 신앙생활을 했다.

하나님과 동행하는 삶

믿음의 생활은 하나님과 동행하는 삶이다. 에녹은 삼백년 동안을 하나님과 동행했다고 나온다. 하나님을 기쁘시게 하는 생활은 하나님과 동행하는 생활이다. '동행하다'는 히브리어로 하라크(ךלה)라는 동사로서 '행하다, 따르다' 라는 의미가 있다. 하나님과 동행 자체가 하나님 은혜요, 하나님과 동행한다는 말은 하나님의 말씀대로 따르는 생활을 의미한다. 말라기 2장 6절에서 더 분명하게 설명해준다. "그의 입에는 진리의 법이 있었고 그의 입술에는 불의함이 없었으며 그가 화평함과 정직함으로 나와 동행하며 많은 사람을 돌이켜 죄악에서 떠나게 하였느니라." 이런 점에서 보면 에녹은 삼백년 동안 하나님과 동행하는 삶을 살았다. 그러나 가인은 여호와 앞을 떠나 놋땅에 거하였다고 기록하고 있다.

이 세상에서 우리는 누구와 동행하는 삶을 사느냐에 따라서 하나님의 사람이 되고 세속의 사람이 되는 것이다. 시편 1편을 보면 복 있는 사람은 악인의 꾀를 좇지 아니하며 죄인의 길에 서지 아니하며 오만한 자의 자리에 앉지 않는 자이다. 우리는 신앙생활을 하는 자들로, 하나님과 동행해야 한다. 세상 사람들과 짝을 하면 세상 풍조에 말리기 쉬우며 세속적인 사람이 되는 것이다.

하나님과 동행하려면 하나님 말씀을 듣는 생활을 해야 한다. 주야로 하나님 말씀을 묵상하고 주님께서 원하시는 뜻을 배우고 행해야 한다. 하나님 말씀을 듣지 않고 어떻게 하나님 말씀을 순종할 수 있겠는가? 하나님과 동행하면서 하나님 말씀을 듣고, 궁금한 점이 있으면 묻고 필요한 것이 있으면 하나님께 기도로 요청하고 살아가는 것이 얼마나 행복한 삶인지? 하나님이 동행하기에 어려운 분이라고 한다면 어떻게 삼백년이나 동행하는 생활을 할 수 있겠는가? 고통을 당하지 않고 잠자는 것처럼 하나님이 때가 되면 데려가 주시기를 기도하자.

32. 하나님을 기쁘시게 하는 믿음은? (히11:6)

세상 사람들이 어떻게 사는가를 보라! 먹고 마시며 시집가고 장가가는 일이 그들의 삶이다. 그러나 이것만이 우리 인생의 전부인가? 하나님을 기쁘시게 하는 삶을 살아야 한다. 하나님을 기쁘시게 하는 믿음의 삶은 두 가지이다.

하나님의 살아계심을 믿어야 한다

하나님께 나아가는 자는 반드시 하나님이 계심을 믿어야 한다. 여기서 나아가는 자는 주님을 믿으려고 하는 자이거나 믿는 자이거나 양자를 다 포함한다고 볼 수 있다. 신자는 누구인가? 하나님의 계심을 반드시 믿는 사람이다. 하나님은 죽은 자의 하나님이 아니라 산자의 하나님이다. 하나님은 인간의 역사 가운데서 일하시고 찾아오셔서 도와주시는 분이다. 신자는 이 하나님을 믿고 살아야 한다. 신자는 반드시 살아계신 하나님의 능력과 사랑을 체험해야 한다. 체험하는 것이 하나님을 기쁘시게 하는 삶이다.

상 주시는 하나님을 믿어야 한다

하나님은 자기를 찾는 자들에게 상을 주신다. 간절히 당신을 찾는 자에게 상을 주신다. 세상에서는 어떤 상이 되었든지 하나라도 타기 위해서 얼마나 피나는 노력을 하는지? 또 상이라는 것이 인간을 얼마나 기쁘게 하는지 상을 타 본 사람은 알 것이다. 독자 여러분도 연말에 TV를 통해 여러 시상식을 보셨을 것이다. 그 중에서도 특히 최고상을 받는 사람의 얼굴을 보라! 기쁨의 눈물로 뒤범벅이 되는 얼굴을 보라! 하물며 세상에서 받는 상도 이렇게 기쁠진대, 주님을 기쁘시게 하는 사람에게 하나님은 놀라운 보상을 해주신다. 무엇이 하나님을 기쁘시게 하는가? 믿음이 주님을 기쁘게 한다. 믿음으로 사는 삶이 하나님을 기쁘시게 하는 삶이다.

33. 믿음으로 노아는(히11:7)

믿음으로 노아는 하나님의 축복을 두 가지 받았다. 첫째, 믿음으로 가족을 구원하였다. 둘째, 믿음으로 의로운 사람의 상속자가 되었다.

시대적인 배경

노아가 살던 시대는 어두움의 시대였다. 세상에 죄악이 만연하여 하나님께서 자신이 인간을 창조하신 것을 마음에 한탄하셨다고 성경은 말한다(창세기 6장). 마음에 근심하셨고, 하나님 마음이 아프셨다. 왜 그랬을까?

성경에 의하면, 인간은 하나님 형상대로 지음을 받았다. 그래서 믿음으로 살아야 한다. 그러나 노아 시대 사람들은 하나님 말씀이 아닌, 자신의 정과 욕심으로 살았다. 성경에서는 육체가 되었다는 말로 표현하고 있다. 오늘날에는 너무나 안타깝지만, 더욱 육신으로만 사는 사람이 많다.

노아 시대 사람들은 항상 악한 생각을 했다고 성경에서 말한다. 오늘날로 말하자면 폭력이 난무하고 생명을 귀하게 여기지 않는 어두움의 시대였다. 하나님이 소돔과 고모라를 멸망시키겠다고 롯을 통하여 말하자, 그 사위들이 하나님 말씀을 농담으로 여겼다(창 19:14). 세상에 하나님의 말씀을 농담으로 여기다니. 그 결과 어떻게 되었던가? 유황불에 타 죽고 말았다. 하나님 말씀은 절대 농담이 아니다. 하나님의 심판을 피할 수 없다.

은혜를 입은 노아

이러한 어두운 시대에 노아는 홀로 하나님의 은혜를 입었다. 저와 여러분은 어떠신지? 이 시대에 하나님 은혜를 입은 사람인지 궁금하다. 믿음으로 살아야 한다.

믿음의 사람, 노아

노아는 어떤 사람인가? 노아는 의인이요 당대에 완전한 자였다(창 6:9). 하나님과 동행한 사람이었다. 의인은 스스로 훌륭해서 되는 것이 아니라 믿음으로 사는 자이다. 하나님 말씀을 듣고 행하는 자이다.

노아는 하나님 말씀대로 방주를 지어 가족을 구원하였다. 말씀을 보면 '노아는 믿음으로 보지 못하는 일에 경고하심을 받아 경외함으로 방주를 지었다.'라고 기록하고 있다. 여기서 경외심이란 하나님의 말씀에 대한 두렵고 떨림을 말한다. 이것이 노아의 믿음이다. 그래서 하나님 앞에서 의인이었다.

구원의 방주는 예수 그리스도를 의미한다. 믿음을 통해 가족을 구원해야하는 사명이 우리에게 있음을 배울 수 있다. 가족 복음화가 쉽지는 않다. 하나님께서 도와주셔야 한다. 간절히 기도해야 한다. 성 아우구스티누스의 어머니인 모니카는 탕자 아들을 위해서 30년을 기도했다. 괴팍하고도 여성 편력까지 많은 남편과도 한 번도 싸우지 않았다고 한다. 하나님의 살아 계심을 믿었기 때문이었다. 나중에는 그 남편도 변하여 하나님을 믿게 되었다. 사실 이런 점에서 보면, 어려움 가운데 있는 사람이 문제가 아니라 그 사람을 감당하는 사람이 문제이다. 우리도 자신을 한번씩 돌아봐야 한다. 믿음으로 가족을 돕고 있는지 말이다. 모니카처럼 낙심하지 않고, 오직 눈물로 기도하고 있는지 말이다. 나도 나의 부모님의 구원을 위해 기도했다. 때가 차면 하나님께서 도우셔서 믿게 하신다.

노아는 하나님 말씀대로 순종함으로 세상을 정죄하고, 믿음으로 말미암은 의인이 되었다. 자신의 의로 된 것이 아니라 하나님의 경고하심을 믿음으로 받아들인 것이다. 이것이 믿음의 의이다.

이 시대는 참으로 어둡고 어려운 시대이다. 더 어렵고 더 암울한 시대일수록 하나님은 믿음으로 사는 자를 간절히 찾고 계신다. 우리도 믿음으로 끊임없이 기도해서 가족을 복음화하고, 믿음으로 살아서 의인으로 평가받는 신자들이 되자.

34. 믿음으로 아브라함은 (히 11:9)

믿음으로 아브라함은 하나님의 약속하신 땅에서 나그네처럼 살았다. 그는 약속하신 땅에서 동일한 약속을 유업으로 받은 이삭과 야곱으로 더불어 장막에서 살았다. 하나님께서 약속하신 땅은 400년 후에 아브라함, 이삭, 그리고 야곱의 후손을 통해서 이루어졌다.

믿음으로 약속하신 땅에서

아브라함은 믿음으로 하나님께서 약속하신 땅에서 나그네로 살았다. 나그네로 사는 것은 하나님이 경영하시고 지으실 터가 있는 성(하나님의 나라)을 소망하고 사는 삶이다. 아브라함은 가나안 땅에서 살았다. 가나안 땅은 어떤 땅인가? 하나님께서 아브라함의 자손에게 주시겠다고 약속하신 땅이다. 그래서 가나안 땅은 다른 사람이 살고 있지만 나중에는 아브라함의 땅이나 다름없다. 그러나 그는 믿음으로 자기 땅에서 나그네로 살았다.

인생은 나그네이다. 특별히 신자는 거룩한 나그네이다. 거룩한 하나님을 믿고 살기 때문이다. 세상 사람도 나그네이다. 그러나 그들은 어디서 왔다 어디로 가는지 모르며 사는 불쌍한 나그네이다.

아브라함은 믿음으로 나그네 생활을 했다. 나그네로 살려면 믿음으로 살아야 한다. 세상 것에 너무 집착하면 나그네로 살기 어렵다. 나는 오래 전에 성지 순례를 갔을 때 유목민들의 삶의 단면을 보게 되었다. 그들의 삶은 단순했다. 텐트와 양이 전부였다. 목초를 따라 끊임없이 이동해야 하는 그들에게 많은 짐은 이동하기 어렵게 만드는 방해물일 뿐이다.

사랑하는 독자 여러분과 나는 하나님 나라를 소망하며 살아야 하는 거룩한 나그네이다. 거룩한 나그네는 세상에 너무 집착해서 살아서는 안 된다. 세상 것은 가지면 가질수록 우리를 더욱 목마르게 한다. 불안과 공포 가운데 살게 한다. 세상 것이 아무리 좋아도 하나님의 나라에 가지고 갈 수 없다. 이 세상에서 사는 우리가 거룩한 나그네로 사는 방법은, 오직 믿음으로 사는 것이다. 아브라함은 조카 롯과 땅 때문에 다투지 않고 우선권을 롯에게 맡겼다. 그리고 롯이 이방인에게 사로잡혔을 때 자기물자를 소비했다. 자식들이 믿음의 결혼을 하도록 도왔고, 소돔성에 있는 롯을 위해 중보 기도를 드렸다.

자기 땅에서 나그네로

아브라함이 자기 땅에서 나그네로 살았다는 것은 이해가 잘 안 된다. 자기 땅인데 자기 것이 아닌 것처럼 산 것이다. 사실 나그네만이 그렇게 살 수 있다. 나그네에게는 이 세상 어떤 것도 내것이 아니다. 하나님 것이다. 영원한 하나님 나라는 죽을 때만 생각하는 나라가 아니라 언제라도 하나님이 부르시면 세상을 떠나서 돌아가야 할 나라이다. 그렇기에 항상 대비하며 살아야 한다. .

신자는 하늘에 있는 본향을 소망하며 믿음으로 살다가 하나님께로 돌아가야 한다. 하나님 나라를 소망하며 사는 것은 아주 중요하다. 존 번연의 위대한 저술 『천로역정』을 보면 천성에 들어간 사람은 결국 소망과 믿음을 가진 사람이다. 우리는 소망한다는 말의 의미를 깊이 묵상할 때 큰 은혜를 받는다. 우리가 세상 것을 소망하며 살아갈 때 어떻게 사는가? 그것을 이루기 위해 얼마나 노력하는지 모른다. 권력의 자리에 앉기 위해 사는 사람을 보자. 정직하지 못하고 악한 일까지도 두려움없이 행하는 것을 본다. 사업가들을 보라!. 운동선수들을 보라! 얼마나 많은 노력을 하는가?

하나님 나라를 소망하면서 살아가는 자도 또한, 믿음의 경주를 하며 살아가야 한다. 우리의 푯대는 하나님 나라이다. 이 푯대를 마음에 품고 믿음의 경주를 하자.

35. 믿음으로 모세의 부모는 자기 아들을 숨겼다 (히 11:23)

믿음으로 모세의 부모는 모세가 태어났을 때 왕의 명령을 어기고 석 달 동안이나 감추어 두었으며, 그들이 보기에 모세는 참으로 아름다웠다. 여기서 강조할 점은, 모세의 부모가 '믿음으로' 왕의 명령을 어겼다는 데 있다. 모세의 부모는 믿음으로 아들을 살려두었으며, 이 모세가 장래에 이집트 공주의 아들이 되었으며, 이스라엘 민족을 구원으로 이끈 지도자가 된다. 인간의 운명을 바꾸는 것은 믿음의 삶이다.

믿음으로 모세는 장성하여 (히 11:24~26)

믿음으로 모세는 장성하여 바로 공주의 아들이라 칭함을 거절했다. 인간적으로 보면 모세는 강물에 던져져 죽어야 하는 운명을 가지고 태어났다. 그러나 하나님은 그를 이집트 공주의 아들이 되게 하셨다. 모세라는 이름은 공주가 지어준 이름으로 '물에서 건졌다'는 의미를 가지고 있다.

하나님은 바로의 궁에서 모세가 최고 수준의 학문을 배우게 하시고, 학문과 말에 능한 자로 키우셨다(행7:22). 모세 어머니가 유모로 들어가서 젖을 먹여 키움으로 믿음을 배우게 했다. 모세는 어머니로부터 아브라함의, 이삭의, 야곱의 하나님을 배웠다. 출애굽기 2장 11절은 이것을 보여준다. 모세가 장성하여 자기 형제들을 보러 나갔고 자기 형제가 애굽 사람으로부터 학대 당하는 것을 보고 애굽 사람을 죽였다. 만일 자기 어머니로부터 이스라엘의 역사를 배우지 않았다면, 히브리 사람이 자기 형제인 것을 어떻게 알았겠는가? 이 사실을 통해, 우리가 자녀를 믿음으로 교육하는 것이 얼마나 중요한가를 배우게 된다. 부모가 자녀들에게 줄 수 있는 최고의 축복은 믿음으로 교육하는 것이다.

바로의 공주의 아들이라 칭함을 거절했다.

인간적으로 보면 바로 공주의 아들이라 칭함을 거절하는 것은 어쩌면 너무 바보같은 행동이다. 자기를 물에서 건져 아들로 삼아 준 사람에 대한 배신이며, 한편 장래에 애굽의 왕이 되는 길을 포기한 것이기 때문이다. 그러나 모세는 믿음으로 바로 공주의 아들이라 칭함을 거절했다.

잠시의 낙보다 하나님의 백성과 함께 고난을 즐겼다

모세는 잠시 죄악의 낙을 누리는 것보다 하나님 백성과 함께 고난 받는 것을 더 좋아했다. 우리는 이것을 깊이 묵상해야 한다. 하나님의 백성이 누구인가? 성도이다. 사도 베드로는 말하기를 "너희가 음란과 정욕과 술 취함과 방탕과 연락과 무법한 우상 숭배를 하여 이방인의 뜻을 따라 행한 것이 지나간 때로 족하도다"(벧전4:3)라고 하였다. 모든 육체는 풀과 같고 그 모든 영광이 풀의 꽃과 같으니 풀은 마르고 꽃은 떨어진다 (벧전1:24). 신자는 세상 낙보다 성도들과 주님을 위해 사는 것을 더 좋아해야 한다.

그리스도를 위하여 받는 능욕을 애굽의 보화보다 즐겼다

예수님을 따르는 것이 애굽의 모든 보화보다 더 많은 재물을 얻는 것이다. 영화에서라도 애굽의 보화를 보았는가? 금과 은, 각종 아름다운 보석 등이 우리 눈과 마음을 현혹한다. 그러나 신자는 그리스도를 따르기 위해, 이런 것에 눈과 마음이 빼앗겨서는 안 된다. 예수님을 따르는 것 자체를 보화로 여겨야 한다 어떻게 모세는 이런 유혹을 물리칠 수 있었는가?

상 주시는 하나님을 믿었다

세상 어떤 낙보다 더, 애굽의 어떤 재물보다 더 많은, 그런 상을 주시는 하나님을 바라보았기 때문이었다. 하나님은 주님을 따르는 분량에 따라 우리를 보상해주신다.

하나님은 모세에게 믿음을 주셨다. 그리고 상 주시는 하나님을 믿도록 도왔다. 성도 여러분, 하나님은 여러분과 저에게 상주기를 원하신다. 우리는 믿음으로 상 주시는 하나님을 체험할 수 있어야 한다. 우리는 세상에서 잠시 죄의 낙을 누리는 것보다 그리스도를 위해 무엇인가를 희생할 수 있기를, 하나님께 바라자.

36. 모세는 믿음으로 애굽을 떠나다(히 11:27)

모세를 포함하여 장정만 60만명이 넘었으며 가축도 수없이 많았다. 이스라엘 민족은 애굽에서 400년이 넘는 세월을 노예로 살았다. 그래서 자기들도 모르는 사이에 애굽 문화에 젖어 있었고 노예 근성에 찌들려 있었다. 그렇지만, 이스라엘 백성들이 애굽을 믿음으로 떠났기 때문에 애굽 왕 바로의 분노를 두려워하지 않았다. 믿음으로 살 때 우리는 아무것도 두려워할 필요가 없다. 믿음으로 세상을 두려워하지 않고 살도록 기도하자. 약속하신 하나님의 능력을 체험할 수 있도록 기도하자. 그리하여 하나님께 영광을 돌리며 영향력을 끼치는 삶을 살도록 기도하자.

모세는 믿음으로 유월절 양의 피뿌리는 예를 정했다(히 11:28)

모세를 통해 말씀하신 하나님의 명령대로 양을 잡아 그 피를 문설주에 바르고 유월절을 지킨 것은, 장자 재앙에서 이스라엘 백성을 구하고, 그렇지 아니한 애굽의 장자는 다 죽었다. 장자 재앙을 통해, 장차 예수 그리스도가 유월절 어린양으로 우리의 죄를 용서하기 위하여 십자가에서 피흘리시는 것을 미리 하나님은 보여주셨다.

모세는 믿음으로 홍해를 건넜다(히 11:29)

모세와 이스라엘 백성들은 홍해를 믿음으로 건넜다. 바다가 갈라지고 그들은 마른 땅을 건너는 것처럼 홍해를 건넜다. 그러나 애굽 사람들은 하나님을 시험하다가 물에 빠져 죽었다. 이것이 믿음과 시험의 차이다.

37. 믿음으로 사라는 단산하였으나 잉태했다(히 11:11~12)

"믿음으로 사라는 단산하였으나 잉태하는 힘을 얻었으니 이는 약속하신 이를 미쁘신 줄 앎이라."

사라 나이 90세, 아브라함 나이 100세였다. 그 때 하나님께서 아브라함을 찾아오셔서 사라가 자식을 낳을 것이라 약속하셨고, 이름을 이삭이라고 지어주셨으며 그의 후손을 통해 바다의 모래알같이 하늘의 별같이 번성할 것이라고 약속하셨다. 의학적으로 보면 100세 된 남자와 90세 된 여자가 아이를 낳는 것은 불가능하다. 그러나 사라는 하나님을 믿었다. 그리고 하나님은 아브라함과 사라에게 아들, 이삭을 주셨다. 기적이 일어난 것이다. 그렇다면 사라가 믿은 하나님은 어떤 하나님인가? '약속하신 이를 미쁘신 줄 알았다'고 사라는 고백했다. 여기서 미쁘다는 말은 원어로 보면 '신실하다'는 의미이다. 신실하다는 말은 약속을 하면 어김없이 지킨다는 의미이다.

사라는 신실하신 하나님을 믿었다

성경은 하나님의 약속의 말씀이다. 반드시 지키시는 신실한 하나님이다.

첫째, 신자의 믿음은 하나님 약속의 말씀에 기초해야 한다. 세상 지식이나, 인간의 감정이나, 인간의 의지에 기초할 때 믿음이 오래가지 못한다. "아브라함이 바랄 수 없는 중에 바라고 믿었으니 이는 네 후손이 이 같으리라 하신 말씀대로 많은 민족의 조상이 되게 하려 하심을 인함이라." 아브라함은 바랄 수 없는 중에 바라고 믿었다. 모순되는 말같이 들리지 않는지? 그러나 아브라함과 사라는 하나님의 약속의 말씀을 믿었다. 하나님 안에서는 불가능이 없다.

둘째, 아브라함과 사라에게 믿음을 주시는 하나님은 약속의 하나님이다. 하나님은 신실하신 분이다. 아브라함과 사라는 자기 몸이 죽은 자와도 같았지만 믿음이 연약해지지 않고 더욱 견고하여 하나님께 영광을 드렸다. 뿐만 아니라 하나님의 약속을 의심치 않고 약속하신 것을 능히 이루실 줄 확신했다고 기록하고 있다.

38. 믿음으로 야곱은 죽을 때 각 아들에게 축복했다

"그가 요셉을 위하여 축복하여 가로되 내 조부 아브라함과 아버지 이삭이 섬기던 하나님 내가 나서부터 지금까지 나를 기르신 하나님 나를 모든 환난에서 건지신 사자께서 이 아이에게 복을 주시오며 이들로 내 이름과 내 조부 아브라함과 아버지 이삭의 이름으로 일컫게 하시오며 이들로 세상에서 번식되게 하시기를 원하나이다."(창 48:15~16, 히 11:21)

야곱의 마지막을 잘 요약한 부분이다. 인간은 누구에게나 시작과 마지막이 있다. 우리는 하나님께로부터 와서 하나님을 위해 살다, 하나님이 부르실 때 자기 주변을 정리하고 자식들을 축복하고 하나님 나라에 가는 것이다.

야곱은 어떤 사람인가? 야곱이 애굽에 내려와서 바로 왕 앞에 섰을 때 바로왕이 몇살이냐고 물었다. "내 나그네길의 세월이 일백삼십년이다. 내 나이가 얼마 못 되니 우리 조상의 나그네길의 세월에 미치지 못하나 험악한 세월을 보냈었다."(창 47:9). 야곱은 나그네로 일생을 살았다. 험악한 생활을 했다. 험한 나그네로 살면서도 야곱은 바로를 축복했다. 그리고 자기 아들들을 축복했다. 험악한 세월을 살았지만 하나님의 종으로서 품위를 잃지 않고 살았다.

야곱이 섬기는 하나님은 어떤 분이신가? 아브라함의 하나님, 이삭의 하나님, 야곱의 하나님이시다. 야곱을 나서부터 지금까지 기르신 하나님이시다. 그리고 야곱을 환난에서 건지신 하나님 아버지이시다. 야곱의 하나님은 우리 하나님이 되신다. 나를 나면서부터 오늘에 이르기까지 기르시는 아버지 하나님은 참으로 좋으신 하나님이시다. 부모, 특히 또 어머니를 하나님 대신 우리에게 보내주셔서, 어린애를 기저귀 갈아주며 목욕시키며 학교를 보내며 지금까지 인도하셨고, 어려운 환난 가운데서 오늘의 나로 키워주신 하나님은 얼마나 부드럽고 자상하신지? 야곱의 하나님, 또 나의 하나님, 우리의 하나님을 함께 찬양하지 않겠는가? 앞으로 우리를 인도하실 하나님이다. 내 하나님이 계시니 일생도 두렵지 않다. 야곱의 하나님께 모든 것을 맡기고 나그네로 살자.

야곱은 자신의 아들들이 신앙생활을 잘하도록 기도하였다. 자기가 믿었던 하나님을 자녀들도 믿도록 축복했다. 창세기 49:33에, 자기 열두 아들을 불러서 다 축복을 마치고 숨을 거두고 열조로 돌아갔다고 기록하고 있다(창49:33).

독자 여러분과 나는 나그네이다. 믿음으로 사는 거룩한 나그네다. 야곱의 하나님을 믿고 살자. 그리고 야곱의 하나님께서 우리를 야곱처럼 살 수 있도록 도와주시기를 서로 기도하자. 나를 이 땅에 오게 해주시고 지금까지 길러주신 하나님, 나를 모든 환난에서 건져주신 하나님께 찬양과 경배를 드리자.

39. 믿음으로 요셉은(히 11:22)

요셉의 이야기를 제외한 창세기는 어쩌면 족장들의 이야기이다. 아브라함, 이삭, 야곱의 이야기이다. 그러나 요셉의 이야기는 족장이 아니라 예수 그리스도를 예시하는 이야기라고도 한다. 요셉을 기준으로 말하면 아브라함은 증조 할아버지요 이삭은 할아버지요 야곱은 아버지이다. 창세기는 요셉으로 말미암아 끝이 난다. 요셉은 죽음에 임박하여 이스라엘 장래에 대해서 말했으며 자기 장례에 대해서 유언을 했다.

이스라엘의 장래
이스라엘 자손들이 약속의 땅으로 떠날 것을 말했다. 출애굽을 약속하신 하나님에 관해서 말했다. "나는 죽으나 하나님이 너희를 권고하시고 너희를 이 땅에서 인도하여 내가 아브라함과 이삭과 야곱에게 맹세하신 땅에 이르게 하시리라. 하나님이 반드시 너희를 돌보시리니 너희는 여기서 내 해골을 메고 올라가겠다 하라."

요셉의 형제들에겐 두려움이 많았다. 아버지 야곱이 죽었다. 그리고 자기들을 지금까지 이끌어 온 요셉의 죽음을 눈앞에 두고 있다. 지도자를 잃을 셈이다. 그런 형제들에게 요셉은 믿음으로 말했다. 약속하시되 신실하게 지키시는 아브라함의 하나님, 이삭의 하나님, 야곱의 하나님이 그들에게 약속하신 가나안 땅으로 인도하시고 돌보실 것이라는 사실을 두 번이나 강조해서 말했다. 여기서 '돌보다'는 히브리어로 파코드(פקד)라는 말로서 '방문하다, 돌보다'라는 의미를 가지고 있다. 하나님의 방문이 인간의 운명을 좌우한다. 은혜스러운 방문을 의미한다. 하나님은 이스라엘 백성들이 애굽의 노예로서 고통당하고 있는 것을 보시고 친히 찾아오셨다. 요셉이 믿은 하나님은 살아계셔서 친히 우리의 어려움을 아시고 친히 찾아오시는 하나님이다.

요셉의 장례

요셉은 출애굽 할 때 자기의 해골을 메고 가나안 땅으로 가라고 명령했다. 하나님의 약속하신 땅, 가나안 땅에 묻히고 싶었기 때문이었다. 하나님이 약속하신 땅, 하나님이 계신 곳이 천국이다. 우리는 요셉처럼 주님께서 예비하신 천국에서 살 것이다. 그곳이 우리가 영원토록 살 곳이기 때문이다. 매일 주님과 동행하면서 천국의 맛을 보면서 살다가 주님이 부르실 때 기쁘게 천국에 가자.

40. 믿음으로 이삭은 에서가 아니라 야곱을 축복했다

"믿음으로 이삭은 장차 오는 일에 대하여 야곱과 에서에게 축복하였으며"(히 11:20)

이삭은 믿음으로 장차 오는 일에 대하여 야곱과 에서에게 축복하였다. 믿음으로 축복했다는 말을 묵상해 보자. 관례대로 한다면 이삭이 장자인 에서를 축복하는 것이 올바르다. 그러나 에서가 아니라 야곱을 축복한 것은 하나님의 말씀에 기초한 것이다. 야곱이 사랑하는 아내 리브가에게서 낳은 쌍둥이 형제 중, 에서가 형이고 야곱이 동생이다. 이삭은 에서를 사랑했다. 인간적으로 보면 축복의 물줄기는 에서를 통해서 나아가야 했다. 그러나 하나님은 당신의 구속역사를 야곱을 통해서 이루고자 하셨다. 그래서 리브가는 하나님의 뜻이 이루어지도록 그렇게 도왔다. 야곱은 팥죽 한 그릇에 장자권을 형 에서로부터 샀으며, 마지막 축복도 어머니 리브가의 도움으로 형으로부터 빼앗았다. 이삭은 하나님의 뜻대로 에서가 아니라 야곱을 축복했다.

이삭은 하나님께서 야곱에게 풍성한 곡식과 포도주를 주시도록 축복했다. 하나님께서 야곱을 복의 근원으로 삼으시도록 축복했다. 모든 사람이 야곱을 통해 축복과 저주를 받도록 축복했다. 이 축복은 당장에 이루어질 것이 아니라 이삭이 죽은 후에 야곱을 통해 이루어질 축복이다. 그러나 이삭은 믿음으로 장차 이루어질 일에 대하여 축복한 것이다. 믿음은 바라는 것들의 실상이요 보지 못하는 것들의 증거라는 말을 증명한다고 볼 수 있다.

이삭은 믿음의 유산을 남겼다.

이삭의 아버지 아브라함은 믿음으로 살았다. 그의 아들 이삭도 믿음으로 축복했다. 이삭의 아들 야곱도 믿음으로 살았다. 그들은 다 믿음으로 사는 삶을 남겼다. 신자는 후손들에게 하나님의 말씀대로 살도록, 믿음의 유산을 남기고 하나님께로 돌아가자.

에서의 불행

에서는 이삭의 축복을 받지 못했다. 그는 배고픔을 견디지 못하여 장자권을 팥죽한 그릇에 팔아먹은 사람이었다. 신앙의 지조가 없는 사람이다. 다시 말하면, 믿음으로 살지 않은 사람이다. 에서는 아버지 이삭이 야곱을 축복한 후에 와서 축복을 원했지만 빌 축복이 없다고 이삭은 말했다. 아무리 울고불고 했지만 아무 소용이 없었다. 하나님은 믿음으로 사는 자를 축복하신다. 참으로 우리가 배워야 할 중요한 교훈이다.

41. 이스라엘은 믿음으로 여리고 성을 무너뜨렸다

"믿음으로 칠일동안 여리고를 도니 성이 무너졌느니라"(히 11:30)

이스라엘 백성은 믿음으로 출애굽하고, 홍해를 육지같이 건너서 하나님이 약속하신 젖과 꿀이 흐르는 땅 가나안에 이르게 되었다. 그러나 여리고성을 통과해야만 한다. 그러나 아주 견고해서 이스라엘 백성의 힘으로는 정복하기에 불가능했다. 여리고 사람들은 성문을 닫고 출입을 하지 않았다. 하나님은 여호수아에게 말씀하셨다. "보라, 내가 여리고와 그 왕과 그 용사들을 네 손에 붙였나니 이스라엘 모든 군사들은 성을 둘러 성 주위를 매일 한번씩 돌되 엿새동안을 그리하라. 제사장 일곱은 일곱 양각 나팔을 잡고 언약괴 앞에서 행할 것이요 제 칠일에는 성을 일곱번 돌며 제사장들은 나팔을 불 것이며 제사장들은 양각나팔을 길게 울려 불어서 그 나팔소리가 들릴 때에는 백성은 다 큰 소리로 외쳐 부를 것이라. 그리하면 그 성벽이 무너지리라."(수6:2~6) 어찌 보면 허무맹랑한 전략인 것 같다. 대포로 쏴도 무너지지 않은 성벽이 큰 소리로 외친다고 무너질 것 같지 않다. 그러나 여호수아는 하나님의 명령대로 준행했다.

여호수아는 하나님께서 말씀하신 대로 이스라엘 백성들에 명하여 그렇게 하게 했다. 마지막날 일곱번을 여리고성을 돌고나서 제사장들이 나팔을 불때 여호수아가 백성에게 말하여 가로되 "외치라 여호와께서 너희에게 이 성을 주셨느니라" 그 때 여리고 성이 무너져 내렸다. 어떻게 보면 전설 속에나 나오는 이야기처럼 들릴 수도 있다. 어떻게 견고한 성이 성 주위를 돌고 소리를 지른다고 무너질 수 있겠는가? 그러나 히브리 저자는 이스라엘 백성이 여리고 성을 돌고 하나님께서 말씀하신 대로 행하는 것을 믿음의 행위로 봤다.

하나님의 약속을 믿는 신앙

이스라엘 백성들은 여리고 성이 너무 견고해서 자기들 힘으로는 성을 무너뜨릴 수 없었음을 알았다. 그래서 하나님께서 그 성을 무너뜨릴 방법을 가르쳐주셨다. 그것은 하나님의 약속을 믿는 것이다. 하나님은 여리고 성과 그 왕과 그 용사를 이스라엘 손에 붙이셨다고 말씀하셨다. 이스라엘 백성은 하나님의 약속을 믿고 그대로 행한 것 뿐이었다. 믿음은 하나님의 약속의 말씀을 믿는 것이다. 다른 한편으로는 하나님의 약속을 믿는다는 것은 자기자신의 힘을 믿지 않는다는 말이다.

약속의 믿음과 방법

하나님은 약속하시고 실행방법을 제시하셨다. 이스라엘 백성은 그 방법대로 수행했다. 이것이 믿음으로 사는 생활이다. 믿음으로 사는 생활이란 하나님이 제시하신 방법대로 사는 것이다. 말씀대로 순종하는 생활이다. 독자 여러분, 하나님은 우리가 믿음으로 살기를 원하신다. 여리고성 같은 무너뜨려야할 여러 가지 견고한 성도 있을 것이다. 그러할 때 믿음으로 무너뜨리자. 그러면 무너질 것이다.

42. 믿음으로 이스라엘 백성은 홍해를 육지같이 건넜다

"믿음으로 그들은 홍해를 육지같이 건넜으나 애굽 사람들은 이것을 시험하다가 빠져 죽었느니라"(히 11:29)

만약에 배나 뗏목으로 건너게 하였다면 논리적으로 설득력이 있다. 그런데 바다를 육지같이 건넜다는 것은 참으로 이해하기가 어렵다. 그것도 바다를 육지를 걸어가는 것처럼 육십만 대군이 건너갔다.

믿음의 배로 홍해를 건넜다

이스라엘 백성들은 모세에게 불만과 원망을 했다. 애굽에 매장지가 없어서 우리를 광야로 데려와서 죽게 하려느냐? 우리가 애굽사람을 섬기게 하라고 소리치고 원망했다.

하나님은 모세에게 일러 가라사대 지팡이를 바다 위로 내밀어 그것으로 바다를 갈라지게 하라하셨다. 그래서 이스라엘 백성들이 바다 가운데 육지로 건너가게 하라 (출14:16). 이것은 하나님께서 애굽백성들에게 하나님은 여호와 하나님임을 알게 하실 뿐만 아니라 이스라엘 백성들로 하여금 하나님을 경외하고 모세를 믿도록 하게 하기 위해서였다(출14:31). 하나님은 모세의 지팡이를 통해서 밤새도록 동풍으로 바다를 갈라지게 하셨다. 그리고 하나님이 친히 애굽군대를 어지럽게 하심으로 애굽 군대와 싸우셨다(출14:21).

하나님은 모세를 통해서 이스라엘 백성들로 하여금 하나님은 여호와 하나님으로 믿도록 하셨다. 여호와 하나님이 누구이신가? 아브라함의 하나님, 이삭의 하나님, 야곱의 하나님, 우리 주 예수 그리스도 아버지 하나님이다. 믿음의 기초는 내게 있는 것이 아니라 하나님이 해 주실 것을 믿고 따라가는 것이다. 하나님의 말씀을 순종하는 것이다. 애굽 군대는 하나님을 시험하다가 홍해 바다에 빠져 죽었다. 시험하다라는 말은 이스라엘 백성들처럼 시도하다가 빠져 죽었다라는 말이라기보다는 하나님을 믿지 않고 홍해를 건너려고 했기 때문에 빠져 죽었다는 것이다. 믿음 없이 홍해를 건너다가 빠져 죽었다. 하나님이 도와주시지 않기 때문이다.

43. 믿음의 용사, 기드온(히11:32)

기드온은 사사이다. 사사 시대를 이렇게 평가했다. "그 시대에는 이스라엘에 왕이 없었음으로, 사람마다 자기 보기에 옳은 대로 행하였다."(삿21:25) 자기 생각대로 신앙생활을 했다. 그들은 조금만 좋아지면 이방신 바알을 섬기며, 살기가 힘들면 하나님께 부르짖었다. 사사 시대의 사람들 뿐만 아니라 오늘을 사는 우리들도 그렇게 살지 않나 생각되어진다. 하나님은 엉망진창인 이스라엘이 이방 나라, 미디안의 지배를 받고 살도록 하셨다. 지어놓은 농사물을 미디안 사람들이 약탈해서 견디기 어렵도록 이스라엘을 만들었다. 그러자 이스라엘은 여호와께 부르짖었다. 하나님은 그들의 기도를 들으시고 기드온을 부르셨다. 기드온은 300명의 용사로 수많은 미디안 군대를 물리쳤다. 하나님은 놀라운 역사를 이루게 하셨다. 그렇다면 기드온을 믿음의 용사로 키우신 하나님은 어떤 분이신가?

부르짖는 기도를 들으시는 여호와 하나님

여호와 하나님은 당신을 배반하다가, 어려우면 부르짖는 이스라엘 백성을 버리시지 아니하고 이스라엘 백성을 애굽의 노예에서 구원하신 하나님을 기억하도록 한 선지자를 보내셨다. 그 사람이 기드온이다.

기드온을 부르신 하나님

요아스의 아들 기드온이다. 그는 상수리 나무 아래서 미디안 사람들을 피해 밀을 포도주 틀에서 몰래 타작하고 있었다. 여호와의 사자가 그에게 이르러 말하기를 '큰 용사여 여호와께서 너와 함께하시도다.'(삿6:12) 기드온은 '저는 므낫세 지파에서 극히 약하고 아비집에서 가장 작은 자'라고 했다(삿6:15). 그러나 하나님은 반드시 기드온과 함께 하시겠다고 약속하셨다.

여호와 샬롬

기드온은 자기처럼 연약한 자가 이스라엘 백성을 미디안으로부터 구원하는 사사로 삼으신 것을 감당할 수 없었다. 왜냐하면 미디안 군대는 강하고 이스라엘은 연약했기 때문이었다. 그리고 자신이 그러한 거대한 사명을 감당하기에는 너무도 벅찼다. 두려워하고 불안했다. 그런 가운데 기드온은 자신을 부르시는 여호와 하나님이심을 알 수 있는 증표를 달라고 하였다. 하나님은 기드온을 상수리 나무 아래로 보내시고 기드온이 잡아 온 염소새끼와 무교전병을 반석 위에 두고 그 위에 국을 부으라고 하셨다. 하나님은 그것을 불사름으로써 여호와가 사자를 보내신 것을 알게 하셨다. 기드온은 하나님을 만나고 나서 단을 쌓고 이름을 여호와 샬롬이라고 불렀다. 글자 그대로 여호와는 평화이시라는 말이다. 여호와는 평강이시다. 평강을 주시는 분이 아니라 평강 자체이시다. 고난 속에서도 여호와는 평강이시기 때문에 고난을 평강으로 바꾸어 주신다. 하나님을 의지하며 살 때 고난이 변하여 기쁨이 된다.

44. 믿음으로 바락은(히11:32)

아마 바락은 독자 여러분들이 많이 들어보지 않은 사람의 이름일 것이다. 바락은 여 사사 드보라의 조력자이다. 믿음으로 바락은 가난안 시스라의 군대를 기손강에서 멸망시켰다. 그렇다면 바락으로 하여금 가나안 군대를 쳐부수게 하신 하나님은 어떤 하나님이신가?

부르짖는 기도를 들으시는 하나님

하나님은 어려운 시대에 여자 사사를 삼으셔서 당신의 구속역사를 이루어가신다. 드보라가 이스라엘의 사사로 있을 때 이스라엘의 백성들이 여호와의 목전에서 악을 행했다. 이방신 바알을 섬겼다. 바알 신은 가나안 사람들과 페니키아인들이 숭배하는 신이다. 바알은 신 혹은 소우주라는 의미를 가진 남신과 여신이 있는데 남신은 바알이고 여신은 아사다롯이다. 남신 바알은 땅과 땅의 비옥도를 주장하는 신이었다. 그런데 토양에다 씨를 뿌리면 싹이 트고 자라는 것을 남신 바알과 여신 아스다롯의 결혼에 의해서 토양이 비옥해진다고 믿었다. 그래서 가나안에서는 남신 바알과 여신 아스다롯의 성적인 예식을 행함으로서 농경산업이 잘되고 풍년을 맞이한다고 믿었다. 농경산업을 주로 하는 이스라엘 백성들에게 바알의 신은 굉장한 유혹이 되었으며, 이스라엘 백성들이 바알 신을 섬기게 되었다. 이스라엘백성이 음란하게 바알과 아스다롯을 섬겼다(삿 2:17). 이스라엘 백성은 틈만 있으면 하나님보다는 바알 신을 섬겼다.

오늘 말씀에도 사사, 에훗이 죽은 이스라엘 백성들이 또 여호와의 목전에서 악을 행했다고 말하고 있다. 여기서 '또'라는 언어는 얼마나 이스라엘 백성이 하나님을 배반하고 사는지를 단적으로 말해주고 있다. 그래서 하나님은 하솔에 도읍을 정한 가나안 왕 야빈으로 하여금 이스라엘을 이십년 동안 심히 학대하게 하셨다. 심히 학대함으로 이스라엘 자손이 여호와께 부르짖었다. 인간이란 이런 존재이다. 무슨 일이 잘되어 갈 때는 하나님을 잃어버리고 일이 잘 안되어 가고 고통을 당하고 심히 학대를 받을 때는 하나님께 부르짖는 것이 인간이다. 부르짖는 인간을 하나님은 어떻게 대하셨는가? 인간 같으면 네가 나를 괴롭혔기 때문에 너도 한번 당해보라고 하고 말했을 것이다. 그러나 여호와 하나님은 드보라 여선지자를 통해서 아비노암의 아들 바락을 부르시고 납달리 자손과 스불론 자손 일만을 거느리고 다불 산으로 가라 말씀하셨다. 내가 야빈왕의 군대장관 시스라를 네 손에 붙이셨다고 말씀하셨다. 그리고 기손 강에서 시스라 군대를 멸망시키셨다. 이스라엘이 하나님을 배반할지라도 구원하신 하나님은 어떤 분이신가? 하나님은 자비가 한량없으시고 은혜가 한량이 없으신 분이시다. 노하기를 더디 하시고 인자와 진실이 많으신 분이시다. 이 하나님이 아니면 우리가 어떻게 하나님 앞에 감히 무릎을 꿇고 기도할 수 있겠는가?

하나님을 찬양하는 바락

드보라와 바락은 하나님께서 전쟁을 승리케 하시므로 너무도 감격해 시를 지어 노래를 불렀다. 바락은 이스라엘의 하나님 여호와를 시를 지어 찬양했다. 믿음으로 사는 자는 하나님을 찬양하고 찬송이 흘러 넘친다.

하나님을 사랑하는 자는 강한 힘을 얻을 수 있다

하나님을 사랑하는 자는 돋는 해와 같은 힘을 얻는다. 얼마나 당당하게 태양이 솟아오르는지를, 그대는 돋는 해를 보았는가? 이러한 힘을 주시라고 서로 기도하자.

인간은 전적으로 부패된 존재이다. 그래서 늘 하나님을 배반하고 하나님보다는 세상을 사랑할 때가 많다. 그러나 실망하지 말자. 하나님은 은혜가 풍성하시고 자비가 한이 없으시기 때문이다. 우리는 이 하나님을 믿고 실 때, 돋는 해처럼 솟아나는 힘을 얻을 수 있으며 찬송이 흘러 넘치는 삶을 살 수 있을 것이다.

45. 믿음으로 삼손은 (히 11:32)

삼손은 믿음으로, 사자도 손으로 찢어 죽였다. 나귀의 턱뼈로 일천명을 죽이는 사람이었다. 이스라엘 백성을 블레셋으로부터 구원했던 사사였다. 그렇다면 삼손이 믿은 하나님은 어떤 분이신가? 삼손은 사사로서 20년을 지냈다. 그는 나실인이었다. 나실인 이란 날 때부터 하나님의 종으로서 살기로 서원한 자로서 술을 마시지 않고 시체를 만지지 않아야 했으며 머리에 삭도를 대지 않아야 하며 믿음으로 살아야 하는 사람이다.

삼손의 부모는 아이를 생산할 수 없었다. 그러나 하나님의 사자가 마노아의 아내를 찾아오셔서 아들을 주시겠다고 약속하셨다. 그리고 말했다. 삼손은 술을 마시지 않아야 하며 금지된 음식은 먹어서는 안되며 머리에 삭도를 대지 않아야 하며 나면서부터 하나님께 바쳐지는 사람이기 때문이며 이스라엘 백성을 블레셋으로부터 구원해야하는 자라고 말씀하셨다(삿13:3~5). 이처럼 삼손은 사명을 가진 나실인으로 태어났다. 하나님은 삼손의 태어남을 축복하시고 여호와의 신이 그를 감동케 하셨다(삿13:25). 그리하여 그는 엄청난 힘의 소유자가 되었다.

삼손의 사랑편력

삼손은 자라서 블레셋 땅에 내려가 블레셋 딸 중의 한 여자를 보고 좋아했다. 그리고 부모에게 결혼시켜 달라고 했다. 그러나 삼손의 부모는 반대했다. 할례 받지 아니한 이방인과 결혼하는 것을 금했기 때문이다. 그러나 삼손은 부모를 거역하고 딤나에 가서 블레셋 여인을 아내로 맞이했다. 그러나 이 결혼은 얼마 안 가 깨지고 말았다. 블레셋 장인이 삼손의 아내를 삼손의 친구되었던 동무에게 주어버렸기 때문이었다(삿14:20). 화가 난 삼손은 여우 삼백을 붙들어서 꼬리와 꼬리를 묶어 홰를 취하고 그두 꼬리 사이에 한 홰(불쏘시게)를 달고 홰에 불을 켜고 그것을 블레셋 사람의 곡식 밭으로 몰아들여서 아직 곡식단과 베지 아니한 곡식과 감람원을 통째로 불살라 버렸다(15:5~6). 그리하여 삼손은 블레셋 사람들에 눈의 가시가 되었다.

기생을 좋아한 삼손

화가 난 블레셋 사람은 유다에 진을 치고 삼손을 결박하여 주기를 요청했다. 왜냐하면 그 때 블레셋이 이스라엘을 사십년 동안 다스렸기 때문이었다. 이스라엘이 하나님 목전에서 죄를 행하였기 때문이었다. 그래서 유다 자손은 삼손을 쇠줄로 결박하여 블레셋에게 내어주었다. 여호와의 신이 삼손에게 감동주어 쇠줄을 끊고 나귀의 새 턱뼈를 취하여 그것으로 일천명을 죽였다. 목이 말라서 하나님께 부르짖으니 하나님이 물을 주셔서 마시고 정신을 차렸다. 그리고 나서 삼손은 기생을 취하였다. 블레셋 사람이 삼손을 죽이려고 했으나 삼손의 힘을 이기지 못했다.

삼손과 드릴라와 사랑

삼손은 소렐 골짜기에 사는 드릴라와 사랑에 빠지게 되었다. 드릴라의 이름은 연약한 혹은 매력 있는 여자라는 말이다. 삼손은 이 여인과 사랑에 빠졌다. 블레셋 사람은 드릴라를 유혹하여 삼손의 힘이 어디에 기인된 것을 알고자 전략을 세웠다. 드릴라는 세 번이나 유혹을 했지만 실패하고 말았다. 그래서 이제는 "당신의 마음이 네게 있지 않으면서 당신이 나를 어찌 사랑한다고 하느냐"라는 말로 날마다 삼손을 재촉하여 조르매 삼손의 마음이 번뇌하여 죽을 지경이 되었다(삿 16:16). 견디다 못해 삼손은 드릴라에게 진정을 토로했다(삿 16:17). 그리하여 삼손은 힘이 없어지고 여호와께서 삼손을 떠났으나 깨닫지 못했다(16:20). 하나님의 신(성령)이 삼손을 떠나니 삼손은 힘을 쓸 수가 없었다. 하나님께서 하지 말라고 하신 것을 어겼기 때문이다. 하나님과의 비밀은 누구에게나 털어놔서는 안되는 것이다. 신자는 하나님의 말씀을 거역할 때 힘이 없어진다. 신앙의 권위가 없어지게 된다. 그래서 우리는 하나님보다 인간을 사랑해서는 안된다.

삼손은 하나님 말씀을 순종하지 못하여 하나님께서 주신 힘을 잃어버리고 눈을 뽑힌채 비참하고 슬픔 삶을 체험했으나 하나님은 삼손의 머리가 다시 자라도록 하셨다. 이것은 하나님의 사랑을 깨닫게 하시기 위한 것이다(삿 16:20~22).

삼손의 회개와 하나님의 사랑

블레셋 사람들은 삼손을 붙잡아 눈을 뽑고, 감옥에서 맷돌을 돌리게 하였다. 그리고 자기들 신을 모시는 다곤 신전에 삼손을 불러 재주를 부리게 하며 노리개 감으로 삼았다. 다곤 신전에 수많은 사람이 모이게 되었다. 삼손이 재주 부리는 것을 보고 조롱하기 위해서였다. 삼손은 "여호와께 부르짖어 가로되 주여 구하옵나니 나를 생각하옵소서 하나님이여 구하옵나니 이번만 나로 강하게 하사 블레셋 사람이 나의 두 눈을 뺀 원수를 갚게 하옵소서" 하고 집을 버틴 두 가운데 기둥을 하나는 왼손으로 하나는 오른손으로 의지하고 블레셋과 함께 죽기를 원하고 힘을 다하여 몸을 굽히니 신전이 무너져 많은 블레셋 사람이 죽었다. 삼손은 살아서 죽였을 때보다도 죽어서 블레셋을 죽이는 숫자가 많았다. 여기서 우리는 하나님의 은혜를 배우게 된다. 하나님의 신이 삼손을 떠났지만 회개하고 기도할 때 응답해주시는 하나님의 사랑과 은혜는 놀랍고 놀랍다. 우리는 하나님의 사랑과 은혜를 의지하며 그 가운데 깊이 빠지는 믿음을 갖고 신앙생활을 행해야 한다. 이것이 믿음으로 사는 생활이다.

46. 믿음으로 입다는 (히 11:32)

사사 입다의 서원 이야기는 참으로 마음 아프고 슬픈 이야기이다. 그러나 하나님은 그를 쓰셔서 이스라엘을 암몬 자손으로부터 구원하셨다. 그렇다면 입다가 믿은 하나님은 어떤 분이신가?

입다의 출생

입다는 기생이 길르앗에서 낳은 아들이었다. 그가 자라매 형제들은 기생출신의 아들이기 때문에 상속자가 될 수 없다고 하면서 가문에서 쫓아내 버렸다. 그는 형제를 피하여 돕 땅에 거하였다. 입다는 기생출신의 어머니를 가졌지만 큰 용사라고 불렀다

(삿 11:1). 뿐만 아니라 그가 그 형제를 피하여 돕에 거할 때 잡류가 그에게로 모여와서 함께 살았다고 했다. 여기서 '잡류'란 입다와 같은 출신성분의 사람이다. 입다는 절망과 한 맺힌 사연을 가지고 살았을 것이다.

암몬 자손의 침입

암몬 자손이 이스라엘을 쳐들어 왔다. 암몬 자손은 롯과 그의 둘째 딸 사이에 낳은 벤암미의 후손이었다. 이스라엘과는 적대관계에 있었다. 이 때 당황한 길르앗 장로들이 입다를 찾아와서 암몬 자손과 싸우는 장군이 되어줄 것을 요청했다. 입다는 장로들에게 전에 너희가 나를 미워하여 내 아버지 집에서 쫓아내더니 너희가 환난을 당하게 되니 이제 나를 찾느냐고 되물었다. 장로들이 말하여 가로되 네가 가서 암몬과 싸우면 사사가 될 것이라고 말하며 여호와 하나님이 증인이 될 것이라고 약속했다.

입다는 승낙을 하고 미스바에 진을 치고 여호와 앞에 모든 것을 고백했다. 그리고 나서 특사를 암몬 왕에게 보내어서 어찌하여 우리를 치려하느냐고 물었다. 그때 암몬 왕은 이스라엘이 애굽에서 가나안으로 들어올 때 아르논에서부터 얍복과 요단까지 내 땅을 취한 연고니 다시 그 땅을 돌려주라고 하였다. 사실 모세가 가나안으로 들어올 때 에돔왕에게 길을 통과하도록 청하였으나 들어주지 아니했다. 오히려 전쟁을 청하였다. 이스라엘이 가나안 땅으로 들어가기 위해서는 반드시 애돔 땅을 거쳐서 들어가야 했기 때문이었다. 그래서 하나님이 모세를 통해서 그 땅을 정복하게 하셨다. 그러나 암몬왕은 입다의 지혜로운 설득을 듣지 아니하고 전쟁을 청하였다.

입다의 서원

여호와의 신이 입다에게 임하였다. 성령이 입다에게 임한 것은 하나님께서 입다를 사사로 임명을 의미한다. 하나님께서 당신의 역사에 쓰시기 위해서는 당신의 능력과 지혜를 부어 주신다. 하나님의 인도하심을 받은 입다는 하나님 앞에서 서원을 했다. "주께서 과연 암몬 자손을 내 손에 붙이시면 내가 암몬 자손에게서 평안히 들어올 때 누구든지 내 집 문에서 나와서 나를 영접하는 그는 여호와의 것이니 그를 번제로 드리겠나이다"라고 서원했다. 서원한 대로 하나님은 입다를 통해 이스라엘을 암몬으로 부터 구원하셨다. 그런데 입다가 승리를 하고 집에 가니 자기 딸이 소고를 잡고 나와서 춤추며 그를 영접하였다. 그 딸은 입다의 무남독녀였다.

하나님은 서원을 들으신다

하나님은 우리의 서원을 들으신다. 하나님은 한나의 서원을 들으셨다. 한나가 아들이 없어서 하나님께 서원하고 간절히 기도할 때 하나님은 아이 사무엘을 한나에게 주셨다. 그리고 서원한 대로 사무엘을 하나님께 바쳤다. 창세기에 보면 하나님은 야곱의 서원을 들으셨다. 야곱이 형 에서를 피하여 외삼촌 라반의 집으로 갈 때 브엘세바에 이르러 잠을 자다가 하나님을 만나고 서원을 했다(창28:20~21). 그러나 서원은 아무렇게나 하는 것은 아니다. 서원은 말씀에 기초하여 해야하는 것이다. 그러나 입다의 서원은 비성경적이다. 성경에는 사람을 번제로 바치는 것을 금하기 때문이다(레18:21; 1~5; 창22:1~14).

서원은 지켜야 한다

입다는 슬퍼하며 애통했다. 그러나 여호와를 향하여 입을 열었으니 돌이키지 못하리라고 했다. 그래서 입다의 딸은 결국 처녀로 죽었다. 서원은 지켜야 하지만 함부로 하는 것이 아니다. 잠언 20장 25절에 의하면 함부로 서원하면 그것이 올무가 된다고 했다. 그러나 하나님 앞에서의 서원은 지켜야 하는 것이다. 전도서 5장 4~5절에 보면 "네가 하나님께 서원하였거든 갚기를 더디게 말라 하나님은 우매한 자를 기뻐하지 아니하시나니 서원한 것을 갚으라 서원하고 갚지 아니한 것보다 서원하지 아니한 것이 나으니라" 라고 했다.

입다는 기생의 자식이었다. 그래서 천대받고 쫓겨나서 살아야하는 한이 많은 자였다. 그럼에도 불구하고 하나님은 입다를 사사로 쓰셔서 이스라엘을 구원하셨다. 하나님은 약속의 하나님이시다.

47. 믿음으로 다윗은 (히 11:32)

다윗은 성경에서 아주 중요한 위치를 차지하고 있는 하나님의 종이다. 다윗은 이스라엘의 목자요 왕이다. 그는 하나님의 마음에 합한 자(행 13:22)이며, 그 시대에 하나님의 뜻을 섬겼던 사람이었다. 사무엘 상하, 역대상하에 걸쳐서 그의 신앙의 여정을 살펴볼 수 있다.

다윗은 믿음으로 골리앗을 죽였다. 골리앗이 누구인가? 그는 이스라엘을 침략해 온 블레셋의 장군이었다. 키가 3m나 되며 57kg의 갑옷을 입고 7kg의 창을 든 거인이었다(삼상 17:2~7). 아무도 그와 싸워 이길 수 없을 것 같은 막강한 장군이었다. 골리앗을 본 이스라엘은 사울을 비롯하여 모든 장수들이 간담이 서늘해졌다. 이런 상황이 사십 일 동안 계속되었다. 하나님은 사무엘 선지자를 통해서 소년 다윗에게 뿔을 취하여 기름을 붓게 하셨다. 구약에서 기름부음 의식은 대단히 중요한 의식이다. 뿐만 아니라 기름부음을 통해 성령의 은사를 받았다. 사무엘이 다윗에게 기름을 부은 후에 다윗은 여호와의 신 즉 성령의 감동을 받았다(삼상 16:13).

다윗이 물맷돌 두개로 골리앗을 무너뜨린 것은 자신의 힘이 아니라 성령을 통한 하나님의 힘으로였다. 여호와의 신의 감동을 받은 다윗은 골리앗에게 너는 칼과 창으로 오나 나는 여호와의 이름으로 나온다고 당당하게 말했다(삼상 17:45). 전쟁은 인간이 사용하는 칼과 창에 있는 것이 아니라 하나님께 달려있다고 하였다(삼상 17:47). 인간 역사의 흥망 성쇠도 인간의 꾀에 달려있는 것이 아니라 하나님의 장중에 있다.

다윗의 믿음을 생각해 보자. 다윗의 믿음은 자신에게서 생겨난 것이 아니다. 여호와의 신에 감동되어서 힘을 얻은 것이다. 성령님의 감동을 받을 때 우리는 하나님의 지혜와 능력을 소유할 수 있다. 새로운 안목을 가질 수 있다. 골리앗은 다윗이 갑옷도 입지 않고 칼과 창도 없이 나오니 자기를 개로 보느냐고 빈정댔다. 정말로 다윗이 믿음의 눈으로 골리앗을 볼 때 거인이 아니라 쉽게 잡아죽일 수 있는 개로 보이는 것이다. 만약에 다윗이 골리앗을 죽일 수 없는 거인으로 봤다면 물맷돌을 던지지도 않았을 것이다. 싸움터에 나가지도 않았을 것이다. 이토록 믿음의 안목과 힘은 강하고 큰 것이다. 산더러 던지우라 하고 그것을 마음에 의심치 않고 믿으면 그대로 되리라고 약속하셨다(막 11:23).

주님은 믿음으로 세상을 이긴다고 말씀하셨다(요일 5:4). 무엇으로 이 세상의 세력을 이길 수 있는가? 믿음으로 이길 수 있다. 믿음으로 사탄의 유혹을 이길 수 있다. 믿음으로 병을 고칠 수 있다. 믿음으로 나의 마음을 지킬 수 있다. 우리는 참으로 어려운 세상에 살고 있다. 골리앗 같은 대적들이 많다. 교통사고의 두려움, 질병에 대한 두려움, 악의 세력에 대한 두려움이 있다. 그러나 두려워 말자. 이 세상은 인간이 다스리는 것처럼 보일지 모르나 하나님이 다스리신다. 믿음으로 살 때 하나님이 친히 보호하시고 인도하신다. 우리는 믿음으로 세상을 이길 수 있다.

48. 믿음으로 사무엘은(히 11:32)

사무엘은 탄생에서부터 하나님께 바쳐진 사람이었다. 어머니 한나의 간절한 서원기도로 태어나 하나님께 바쳐진 사람이었다. 그는 일생동안 어려운 시대에 하나님의 말씀을 섬기다가 때가 되매 하나님의 부르심을 받고 간 위대한 선지자 가운데 한 사람이었다. 그는 사울과 다윗을 왕으로 기름 부은 사람이었다. 사무엘은 어떻게 하나님의 말씀을 섬겼는가?

하나님의 말씀이 희귀할 때

아이 사무엘이 엘리 앞에서 하나님을 섬길 때에는 하나님의 말씀이 희귀하여 흔히 이상이 보이지 않은 시대였다(삼상 3:1). 하나님의 말씀이 희귀하다는 말은 무슨 말인가? 하나님의 말씀이 드물다는 말은 하나님의 말씀을 하나님의 말씀으로 여기는 사람이 심히 적었다는 의미로 생각할 수 있다. 비전을 줄 수도 없는 것은 당연하다.

그럼에도 불구하고 하나님의 등불은 아직 꺼지지 아니한 때였다. 이런 시대에 하나님은 아이 사무엘을 세 번이나 부르셨다. 그러나 그는 하나님의 부르심을 잘 알지 못하였다. 그래서 엘리 선지자가 "여호와여 말씀하옵소서, 주의 종이 듣겠나이다"라고 말하라고 사무엘에게 말했다. 하나님은 사무엘에게 엘리 선지자에게 행할 일을 상세하게 말씀해주셨다. 여기서 우리는 하나님의 말씀을 듣는 자세를 배울 수 있다. 하나님의 말씀을 순종하고자 하는 자세가 있을 때, 하나님은 우리에게 말씀하신다.

하나님의 말씀을 먹고 가서 전해라

사무엘은 자라서 선지자로서 인정을 받았다. 하나님의 말씀을 듣고 그냥 전한 것이 아니라 그것을 먹고 가서 백성들에게 전했다. 하나님은 당신의 말씀을 먹고 가서 전하라고 했다(겔 3:1). 우리는 하나님의 말씀을 먹지 않고 가서 전할 수 없다. 전하는 사람이 말씀을 먹지 않고 가서 전하면 힘이 없다. 먹지 않은 사람의 특징이 무엇인가? 힘이 없는 것이 특징이다. 힘없이 전하면 어떻게 그 말을 믿겠는가?

여호아 하나님 만을 섬기는 신앙

"너희가 진심으로 여호와께 돌아오려거든 이방 신들과 아스다롯을 너희 중에 제하고 너희 마음을 여호와께로 향하여 그만 섬기라 너희를 블레셋 사람의 손에서 건져내시리라" 사무엘 선지자에 의하면 신자의 생활은 여호와만을 섬기는 생활이다. 그러기 위해서 우리는 여호와께 마음을 향하게 못하는 것을 제거하여야 한다. 이스라엘 백성들은 당시에 블레셋이 섬기고 있는 바알신과 아스다롯을 제거하라고 하나님은 말씀하셨다. 하나님께 마음을 드리는데 장애가 되는 것을 우리는 제거해야 한다. 한사람이 두 주인을 섬길 수 없다고 했다(마 6:24). 우리의 생활에서도 하나님을 섬기려면 하나님을 섬기는데 방해가 되는 것을 제거해야 한다.

사무엘은 믿음으로 그 시대를 말씀으로 섬겼다. 우리도 하나님의 말씀을 듣고 먹고 눈물로써 복음의 씨를 뿌리자. 그러면 하나님이 기쁨으로 단을 거두도록 하실 것이다. 우리는 연약해서 할 수 없기 때문에 하나님께서 해주시도록 기도하자.

49. 믿음으로 기생 라합은

"믿음으로 기생 정탐꾼을 평안히 영접하였음으로 순종하지 않은 자와 함께 멸망하지 아니하였느니라" (히 11:31/여호수아 2장)

구약의 이야기는 그 자체로서는 이해하기가 어려울 때가 있다. 여호수아 2장에 나오는 기생 라합의 이야기가 그 중의 하나이다. 그런데 히브리서 11장 31절 말씀은 기생 라합의 이야기를 선명하게 이해하도록 도와준다. 그래도 몇 가지 풀어야할 숙제가 있다. 첫째, 정탐꾼이 누구인가? 둘째, 왜 하필 기생 라합인가? 셋째, 이야기의 의도는 무엇인가? 이 이야기는 무엇을 우리에게 가르쳐 주고 있는가?

기생 라합

기생 라합의 이야기를 이해하기 위해서는 여호수아 2장을 읽어봐야 한다. 이스라엘 백성들이 출애굽 해서 가나안 땅을 정복하려고 하는데 첫째 관문이 여리고성이다. 이 성은 견고하여 정복하기가 쉬운 곳이 아니었다. 그래서 여호수아는 정탐꾼을 여리고 성 안으로 은밀하게 들여 보냈다. 정탐꾼들은 그 성안의 기생집에 들어가게 되었다. 여리고 왕이 이것을 알아채고 기생 라합의 집에 사람을 보내어 비밀리에 들어온 정탐꾼들을 끌어내라고 했을 때 기생 라합은 거짓말을 했다. 들키면 죽을 형편에 있는 정탐군들이었지만 기생 라합이 숨겨주어서 정탐을 마치고 무사히 이스라엘로 돌아가게 되었다.

믿음으로 기생 라합은?

기생 라합은 왜 자기 백성이 아닌 적군을 숨겨주었는가? 여호수아 2장에 보면 라합은 하나님의 능력으로 홍해를 가른 일이라든지 전쟁에서 아모리 두 왕을 전멸시켰던 일을 잘 알고 있었다. 성 안의 사람들의 마음이 녹았으며 두려움에 떨었으며 하나님은 상천지하의 하나님이심을 인정했다. 그래서 라합은 정탐꾼들과 모종의 딜을 한 것이다. 라합이 말하기를 내가 너희를 숨겨주면 너희들이 여리고 성을 정복할 때 나 뿐만 아니라 내 가족을 살려줄 것을 약속하라고 했다. 정탐군들은 약속했으며 라합은 정탐꾼을 줄로 달아서 내리고 증표로 빨간 줄을 집에다 달았다. 이것이 라합이 이스라엘이 여리고를 정복할 때 받은 구원의 증표였다.

기생 라합의 이야기를 여러 각도에서 생각해 볼 수 있다. 왜 하필이면 기생이냐? 도덕적으로 본이 되는 사람이 아니다. 그런데도 하나님은 당신의 구속의 역사에 귀히 쓰셨다.

50. 히브리서 11장에 나오는 믿음의 선진들에 대한 평가

우리는 두 가지 중요한 교훈을 배울 수 있다. 첫째, 오직 믿음으로 구원받는다. 둘째, 믿음의 행위로 살 때 우리는 놀라운 축복을 받을 수 있다. 그들은 믿음으로, 상도 타고, 하나님의 능력도 체험하고, 존경도 받고, 고난도 당하고, 일생을 믿음으로 삶으로서 인정을 받았다. 이들의 믿음은 한 분 하나님께 근거해 있다. 따라서, 믿음으로 산다고 하는 것은 하나님의 약속을 믿고 사는 것이다. 이것이 믿음의 거울의 본질이다.

믿음의 삶

01. 하나님 보시기에 심히 기뻐하시는 존재

"하나님이 그 지으신 모든 것을 보시니 보시기에 심히 좋았더라 저녁이 되며 아침이 되니 여섯째 날이라"(창 1:31)

창세기는 시작에 관한 하나님의 말씀이며, 인간의 두뇌와 과학으로 설명할 수 없는 창조와 가정의 시작, 죄와 심판 그리고 구속의 시작에 대해서 말한다. 창세기 1장 31절은 우리가 어떤 존재로 살아야하는가를 말한다.

보는 관점

"보시기에 심히 좋았다" 말은 어떤 의미인가? 해석한다는 것은 어떤 '관점'(the view point, 지평, 안경)에서 보게 마련이라고 한다. 인간은 무엇을 해석할 때 직접적으로 이해할 수 없고 간접적으로 이해할 수밖에 없다. 이 말은 반드시 인간은 어떤 안경을 끼고 볼 수밖에 없다는 말이며 이 안경은 인간이 살아온 과정에서 나도 모르게 형성된다고 한다. 우리는 하나님의 자녀로서 하나님이 창조하신 모든 것을 하나님의 관점에서 봐야 한다. 그래야 올바로 이해할 수 있다.

하나님의 아름다운 창조

하나님은 창조를 마치고 그때마다 소감을 말씀하셨다. 빛을 창조하시고 그 빛이 하나님 보시기에 좋았더라고 말씀하셨다(창1:4). 땅과 바다를 창조하시고 하나님 보시기에 좋았더라고 말씀하셨다(창1:10). 해와 달과 별을 창조하시고 보시기에 좋았더라고 말씀하셨다(창1:18). 생물들을 그 종류대로 창조하시고 보시기에 좋았더라고 말씀하셨다(창1:21). 하나님의 창조는 아름답고 하나님 보시기에 좋았다.

하나님 보시기에 심히 좋은 인간

하나님의 창조의 절정이자 결말은, 바로 인간을 창조하신 것이다. 하나님의 형상으로 지으셨기 때문이다. 하나님은 인간을 당신의 형상대로 창조하시고 그 지으신 모든 것을 보시니 보시기에 심히 좋았더라고 말씀하셨다.

'하나님 보시기에' 심히 아름다운 존재라는 말은 하나님의 관점이라고 위에서 이미 말했다. 우리가 하나님의 창조를 하나님의 관점에서 보느냐 인간의 관점에서 보느냐에 따라서 전혀 다른 해석을 할 수 있다. 신자가 된다는 것은 하나님 관점에서 모든 것을 보고 평가해야 한다. 하나님의 관점에서 보는 훈련을 신자는 받아야 한다. '보시기에'라는 말은 히브리 원문에는 헤나(חנה)로서 보라! 라는 감탄사이다. 하나님이 자기가 지으신 모든 것을 보시고 감탄하셨다. 인간은 어떤 환경에서 태어나든지 어떻게 생겼든지, 존재 자체로 하나님이 감탄하실 정도로 아름다운 존재이다.

하나님이 보실 때 인간은 하나님의 심히 기뻐하시는 존재이다. 이 말은 인간이 자신을 볼 때 심히 기뻐하시는 존재로 보아야 한다는 말씀이다. 인간은 외모가 아름답고 매력적이어야 아름다운 것으로 보려고 하는 경향이 강하다. 그러나 하나님의 편에서 볼 때는 '생긴 그대로가' 심히 기쁜 존재이다. 이 세상에 바다의 모래알과 하늘의 별처럼 사람이 많지만 그 중에 하나도 똑같은 사람이 없다고 한다. 일란성 쌍둥이도 다르게 생겼다고 한다. 천지를 창조하신 하나님만이 발휘하실 수 있는 솜씨요 능력이다.

사도 바울은 우리는 "그의 만드신 바라 그리스도 예수 안에서 선한 일을 위하여 지으심을 받은 자니 이 일은 하나님이 전에 예비하사 우리로 그 가운데서 행하게 하려 하심이라"고 말했다(엡1:10). 여기서 "그의 만드신 바라"는 말은 인간은 하나님의 작품(God's workmanship)이라는 말이다. '생긴 그대로'가 하나님의 작품이라는 것이다. 다 선한 일을 위해서 지음 받은, 하나님의 걸작품이다. 따라서 인간의 외모가 좋아야만 아름다운 것이 아니라 선한 일을 해야 선하고 아름다운 것이다(딛 3:8) 하나님은 우리의 외모가 아니라 중심을 보신다.

한 장애인의 감동적인 고백

오래 전 일이다. 광주 문화예술 회관에서 실로암 장애인 선교단체가 주최한 "하나 된 소리" 라는 발표회에 간 적이 있다. 프로그램 자체도 감동적이었지만 한 장애인이 나와서 간증하는 것을 통해 많은 은혜를 받았다. 그 장애인은 구루병으로 고생을 많이 한 사람이었다. 신체적인 장애 때문에 공동 목욕탕에 전혀 가보지 못했다고 했다. 자기 자신을 거울에 비추어보니 몹시 아름답지 못했다고 고백했다. 초라한 자신을 발견하고 눈물을 많이 흘렸던 세월이 많았다고 고백했다. 그러나 하나님의 말씀을 공부하면서, 성경 말씀을 통해 "너 자신을 거울에 한 번 비춰봐라. 어찌 아름답지 아니한가?" 하는 음성을 들었다고 했다. 말씀에 용기를 내어 거울에 자신의 몸을 비춰보았지만, 볼품없고 초라한 자신의 모습을 또 한 번 발견하고는 몹시 괴로워했다고 하였다. 하나님은 다시 한번 "너의 눈으로가 아니라 나의 눈으로 다시 한번 보라." 라고 말씀하셨다고 했다. 하나님의 눈으로 보라는 말에 엄청난 감동을 받았다고 했다. 하나님의 눈으로 자신을 바라보니 자신이 심히 기뻐하시는 하나님의 자녀임을 발견하고 그 후로부터는 공동목욕탕에도 기쁨으로 갈수가 있었다고 고백했다. 그 뒤 아름답게 살다가 하나님의 부르심을 받았다.

잠언 기자는 말했다. "고운 것도 거짓되고 아름다운 것도 헛되다(charm is deceptive, and beauty is fleeting, 잠31:30). 그러나 고운 것도 사라지고 아름다운 것도 없어지지만 하나님을 경외하고 선한 일을 하는 것이 아름다운 것이라고 하였다. 하나님의 사람은 선한 일을 행하며, 인간에게서 약점을 찾으려고 하지 말고 하나님이 기뻐하시는 것 즉 선한 것을 찾아 세워주고 칭찬해주는 신자가 되기를 기도하자.

심히 기뻐하신 존재로 살자

이 세상에는 세상과 인간을 보는 두 가지 관점이 있다. 하나님의 눈으로 보는 것이요 다른 하나는 인간의 눈으로 보는 것이다. 인간은 하나님의 심히 기뻐하시는 존재이다. '생긴 그대로가' 하나님의 작품이다. 하나님의 작품으로서 선한 일 위해서 살자. 그리고 서로의 약점을 감당하고 장점을 칭찬해주고 세워주는 내가 그리고 교회의 공동체가 되기를 기도하자. 우리는 누가 뭐라고 하더라도 하나님이 보시기에 심히 기뻐하신 존재이다. 우리를 심히 기뻐하신 존재로 창조하시고 인정해주시는 하나님께 감사와 찬송과 영광을 돌리자.

02. 너희는 세상의 소금이다

"너희는 세상의 소금이니 소금이 만일 그 맛을 잃으면 무엇으로 짜게 하리요 후에는 아무 쓸데 없어 다만 밖에 버려져 사람에게 밟힐 뿐이니라"(마 5:13)

부르심의 은혜

예수님은 우리를 이 세상의 소금으로 부르셨다. 부르심에는 목적이 있다. 소금이 맛을 잃지 않도록 하는 것이 부르심의 목적이다. 그러면 소금이 맛을 잃는다는 말은 무엇을 의미하는가? 너희는 '소금'이라는 말에서 소금이라는 말은 어떤 직책을 가진 사람에게 주신 칭호이다. 우리는 이 세상의 소금이다. 소금으로서 해야 할 일은 소금이 되는 것이 아니라 소금이 맛을 잃지 않도록 해야 한다. 적극적으로는 소금의 역할을 하라는 것이다.

그렇다면, 소금은 어떤 역할을 하는 것인가? 첫째, 소금은 우리 인간이 살아가는데 없어서는 안 될 필수적인 물질이다. 우리도 이 세상에서 없어서는 안 될 존재임을 누리면서 살아야 한다. 그저 왔다가 그저 가는 인생이 아니라 없어서는 안 될 사람으로 살다 가야한다. 둘째, 방부제의 역할이다. 자신을 세속으로부터 정화시키고 더 나아가서 사회와 교회를 정화시켜야 한다. 예수를 구주로 전파함으로서 가능하다. 셋째, 소금은 맛을 내는 데 필수적이다. 그래서 독자 여러분이, 이 사회와 교회 공동체에서 진짜 짠맛을 내는, 즉 그리스도의 향기를 드러내는 신자가 되어야 한다. 항상 하나님의 말씀에 의해서 소금 맛을 유지하는 생활을 해야 한다.

사실 우리가 먹는 음식에 소금이 안 들어가는 음식이 있는가? 그리고 인간은 소금을 먹지 않으면 살 수가 없는 존재이다. 소금이 녹아야 소금 맛을 내는 것처럼 우리도 신자로서 공동체에서 녹는 신자가 되어야 한다. 녹아서 맛을 내게 하는 사람이 되는 것이 소금으로서 역할을 하는 것이다. 간이 안 들어간 음식을 먹을 수 없는 것처럼 소금기가 없는 신자가 있다. 우리는 소금기(salty christian)가 있는 신자가 되어야 한다. 그러면 그 공동체가 맛이 있는 공동체가 된다. 주님에게 의지하며 그분의 말씀을 듣고 순종하며 살면 우리는 아주 맛 좋은 소금이 될 것이다. 그래서 성경은 말하기를 우리에게 맛을 내는 신자가 되라고 하셨다. 그래야 우리 교회가 맛을 내는 교회가 되고 부흥하게 될 것이 아니겠는가?

우리는 소금으로써 서로 화목하게 살아야 한다(막 9:50) 공동체에서 중요한 것은 서로 화목하는 것이다. 화목케 하시는 주님의 놀라운 사랑을 덧입어서 서로 화목하며 살도록 서로를 위해서 기도하자. 화목하는 가정이 되도록 소금기가 있는 신자가 되자.

우리는 이 세상의 빛과 소금이 되고자 한다. 세상은 어둡고 부패되었기 때문이며 우리 모두의 소망이다. 예수님은 '너희는 세상의 소금이요 빛'이라고 말씀하셨다. 너희는 소금이 될 것이다, 혹은 빛이 되어야 한다는 말이 아니다. 소금이요 빛이라고 직설적으로 말씀하셨다.

나는 이 말씀에 적잖은 충격을 받았다. 나는 이 세상의 소금 될 수 없는 사람인데 나를 이 세상의 소금이라고 불러주시니 하나님께 너무 황송해서 몸둘 바를 몰랐다. 여러분도 마찬가지일 것이다. 예수님이 우리를 이 세상의 소금으로 불러주신 것을 진심으로 감사할 수 있기를 바란다. 나는 처음에 이 말씀의 의미를 잘 이해하지 못했다. 단순한 빛과 소금에 대한 정의나 혹은 정체성을 말하기보다는 그렇게 '불러 주셨다'는 것에 대해서 하나님께 감사를 드려야한다. 왜냐하면 우리는 진정 소금이 아니기 때문이다. 빛과 소금이 아닌데 그렇게 불러주신 것이다. 이것이 부르심의 은혜이다.

03. 너희는 세상의 빛이다

"너희는 세상의 빛이라"(마 5: 14)

우리는 세상의 빛이다. 예수님께서 그렇게 불러주셨기 때문이다. 빛의 역할은 어두운 세상을 비추는 역할이다. 우리의 선한 행실을 이 세상에서 드러내라는 말이다. 왜 그런가? 우리의 선한 행실을 보고 하나님께 영광을 돌리도록 하시기 위해서라고 말씀하셨다. 하나님의 말씀을 선포하여 다른 사람을 빛 되신 예수님께 인도함으로 우리는 빛의 역할을 하며, 이런 삶을 통하여 하나님께 영광을 돌리는 것이다.

"너희가 전에는 어두움이더니 이제는 주안에서 빛이라. 빛의 자녀들처럼 행하라 빛의 열매는 모든 착함과 의로움과 진실함에 있느니라." 우리는 빛의 자녀가 아니라 어두움의 자녀였다. 그러나 주안에서 빛이다.

빛의 자녀는 빛의 열매를 맺고 살아야 한다. 빛의 열매는 모든 착함과 의로움과 진실함이다. 성경에는 나무는 그 열매로 안다고 했다. 마찬가지로 우리가 이 세상의 빛이됨은 신자의 생활을 통해 드러나야 한다. 이 말씀을 칼빈은 이렇게 설교했다. "우리가 다른 사람에게 해를 끼쳐서는 안 된다는 것, 그리고 이웃들과 더불어 바르고 명예롭게 살아야 할 뿐만 아니라 서로에게 동정심을 갖고 친절해지며, 서로를 인내하며 우리의 도움을 필요로 하는 사람에게 도움을 주어야 하는 것이 바로 빛의 열매의 역할"이라고 했다.

사랑하는 독자 여러분, 선을 베풀며 살자. 물 한그릇이라도 예수 그리스도의 이름으로 목마른 자에게 주자. 이것은 지극히 작지만, 지극히 선한 일이며 아름다운 삶이다(딛 3:8). 오늘날 기부하는 삶이 바로 빛으로 사는 삶이 아닐까? 적은 물질로 기도로 선교하는 삶이 아닐까?

04. 참 인생이란?

"우리의 연수가 칠십이요 강건하면 팔십이라도 그 연수의 자랑은 수고와 슬픔뿐이요 신속히 가니 우리가 날아가나이다."(시편 90:10)

인생이란 무엇인가?? 모세는 이렇게 말한다. "우리의 연수가 칠십이요 강건하면 팔십이라도 그 연수의 자랑은 수고와 슬픔뿐이요 신속히 가니 우리가 날아가나이다." (시 90:10, The days of our life are seventy years, or perhaps eighty, if we are strong; even then their span is only toil and trouble; they are soon gone, and we fly away) 시편 90편은 하나님의 사람(the man of God), 모세의 기도이다. 시편에 단 한번 나오는 모세의 기도이다. 모세는 하나님이 쓰신 위대한 선지자요, 이스라엘을 애굽의 노예로부터 해방시킨 구원자이다. 모세의 기도를 통해서 물붓듯 부으시는 하나님의 은혜가 독자들의 마음을 은혜와 감동으로 적셔 주시기를 기도한다.

모세의 기도를 이해하려면 모세가 이 기도를 언제 어떤 상황에서 했는가를 알아야 한다. 그런데 언제 어떤 상황에서 이 기도를 했는가에 대해서는 성경은 아무런 언급이 없다. 그러나 본문을 내용을 읽어보면 그 상황을 짐작은 할 수 있다. 본문은 영원하신 하나님의 절대주권과 인생에 대한 깊은 통찰과 간절한 소원으로 끝을 맺고 있다.

모세의 일생

모세는 파란만장한 생애를 살았다. 태어나자마자 물에 빠져 죽어야 할 운명의 사람이었으나 하나님의 예정과 섭리 가운데서 바로의 공주의 아들이 되어 40년 동안 궁중에서 당시의 최고의 교육을 받았으며 동족을 학대한 이집트 사람을 죽여 미디안 광야로 도망가서 40년 양치기 생활을 했으며 80세에 하나님의 부르심을 받고 이스라엘 민족을 출애굽시킨 이스라엘의 위대한 지도자였다.

모세는 전무후무한 선지자였고 지도자였다. 광야 40년 동안 이스라엘 백성들과 함께 수많은 슬픔과 아픔을 당했으며, 신 광야에서 물을 달라며 아우성대는 백성들 앞에서 하나님의 거룩성을 드러내지 못한 일로 인하여, 그는 느보산 산봉우리에서 가나안 땅을 바라보기만 하고 죽으라는 하나님의 명령에 순종했다. 그 상황에서 모세는 기도하지 않았을까? 그런데 신명기에는 기도가 없다. 아마 그때의 기도가 오늘의 모세의 기도가 아닌가를 유추해본다.

모세는 가나안 땅을 바라보고만 죽으라고 했을 때 하나님께 아무런 불평이나 원망을 하지 않았다. "여태 제가 이끌었는데 땅은 밟아 보지도 못하고 보기만 하라니요?

너무 하시네요." 나 같아도 충분히 그럴 수 있었을 텐데, 모세는 그렇게 하지 않았다. 이스라엘 백성을 축복하고 느보산에 올라가 가나안 땅을 바라보면서 죽었다. 하나님 말씀대로 행동한 것이다. 여기서 우리는 주님이 모세를 통하여 주시는 감동적인 교훈을 배울 수 있다.

여호와 하나님은 우리 인생을 티끌로 돌아가게 하시며, 주님 앞에서는 천년이 지나간 어제 같으며, 밤의 한순간으로 만드시는 분이시며, 주님은 영원부터 영원까지 계시는 하나님이시다. 이 놀라운 하나님 앞에서 우리 인생은 어떠한가?

수고와 슬픔 뿐인 인생

인생이 과연 무엇인지, 하는 질문은, 나에게 오랫동안 마음을 후벼 파는 질문이었다. 도대체 인생이란 무엇인가? 철학적인 질문도, 신학적인 질문도 아니다. 이 질문은 한많은 나의 삶에서 나온 실존적인 질문이었다. 어려운 인생을 살다 보니 그랬다. 질문하고 싶어서 질문한 것이 아니라 굴곡졌던 삶이 이런 질문을 하게 만들었다. 인생은 수고와 슬픔 뿐이다! 이것이 우리의 인생이다.

모세의 기도에서 빼놓을 수 없는 한 단어가 있다. 그것은 인생의 자랑이 수고와 슬픔이라는 말이다. 어떻게 수고와 슬픔이 자랑이 될 수 있는가? 여기서 중요한 의미는 우리의 수고와 아픔이 우리에게 자랑이 되어야 한다는 말이다. 그렇지 않다면 우리는 절망해 버리고 말 것이다. 이 말씀을 다른 각도에서 보면, 자기의 슬픔과 아픔을 자랑하는 것도 결국 자기 자랑 아닌가? 절대 아니다. 예수 믿는 사람은 자기를 자랑하지 않고 예수를 자랑하라고 사도 바울이 빌립보서에서 말하지 않았던가? 그런데도 우리의 슬픔과 아픔을 자랑으로 여기는 것은 중요한 것이다. 예수 그리스도를 통해 우리의 슬픔과 아픔이 자랑이 되기 때문이다. 슬픔이나 수고 자체가 자랑거리가 되는 것은 아니다. 주님을 통해서 그것을 극복했기 때문에, 하나님의 사랑과 능력을 체험했기 때문에, 자랑이 되는 것이다. 어떤 사연 많은 목사님의 간증이 기억난다. 교통사고를 당하고 나서 전신이 마비가 되었는데, 그 자체가 절대 자랑이 될 수는 없다. 그러나 그 고통과 슬픔을 하나님의 놀라우신 능력으로 극복했기 때문에 그 목사님에게 자랑이 되었고, 들는 사람들도 많은 눈물을 흘리며 하나님께 영광을 올리게 되었다. 인생에는 슬픔과 아픔이 많지만 우리가 이것을 하나님의 능력으로 극복하면 우리의 자랑이 된다. 독자 여러분, 여러분의 수고와 아픔이 많은 사람에게 감동을 주고 눈물을 흘리게 하는 삶이 되기를 서로 기도하자.

또 하나의 중요한 교훈은 인생이 수고와 슬픔이라면 그것을 받아들이고 살아야 한다. 다시 말하면 신앙의 여정에서 수고와 슬픔이 없다면 여러분의 인생은 자랑거리가 없는 인생이 될 것이다. 참 인생은 눈물이 있는 곳에, 슬픔이 있는 곳에, 아픔이 있는 곳에 있다.

모세의 간구를 들어보자

시편 90편 14절에 "주의 인자로 우리를 만족케 하사 우리 평생에 즐기고 기쁘게 하소서.", 15절에 "우리의 슬픔과 아픔의 날 수 대로 기쁘게 하여주십시오.", 16절에 "우리의 삶뿐만 아니라 자손의 삶을 통해서 하나님의 영광이 드러나게 하옵소서.", 17절에 "우리 주님의 은총이 늘 임하게 하시고 우리의 손으로 한 모든 것이 잘되게 하옵소서."라고 기도문이 있다. 선한 일을 하고 돕는 손을 하나님이 만 배로 축복하실 것을 기도하자.

하나님은 영원부터 영원까지 계시는 분이시다. 하나님 여호와는 우리의 생사화복을 주장하시는 영원한 하나님이시다. 우리는 누구인가? 아침에 피었다가 저녁에 사라지는 풀잎임을 깊이 깨닫고 겸손히 주님을 섬기자. 인생이 무엇인가? 수고와 슬픔뿐인 것이 우리의 인생이다. 그러나 그것이 하나님의 능력으로 은혜로 승리하면 우리의 자랑거리가 된다.

나는 모세의 기도를 읽으면서 한없이 울었다. 나의 지나온 한 많은 인생이 파노라마처럼 스쳐갔기 때문이다. 그러나 내가 눈물을 흘린 것은 나의 수고와 슬픔 때문이 아니라 나의 슬픔과 수고를 이기게 하셔서 하나님의 사랑과 능력을 체험케 하시고 자랑하게 하신 주님 때문이다. 만약에 주님이 아니었다면 나는 운명이라는 수레바퀴에 갈기갈기 찢겨 피 흘리며 인생을 원망하며 죽어가는 슬픈 인생이 되었을 것이다. 사랑하는 독자 여러분, 인생이 도대체 무엇이라 생각하시는가? 수고와 슬픔이 아닌가? 그러나 주님의 능력으로 이기면 인생의 최대의 자랑거리가 되는 것이 또 인생이 아닌가?

05. 신의 성품을 닮은 신자란?

"이러므로 너희가 더욱 힘써 너희 믿음에 덕을, 덕에 지식을, 지식에 절제를, 절제에 인내를, 인내에 경건을, 경건에 형제 우애를, 형제 우애에 사랑을 공급하라"(벧후 1:5~7)

베드로후서는 베드로 사도의 유언이며(벧후 1:14), 그중에서도 베드로 후서 1장 5~7절 말씀은 베드로 사도가 신자에게 간절히 권면하는 말씀이다. 그 권면의 말씀이 무엇인가? 신의 성품에 참여한 자가 되라고 권면하고 있다(벧후 1:4) 하나님이 예수 그리스도를 통해서 우리를 구원하시고 하나님의 자녀로 삼으셨기 때문이다. 신의 성품을 닮는 것은 부모로부터 타고난 성품이 아니라 거듭난 신자로서 닮아야 할 하나님의 성품을 말한다. 우리와 같이 연약하고 죄로 얼룩진 사람이 하나님의 성품을 닮은 자가 되라는 권면의 말씀은 명령으로 되어있다. 선택사항이 아니라 필수적이다.

인간은 각자의 어머니 아버지를 외모뿐만 아니라 성품도 닮는다고 한다. 이것은 우리가 그렇게 하고 싶어서가 아니라 그렇게 태어났다. 그렇다면 우리가 닮아야 하는 하나님의 성품은 무엇이며, 어떻게 닮을 수 있는가? 사랑하는 독자 여러분, 하나님의 성품을 닮는 것은 실천(행함)을 통해서 가능하다. 여기서 강조된 말씀은 더욱 '힘써'라는 말과 '공급'하라는 말씀이다. 젖 먹던 힘을 다해 혹은 피나는 노력을 통해서라는 의미가 들어있다. 그리고 공급하라는 말은 명령이다. 영어로 보면 "You must make every effort to support/to add/ to supply/ your faith with goodness, and goodness with knowledge, and knowledge with self-control, and self-control with endurance, and endurance with godliness, and godliness with mutual affection, and mutual affection with love." 우리가 그리스도의 인격을 닮은 사람이 되기 위해서는 피나는 노력과 애씀이 있어야 한다.

본문의 말씀은 너무 좋은데 설교하려 하면 설명하기가 어려워진다. 그래서 나는 이 본문을 몇 번이고 설교하려다가 그만두고를 반복했던 적이 있다. 이 말씀의 흐름을 파악하기가 대단히 어려웠기 때문이다. 그래서 오랫동안 묵상했다. 디트리히 본회퍼 목사에 의하면 '묵상'이란 마음에 그 말씀을 마음에 두고 곰곰이 생각하는 것이며, 기도하는 마음으로 읽는 것이라고 한다. 그래서 나도 그렇게 읽고 또 묵상하는 가운데 하나님이 성령의 내적 조명을 통해서 이 말씀의 흐름에 대한 깨달음을 주셨다.

본문은 어떻게 보면 로마서 5장 3~5절처럼 사다리 식으로 이해해야 할 말씀처럼 보이지만 그렇게 이해를 하려고 하면 불가능하다. 로마서 5장을 보면 환난은 인내를 낳고 인내는 연단을 낳고 연단은 소망을 낳는다고 말하고 있다. 그러나 본문은 "낳는다."라는 말이 아니라 공급하라, 혹은 더하라고 말하고 있다. 그래서 로마서 5장처럼 해석할 수 없고 믿음에 덕을 공급(더하라)하라, 이런 관점에서 보면 여기서 중요한 말씀은 믿음이라는 말이다. 믿음이 모든 수식어의 기초이다. 그래서 이렇게 해석할 수 있다. 덕 있는 믿음, 지식이 있는 믿음, 절제하는 믿음, 인내하는 믿음, 경건한 믿음, 형제 우애를 하는 믿음, 사랑 있는 믿음이라고 말할 수 있다. 이렇게 보니 내 마음에 기쁨이 흘러넘쳤다. 와! 이것이 성령께서 조명해서 나에게 주신 깨달음이야. 성령님이 성경의 진정한 해석자야! 라는 탄성이 내 마음에서 울려 나왔다. "말씀 그대로 의미"(문자적인 의미)가 성경의 올바른 의미라는 것을 깨닫게 되었다.

사랑하는 독자 여러분, 그리스도의 성품을 닮은 신자가 되자. 그러기 위해서는 덕 있는 믿음, 지식 있는 믿음, 인내하는 믿음, 경건한 믿음, 형제 우애 하는 믿음, 인류를 사랑하는 믿음을 소유한 신자가 되어야 한다. 그러나 한 가지 알아야 할 것은 신자가 가져야 할 신의 성품은 성령님의 도우심을 통한 기도와 실천이 필수적이다.

덕스러운 믿음

"덕"이라는 말은 고대 그리스 철학에서 유래된 언어이다. 소크라테스에 의하면 덕은 앎이며, 앎이 없는 인생은 무의미하며, 그래서 자신을 아는 것(너 자신을 알라)이 인간이 되어감에 있어서 필수적이라는 사상에 기초한 인식론을 주창했다. 그러나 기독교에서는 정반대다. 행함으로 앎에 이르기 때문이다. 그래서 베드로 사도는 덕 있는 믿음이 무엇인가를 말하기 앞서 믿음에다 덕을 더하라고 명령했다. 덕 있는 믿음이란 덕 있는 믿음이 무엇인가를 아는 것이 중요한 것이 아니라 그런 믿음을 가지는 것이 중요하다. 덕 있는 믿음을 아는 것은 덕에 대한 지식적인 앎이 먼저 있는 것이 아니라 믿음에다 덕을 쌓아가다가 보면 덕 있는 믿음으로 가질 수 있다.

희랍어로 '덕'($\alpha\rho\epsilon\tau\eta$, 아레떼)은 아주 중요한 의미를 가지고 있다. '능숙함,' 혹은 '다움'을 의미한다. 예를 들면 군인은 군인다움이 있어야 하며, 구두 제작자는 좋은 구두를 만드는 기술이 구두 제작자의 아레테 즉 덕이다. 마찬가지로 신자는 신자다운 믿음을 가져야 하는데 그 믿음이 덕스러운 믿음이다.

사랑하는 독자 여러분, 고린도전서 10절 23~24절에서 "모든 것이 가하나 모든 것이 유익한 것이 아니요 모든 것이 가하나 모든 것이 덕을 세우는 것이 아니니 누구든지 자기의 유익을 구하지 말고 남의 유익을 구하라"고 했다. 우리는 믿음으로 구원받는다. 그러나 덕이 없는 믿음을 가질 때 좋은 영향력을 끼치는 믿음의 소유자라고 할 수 없다. 행함이 없는 믿음은 죽은 믿음인 것처럼 도덕성이 없는 사람은 인간이 아니기 때문이다. 그러나 한 가지 알아야 할 것은 탁월한 도덕성을 갖는 것은 인간의 노력으로만 되는 것은 아니다. 성령님과 교제가 필수적이다. 덕은 성령의 교제를 통해서 우리에게 주어지는 하나님의 선물이기 때문이다.

지식 있는 믿음

신자는 지식이 없는 신자가 되는 것이 아니라 지식을 가진 사람이 되어야 한다. 믿음은 맹신이 아니라 지식이기 때문이다. 맹신이란 이단들이 가지고 있는 잘못된 신앙이다. 이단은 사도행전에 나오는 베뢰아 신앙인들처럼(행 17:11) 성경을 공부할 때, 그것이 그른가 옳은가를 따져 보는 신자가 아니라 맹목적으로 따르는 맹신자들이기 때문이다.

성경의 올바른 이해는 올바른 신앙을 소유하는데 아주 중요하다. 올바르지 못한 신앙은 교회 공동체를 파괴시키고 가족을 분열시키고 사회에 악영향을 미친다. 신자는 성경에 대한 올바른 지식이 없을 때 이단에 빠지기가 쉽다. 여기서 '지식'은 단순히 전문적인 지식을 말하는 것이라기보다는 예수 그리스도를 아는 지식이다. 그렇다면 예수 그리스도를 아는 지식은 무엇인가?

예수를 아는 지식은 예수 그리스도를 통해서만이 우리가 구원받는 지식을 말한다(딤후 3:15). 우리는 이 지식을 성경을 통해서 배울 수 있다. 성경을 머리로 공부하지 말고 성령을 통해서 지혜를 얻어서 공부하자. 베드로는 예수 그리스도의 은혜와 그리고 그를 아는 지식에서 자라가라고 명령하였다(벧후 3:18) 그리스도를 아는 것은 그의 은혜를 아는 것이다. 그리스도의 은혜를 모를 때 우리는 배은망덕한 신자가 된다. 그래서 신자는 은혜 가운데서 살아야 한다.

루터의 후계자인 필립 멜랑톤은 예수를 안다는 것은 그의 은혜를 아는 것이라고 말했다. 나 같은 죄인을 살리시기 위해서 십자가에 죽으시고 부활하신 우리 주님의 은혜를 아는 것이 예수를 아는 것이다. 주님을 알기 원하는가? 그의 은혜를 아는 자가 되자.

사도 베드로는 오직 우리 주 곧 구주 예수 그리스도의 은혜와 저를 아는 지식에서 자라 가라고 명령했다. 여기서 중요한 말은 예수 그리스도의 은혜와 지식에서 자라가라는 말이다. 지속적으로 자라가야 한다. 자란다는 말은 우리를 대단히 기쁘게 한다. 어린애가 자라가는 것을 볼 때 얼마나 기쁜지 모른다. 자라지 않은 것은 노쇠해가고 죽어가는 것이다. 신앙도 자라가지 않을 때 침체되고 결국 영적으로 죽어가게 되는 것이다. 영적으로 자라간다는 말은 무엇인가?

우리 구주 예수 그리스도의 지식에서 자라가야 한다. 이 세상에는 그리스도 예수에 대한 지식(about)과 예수 그리스도의 지식(of)이 있다. 우리가 학문적으로 배우는 지식은 그리스도에 대한 지식이다. 그러나 성경에서 가르치는 그리스도에 대한 지식은 단순히 신학적인 지식이 아니다. 성령의 역사를 통해 말씀을 순종함으로 얻어지는 지식을 말한다. 우리는 양자의 지식을 조화시켜야 한다.

사도 바울은 빌립보서 3장 8절에서 그리스도 예수를 아는 지식이 가장 고상하다고 했다. 여기서 고상하다는 지식은 존귀한 지식이라는 말이다. 다시 말하면 예수를 인격적으로 알면 우리도 존귀한 사람이 될 수 있다는 말이다. 따라서 바울은 그리스도를 알기 위해서 모든 것을 분토처럼 여겼다고 고백했다. 참으로 사도 바울다운 말이다. 그리스도 예수를 아는 지식 가운데서 자라가는 것은 그리스도 예수를 알기 위해서 세상적인 지식은 분토처럼 여기는 자세가 없을 때, 우리는 버릴 수가 없다. 다시 말하면 그리스도를 알기 위해서 우리는 버리는 것이 있어야 한다. 이렇게 배운 지식이 성경에서 가르치는 그리스도를 아는 지식이다. 사도 바울처럼 그리스도를 알아 자라가기를 기도하자.

절제하는 믿음

절제는 어려운 문제이다. 절제하지 못해서 죄를 짓고, 절제하지 못해서 일을 그르치고, 절제하지 못해서 성질을 낸다. 그래서 어떤 사람은 집의 가훈을 인(참을 인)이라고 써서 문설주에 붙인 사람도 있다. 이토록 절제는 우리에게 필요한 덕목이다.

성경도 절제하는 믿음을 강조한다. 자기 자신을 컨트롤(self~control) 하는 것이다. 컨트롤 하는 주체가 나이다. 잠언 16장 32절에서도 자기의 마음을 다스리는 자는 성을 빼앗은 자보다 낫다고 했다. 이처럼 자기를 절제하는 것은 어렵고 중요하다.

그렇다면 우리는 무엇을 절제해야 하는가? 탐욕을 절제해야 한다. 인간의 탐욕은 세 가지이다. 육체의 정욕, 안목의 정욕, 세상에 대한 야심이다(요일 2:16). 성경은 이것들을 사랑하지 말라고 했다. 다시 말하면 육체의 정욕, 안목의 정욕, 이생의 자랑이 우리의 마음을 지배하면 그런 사람은 하나님을 모르는 자가 된다고 했다. 절제는 우리 스스로 하는 것이 아니다. 절제는 성령의 열매이다(갈 5:23). 그래서 성령의 인도하심을 받으며 살아가야 한다. 어떻게 절제하는 신앙생활을 할 수 있는가?

디도서 2장 11~12절에 보면 절제는 내가 해야 하는 것이지만 절제하도록 도와주시는 분은 예수 그리스도이시며 그분의 은혜(성령이 예수의 은혜를 통해서)가 우리를 절제하며 살도록 교육하신다고 했다. 단순히 지식적인 가르침이 아니라 구체적으로 우리의 삶에서 실천하도록 훈련시킨다는 말이다. 하나님은 우리가 절제하는 삶을 살도록, 잘못을 회개하면 용서해주시고 위로해주심으로 교육시키신다. 주님은 우리의 선생님이시오, 구세주이시다.

인내하는 믿음(벧후 1:5~7)

신자는 인내하는 믿음을 가져야 한다. 인내가 필요한 것은 환난을 전제한다. 시련을 참기 위해서 필요한 것이 무엇이겠는가? 신자에겐 인내다. 고통 중에도 우리는 기뻐한다(롬 5: 3~5). 로마서 5장 3절을 읽어보자. "다만 이뿐만 아니라 우리가 환난 중에도 즐거워하나니 이는 환난은 인내를, 인내는 연단을, 연단은 소망을 이루는 줄 앎이로다." 고통 중에도 우리 신자는 기뻐하며 살아야 한다. 환난이 없으면 인내하는 사람이 될 수 없기 때문이다.

인내하는 삶은 중요하다. 베드로는 성질이 불같은 사람인데 이렇게 권면했다. "부당하게 고난을 받아도 하나님을 생각함으로 슬픔을 참으면 이는 아름다우나 죄가 있어 매를 맞고 참으면 무슨 칭찬이 있으리요 그러나 선을 행함으로 고난을 받고 참으면 이는 하나님 앞에 아름다우니라 이를 이하여 너희가 부르심을 받았으니 예수 그리스도 너희를 위하여 고난을 받으사 너희에게 본을 끼쳐 그 자취를 따라오게 하려 하셨느니라"(벧전 2:20~21). 시련을 참는 자는 행복한 자이며, 생명의 면류관을 얻을 것이라고 했다(약 1:12).

인생사에서 일어나는 모든 일에는 하나님의 선하신 뜻이 있다. 따라서 하나님을 생각하고 참는 사람이 되어야 한다. 참고 살면 참는 사람이 되어가며, 하나님의 축복을 받을 수 있다. 사랑하는 성도 여러분, 참는 것을 배우고 실천하자. 이것이 하나님의 복 받는 길이다. 참지 못하면 다된 일을 그르칠 때가 많다. 고난을 통해서 순종을 배우고 인류를 구원하신 주님을 생각하며, 참는 훈련을 하자. 참을 수 있도록 간절히 기도하자. 인내하는 신자가 되자.

06. 경건한 믿음(벧후 1:5~7)

"크도다 경건의 비밀이여, 그렇지 않다 하는 이 없도다. 그는 육신으로 나타난 바 되시고 영으로 의롭다 하심을 받으시고 천사들에게 보이시고 만국에서 전파되시고 세상에서 믿은 바 되시고 영광 가운데서 올려지셨느니라." (딤전 3:16)

경건이라는 언어는 로마시대에 부모와 자식과 관계를 규정하는데서 기인한다. 자식은 부모를 경외해야 한다는 것은 부모에 대한 자식의 의무요 명령이다. 경외가 없는 자식은 자식으로서 인정을 받지 못한다. 한국에서는 부모에 대한 자식의 의무는 효(孝)이다. 마찬가지로 신자와 하나님과의 관계를 설정하는 언어가 경건(敬虔) 혹은 경외(敬畏)이다. 따라서 경건한 믿음은 신자에게 없어서는 안 될 필수적인 믿음이다. 세 가지 본문을 가지고 경건을 생각해 보자. 첫째, 경건의 비밀(딤전 3:16), 둘째, 하나님을 경외하는 자의 축복(시 103:8~18), 셋째, 경외는 인간의 궁극적인 의무(전12:13~14)이다.

크도다, 경건의 비밀이여

장로교회를 창설한 칼빈 목사는 기독교 생활의 시작도 중간도 마지막도 경건이라고 했다(딤전 4:7~8 주석). 경건하지 아니한 자는 결코 하나님을 알 수 없다고 그의 위대한 저서 『기독교강요』에서도 말했다. 하나님이 우리를 구원하신 목적이 우리로 하여금 경건하게 살도록 하시기 위해서라고 말했다. 이토록 경건한 신앙생활은 신자가 실천해야 할 목표요 의무이다. 그렇다면 어떻게 경건하게 살 수 있는가?

경건의 비밀은 예수 그리스도이다(골 2:2). 예수 그리스도는 "하나님으로부터 나와서 우리에게 지혜와 의로움과 거룩함과 구원함이 되셨다"(고전 1:30). 경건의 비밀을 아는 것은 예수를 그리스도를 인격적으로 아는 것이다. 그러면 예수 그리스도를 아는 것은 무엇을 말하는가? 사도 바울에 의하면 그의 은혜를 아는 것이다. 경건은 쥐어짜는 것이 아니라 그리스도의 은혜를 알 때 우러나오는 하나님에 대한 경외심과 사랑이다.

오늘날 한국교회는 여러 가지 문제에 직면하고 있다. 물질 문제, 신자의 도덕성 문제 등등 많다. 무엇보다도 오늘날 한국교회가 회복해야 하는 것은 경건성의 회복이다. 목사, 장로, 성도가 경건한 생활을 하지 못하기 때문에 교회 내에서 덕스럽지 못한 일이 일어나며, 사회의 지탄을 받고 있다고 생각된다. 그렇다면 어떻게 경건성을 회복할 수 있는가?

사도 바울의 딤전 4:7~8말씀을 들어보자. "망령되고 허탄한 신화를 버리고 경건에 이르도록 네 자신을 연단하라"고 명령하고 있다(딤전 4:7~8). 여기서 망령되고 허탄한 신화란 세속적인 것을 통칭하여 말한다. 그래서 신자는 세속적인 것에 애착을 갖지 말고 경건에 이르도록 우리 자신을 연단하라고 명령하고 있다. 여기서 중요한 말은 '경건에 이르도록 연단하라'는 말이다.

신자에게 있어서 경건에 이르도록 훈련하는 것은 선택사항이 아니라 하나님의 명령이다. 신자는 이 명령을 수행하기 위해서 온 힘을 기울여야 한다. 경건의 훈련 중에서 우리가 실천해야 할 경건의 훈련은 첫째, 기도의 훈련이다. 예수님도 습관을 좇아서 감람산에서 기도하셨다(눅 22:39). 둘째, 거룩한 성경읽기(lectio divina) 훈련이다. 거룩한 성경읽기는 여호와의 율법을 즐거워하며, 그의 율법을 주야로 묵상하는 것이다. 셋째, 말씀 순종훈련이다. 그러면 시냇가에 심은 나무가 철을 따라 열매를 맺으며, 그 잎사귀가 마르지 아니함 같으니, 그가 하는 모든 일이 만사형통할 것이다(시 1:2).

07. 경외하는 자의 축복(시 103:11~17)

하나님은 당신을 사랑하고 경외하는 자에게 당신의 인자하심을 베푸신다(시 103:11). 여기서 인자하심은 하나님의 헤세드이다. 한결같은 하나님의 사랑이다. 뿐만 아니라 하나님은 우리의 허물을 덮으신다(시 103:12) 하나님은 당신을 경외하는 자를 영원토록 사랑하신다.

하나님은 우리의 성정을 잘 아신다. 연약하고 변덕스러운 우리의 성정 말이다. 그래서 하나님은 부모가 자식을 불쌍히 여기듯이 우리에게 자비를 베푸신다(시 103:13) 여기서 자비는 히브리어로 '라함' 이라는 단어인데, 아기가 어머니 자궁 안에서만 완전한 보호와 사랑을 받으며 함께 살 수 있는 것처럼 경외하는 자에게 자비를 베푸신다. 하나님의 자비 없이 살 수 없는 사람은 없다.

경건은 인간의 목적

경건한 신앙생활은 인간의 의무이며 목적이다(전 12:14). 신앙의 생명은 경건에서 유지되며, 경건하게 사는 것은 인간의 존재 목적이다. 하나님을 그저 믿는다고 다 신자라고 부르지 않는다. '경건에 이르는 훈련'을 통해서 성숙한 신자로 되어가기 때문이다.

정말로, 크도다, 경건의 비밀이여! 경건의 비밀은 예수 그리스도이며, 경건에 이르는 훈련은 그리스도의 은혜를 깊이 체험할 때 시작된다. 은혜로 경건의 훈련을 하다 보면 성숙한 신자가 되어간다. 은혜(죄사함)없이 누가 신앙생활을 경건하게 유지할 수 있는가?

08. 형제 우애하는 믿음(벧후 1:3~7)

형제 우애라는 말은 단순히 피를 같이 나눈 형제자매 뿐만 아니라 예수님의 보혈의 피를 나눈 교회 안에서 형제자매를 의미한다. 신자도 서로 한 가족이며 그래서 서로 우애하며 살아야 한다. 예수 그리스도의 보혈의 피로 죄 사함을 받고 성령을 통해서 하나님의 자녀가 되었기 때문이다. 그래서 형제자매로 서로 우애하며 살아야 한다. 그렇다면 신자가 우애하며 산다고 하는 것은 무엇인가?

시편 133편 1절을 읽어보자. "보라! 형제가 연합하여 동거함이 어찌 그리 선하고 아름다운고". 연합하다는 말은 '함께' 혹은 '하나 되어' 사는 것을 말한다. 인간에게서 가장 친밀한 관계는 연합의 관계이다. 그래서 교회 모여서 함께 예배하고, 함께 찬송하고, 함께 기도하고, 함께 먹고, 함께 나누고, 함께 기도하며 사는 것이 얼마나 아름답고 기쁜 것인지 모른다. 이런 교회가 될 수 있기를 기도하자. 그리고 그런 교회가 되도록 사랑을 실천하자.

로마서 12장 10~13절에 의하면 "형제를 사랑하여 서로 우애하고 존경하기를 서로 먼저 부지런하여 게으르지 말고 열심을 품고 주를 섬기"라고 했다. 서로 먼저하라고 했다. 우리는 먼저 서로 사랑하고 존경해야 한다. 베드로 전서 1장 22절에 의하면 진리를 순종함으로 너희 영혼을 깨끗하게 하여 거짓 없이 형제를 사랑하기에 이르렀으니 "마음으로 뜨겁게 서로 사랑하라"고 했다. 여기서 중요한 점은 진리를 순종함으로 영혼을 깨끗하게 하여야 거짓 없는 사랑이 나온다는 것이다.

잠언 17장 17절에 의하면 형제는 어려울 때에 필요한 존재임을 말하고 있다. "친구는 사랑이 끊어지지 않고 형제는 위급한 때를 위하여 났느니라"

성경에 나오는 가정을 봐도 그렇게 화목하며 우애하는 가정이 별로 없다. 이스라엘 12 지파를 보라! 그들이 얼마 서로 죽이고 싸웠는가? 한국도 남한과 북한이 서로 대치하고 싸우고 있지 않는가? 그러고 보면 화목하며 우애하고 사는 것이 굉장히 힘들다는 것을 알 수 있다. 그러나 성경에는 형제 우애하는 믿음을 가지라는 명령이 있다. 서로 사랑하라는 하나님의 말씀이 대답이다. 하나님 말씀을 실천하는 것이 어려움을 극복할 수 있는 방법이다.

사랑하는 성도 여러분, 서로 먼저 사랑하고, 함께 기도하며, 함께 먹고, 함께 모든 것을 하자.

09. 사랑으로 표현되는 믿음(벧후 1:3~7; 갈5:5~6)

사랑으로 표현되는 믿음을 가지고 살자. 여기서 사랑은 아가페이다. 이 말씀의 의미를 더 명료하게 하는 말씀이 갈라디아서 5장 6절 말씀이다. "예수 그리스도 안에서는 무할례나 할례가 효력이 없으되 사랑으로서 역사하는 믿음뿐"이다. 이런 신앙이 하나님의 성품을 닮은 신앙이며, 참다운 신앙생활이다.

"사랑으로 표현되는 믿음"이라는 말을 한번 묵상해 보자. 공동번역에서는 베드로

후서 1장 7절 말씀을 인류를 사랑하는 믿음으로 번역했다. 우리는 사랑하면 남녀 사랑을 연상하는데, 말씀은 인류를 사랑하는 믿음을 말하고 있다. 놀랍다. 정말로 큰 사랑이다. 어떻게 우리가 인류를 사랑하는 믿음을 가질 수 있는가?

아가페 사랑은 에로스나 필로스 사랑과는 다르다. 에로스나 필로스는 조건적(if)인 사랑이다. 아가페 사랑은 조건 없는 사랑이다. 이 사랑은 하나님의 사랑이다. 하나님이 아가페(요일 4:8) 사랑이라고 한다면, 아가페 사랑을 덧입지 않고서 어떻게 하나님을 안다고 할 수 있을까? 요한일서 4장 16절에 보면 하나님은 사랑이시다. 그래서 사랑(아가페 사랑을 실천하는 사람) 안에 있는 사람은 하나님 안에 있으며, 하나님은 그 사람 안에 있다. 아가페 사랑을 실천함으로 형성된 이야기 속에 하나님과 나는 존재한다.

아가페 사랑은 용서의 사랑이다. 주님은 벌레만도 못한 우리를 위해 당신의 독생자를 십자가 위에서 죽게 하심으로 우리를 구원하시고 당신의 사랑을 확증하셨다(롬 5:8). 우리는 이 사랑을 덧입어서 서로 용서할 수 있다. 이 사랑은 허물을 덮어줄 수 있다. 사랑할 수 없는 사람을 사랑할 수 있다. 원수까지도 사랑할 수 있다(마5:44).

아가페 사랑으로 표현되는 믿음은 사랑으로 표현되지 않은 믿음이 있다는 것을 시사한다. 사도 요한은 말과 혀로만 하는 사랑이라고 말한다. 말과 혀로 사랑하는 것은 참 사랑이 아니다(요일 3:19) 기독교는 말과 혀의 종교가 아니라 행함의 종교이다. 행함이 있는 사랑은 상대방의 허물을 덮어주는 사랑이다. 우리가 남의 허물을 덮어주지 않으면 남도 나의 허물을 덮어주지 않는다. 나를 위해서 남의 허물을 덮어 주어야 한다.

오늘의 교회는 어떠한가? 가장 말이 많은 곳이 교회라고 한다. 교회가 잘 성장하려면 백 마디 천사의 말보다 한마디 사랑의 실천이 더 중요하다. 교회에는 사랑으로 표현되는 믿음이 충만해야 한다. 교회에는 서로 사랑하는 삶이 있어야 한다. 가정에서도 마찬가지이다. 사회에서도 마찬가지이다. 사도 바울은 이런 삶을 사랑의 수고(사랑의 노동)라고 했다(살전 1:3). 얼마나 아름다운 말인가? 신자는 서로 사랑하기 위해서 사랑의 노동을 감당해야 한다. 이것이 살전 1:3에 있는 사랑의 수고이다. 사랑이란 저절로 생기는 것이 아니다. 노동이 필요하다. 일하지 않고 먹기만 하면 소화도 안 되고 몸도 균형이 잡히지 않아서 아름답게 보이지 않는다. 그래서 많은 사람이 아름다운 몸매와 건강을 유지하기 위해 운동을 하는 것 아닌가? 마찬가지로 신자도 하나님 말씀을 먹기만 하고, 사랑의 노동을 하지 않으면 비대해져서 비정상적인 신자가 된다. 그래서 비대해진 자신이 아름답지 않음을 알고, 이를 덮기 위해 말로 자꾸 변명을 늘어놓는 것이다. 그러나 신자에겐 사랑의 다이어트 즉 사랑의 수고가 필요하다. 우리가 전도하기 위해 사랑의 수고를 감당하자. 서로 사랑하기 위해 사랑의 수고를 감당하자. 서로 섬기기 위해 사랑의 노동을 하자.

교회는 천국의 모형이다. 그래서 천국에서 사는 것처럼 서로 섬기고 사랑하는 교회가 되어야 한다. 사랑의 수고가 넘치는 교회가 되어야 한다. 사랑으로 표현되는 믿음은 청결한 마음과 선한 양심과 거짓 없는 믿음으로 나오는 사랑이다(딤전1:5). 성도가 서로 사랑하는 것은 중요하다. 그러나 사람을 등쳐먹기 위해 사랑하는 척 해서는 안 된다. 성경은 그런 사람을 목자의 탈을 쓴 늑대와도 같다고 했다. 교회 안에서 그 일례로 이단이나 정체 불명의 기도원 들이 있다. 성령으로 늘 깨어 조심하시기 바란다.

10. 신자의 사귐은? (요일 3:1~4)

마틴 부버에 의하면 참 인생은 사귐(만남)에서 시작된다. 사귐이 없이는 참다운 인생을 살 수 없다는 말로 이해하고 싶다. 따라서 사귐이 없는 삶이란 외로운 삶이다. 그렇다면 신자의 사귐은 어떤 것인가? 세상적인 사귐과 어떻게 다른가?

사도 요한에 의하면 신자의 사귐은 세상적인 것이 아니라 아버지와 그 아들 예수 그리스도와 함께한 사귐이다(요일 1:3). 헬라어로 사귐이란 코이노니아(κοινωια)라는 말로서 '함께 나누다,' '참여하다,' '교제하다'등 의미를 가지고 있다. 여기서 중요한 말은 '그리스도 안에서'라는 말이다. 즉 예수 그리스도가 사귐의 기초가 되어야 한다는 말이다. 사귐이 세상적이냐 기독교적이냐를 판단하는 기준은 그리스도가 교제의 기초인가 아닌가에 따라 구별된다. 그리스도가 빠져버린 사귐은 성도의 참 사귐이 아니라 세상적인 사귐이다. 세상적이기 때문에 영원하지도 않다. 그렇다면 신자의 사귐은 어떠한가? 교제의 기초가 상호이익이 아니라 예수의 유익이다. 그러면 신자는 어떻게 서로 교제해야 하는가? 네 가지로 요약할 수 있다(행 2:44~47).

말씀을 통한 사귐(word fellowship)

주님의 말씀은 생명의 말씀이며 진리의 말씀이다. 그래서 주님의 말씀을 먹으면 영원한 생명을 얻을 수 있고 진실한 사람이 된다. 생명력 있는 삶을 살 수 있다. 아모스 선지자는 물과 양식이 없어서 이스라엘 백성이 굶주리는 것이 아니라 하나님의 말씀이 없기 때문에 굶주린다고 했다(암 8:11).

기도 안에서 교제(praying fellowship)

사도 바울이 로마에 있는 성도를 위하여 쉬지 않고 항상 기도했던 것처럼, 성도는 서로를 위해 기도하며 살아야 한다. 그래야 사귐은 즐겁고 기쁘다. 사귐의 깊이가 생기며 그리스도의 향기를 풍기는 사귐이 된다.

찬송하면서 갖는 사귐(singing fellowship)

세상 사람들은 노래방에 가서 세상 노래를 하면서 서로의 사귐을 갖는다. 대중가요가 나쁜 것이 아니라 신자가 서로를 위로하고 하나님을 찬양하는 영적인 찬송이 아니기 때문이다. 성령에 의한 충만한 삶을 살 때 신자의 마음과 입에서 대중가요가 흘러나오는 것이 아니라 찬송이 나온다(엡 5:18).

먹으면서 교제(eating fellowship)

신자는 서로 나눔으로 교제를 해야 한다. 서로 나눔으로 서로의 우정이 싹이 트고 자라가기 때문이다. 초대 교회의 성도는 서로의 필요에 따라서 물건과 재산을 나누며 교회 공동체의 삶을 살았다. 오늘의 교회 공동체가 이러한 삶을 본받아야 하지 않나 생각을 해 본다. 신자는 그리스도 안에서 서로 사귐으로 예수님의 인격을 닮는 형제자매가 되어간다. 이런 교제를 통해 하나님은 구원받는 자를 날마다 더하신다고 약속하셨다(행 2: 47).

11. 사랑의 빚을 지고 살자(요 13:31~35)

주님께서 세상을 떠나 아버지께로 돌아갈 줄 아시고 세상에 자기 사람들을 끝까지 사랑하셨다(요 13:1). 세상을 떠나 아버지께로 가신다는 말은 십자가를 지시고 죽으시고 부활하심으로 하나님 우편에 앉으실 것을 의미한다. 시간적으로 볼 때 주님이 죽으시기 직전에 하신 말씀이라고 생각할 수 있다. 그뿐만 아니라 주님이 몸소 대야에 물을 떠서 제자들의 발을 씻기심으로 스스로 섬김의 도를 보여주셨다.

더욱 주님의 마음이 아프신 것은 주님의 제자 중에 유다가 있었는데 그가 이제 예수님을 배반할 때가 오고 있음을 아셨기 때문이다. 그럼에도 불구하고 주님은 유다까지도 끝까지 사랑하셨다. 이런 상황에서 주님은 제자들에게 새 계명을 주셨다.

"새 계명을 너희에게 주노니 서로 사랑하라 내가 너희를 사랑한 것같이 너희도 서로 사랑하라." 구약에 나온 네 이웃을 사랑하라는 말을 대체하는 말이라기보다는 주님께서 주신 유언처럼 늘 기억하여 실행하라는 말로 이해하고 싶다. 우리가 얼마나 서로 사랑하라 하신 주님의 말씀을 잊어버리고 실천하지 못하기 때문에 이런 말씀을 주신 것인지? 인간은 본성적으로 자기밖에 모르는 존재이기 때문에 늘 주님의 말씀을 기억하는 것이 중요하다. 성령이 하나님의 사랑을 우리 마음에 부어주셔서 서로 사랑할 수 있기를 기도하자.

주님의 사랑은 십자가를 통해서 우리 죄를 용서하심으로 우리에게 계시되었다(요일 4:10). 주님의 크신 사랑은 용서의 사랑이다. 용서의 사랑이란 무엇인가?

용서하는 것이 사랑의 실천이다.

인간은 이기적인 존재로서 상대방에게 상처를 알게 모르게 줄 때가 있음을 고백하지 않을 수 없다. 부부의 관계, 부모, 친구, 자식, 교인 간에도 알게 모르게 상처를 줄 때가 있다. 우리는 그때그때 서로 회개하고 서로 용서해야 한다. 서로 용서하지 못할 때 서로가 파멸되는 것을 우리는 역사를 통해서 읽을 수 있다. 용서한다는 것은 우리가 죄인인 것을 인정하는 것이다. 우리가 죄인임을 인정하지 않을 때 남을 용서하기란 어렵다. 주님은 우리가 아직 죄인 되었을 때 우리를 사랑하사 우리 죄를 위하여 화목 제물로(죽음으로) 우리의 죄를 용서하여 주셨다(요일 4:10). 참사랑은 용서하는 삶을 통해서 보여진다. 용서 없는 사랑은 진정한 사랑이 아니다.

허물을 덮는 사랑이다

우리는 남의 허물을 덮어줌으로서 서로 사랑해야 한다. "무엇보다 열심히 서로 사랑할지니 사랑은 허다한 죄를 덮느니라" 우리는 말세에 무엇보다도 서로 뜨겁게 사랑해야 한다. 덴마크의 위대한 기독교 사상가인 키르케고르는 『사랑의 실천』이라는 감동적인 책에서 이렇게 주석했다. "사랑은 많은 죄를 덮어준다. 왜냐하면 사랑은 죄를 찾아내지 않기 때문이다. 그러나 엄연히 아는 것을 찾아낼 수 있음에도 불구하고 찾아내지 않는다는 것은 덮어주는 것을 의미한다." 세상에 허물이 없는 사람이 어디 있는가? 허물은 사람을 아프게 하고 부끄럽게 하는 것이다. 그것을 찾아내서 흉을 보고 수군거리는 것은 자기는 의인이라고 생각하거나 교만하기 때문이다. 이런 사람은 자기 얼굴에 침을 뱉는 것과도 같다. 허물은 덮어주고 싸매어 주어야지 후벼 파는 것은 상처를 치료하는 것이 아니라 더 아프게 하는 것이다. 사랑하는 독자 여러분, 서로의 허물을 용서하고 덮어주자. 이것이 사랑에 대한 새로운 이해이다.

서로 사랑의 빚을 지는 삶이다

"피차 사랑의 빚 외에는 아무에게든지 아무 빚도 지지 말라 남을 사랑하는 자는 율법을 다 이루었느니라"(롬 13:8). 어떻게 우리가 율법을 다 이룰 수 있는가? 서로 사랑함으로이다. 서로 사랑한다는 것은 서로 사랑의 빚을 지는 것이다. 이 세상에 누가 빚 지고 살기를 원하는 사람이 있는가? 빚 때문에 회사가 부도가 나고 가산이 망가지고 가정이 파괴되고 나라도 망하는 경우가 있다. 그런데 서로 빚을 지고 살라고 말씀하신 것은 무슨 뜻인지?

사랑의 빚 외에는 아무 빚도 지지 말고 살라고 하셨다. 사랑의 빚은 안 갚으면 법원에서 강제로 우리의 물건에 차압하는 것도 아니다. 그럼에도 불구하고 사랑의 빚을 지면 갚으려고 한다. 이것이 사랑의 빚이다. 사랑의 빚이 없으면 서로 사랑할 수가 없다. 갚아야 할 빚이 없기 때문이다.

서로 사랑하는 생활은 기쁨이 충만한 생활이다

왜 우리 삶에 기쁨이 없는가? 성경적으로 보면 서로 사랑하는 삶이 없기 때문이다. 주님께서 새 계명을 주심은 우리 안에 기쁨이 충만하게 하기 위해서라고 했다(요 15:11). 이것이 새 계명에 대한 새로운 이해이다.

사도 요한에 의하면 하나님을 사랑하는 것은 그의 계명을 지키는 것이다(요일 5:3). 우리는 하나님을 사랑한다고 고백한다. 하나님을 사랑한다는 것은 이론이 아니라 그의 계명을 지키는 것이다. "내가 너희를 사랑한 것같이 너희도 서로 사랑하라."고 했다. 우리가 날마다 새롭게 마음에 새기고 주님의 유언처럼 여기고 실천해야 할 계명이 새 계명이다.

사랑하는 독자 여러분, 서로 용서하며 살자. 서로 허물을 덮어주며 살자. 서로 사랑의 빚을 지고 살자. 이 새 계명은 무거운 것이 아니다. 실천하지 않을 때 계명은 무거운 것이다. 실천할 때 새 계명은 신자에게 기쁨이 충만한 삶을 살 수 있게 한다. 주님, 우리가 이러한 삶을 살도록 당신의 사랑을 우리 마음에 성령을 통해서 부어주소서.

12. 백부장의 믿음(마 8:5~13, 눅 7:1~10, 요 4:43~54)

주님께서 가버나움에 들어가셨을 때였다. 한 백부장이 나와 예수님께 간절히 간구했다. 자신이 사랑한 하인이 중풍병에 걸려서 집에 누워 몹시 괴로워하며 거의 죽게 되었다(눅7:1~10). 대단히 위급한 상황이었다. 백부장은 비록 백 명의 로마 군대를 지휘하는 군인이었지만 유대인의 회당을 짓고 사랑하는 사람이라고 했다. 주님은 "내가 가서 고쳐 주리라고" 말씀하셨다. 백부장은 뭐라고 말했는가? 예수님이 자신의 집에 오심을 감당치 못하겠다라고 말하면서 다만 말씀으로만 하셔도 내 하인이 낫겠다고 말했다.

말씀만 하옵소서

주님은 이스라엘 백성들 가운데도 이만한 믿음을 보지 못했다고 백부장의 믿음을 매우 칭찬하셨다. "네 믿은 대로 될지어다." 하시니 그대로 하인이 나았다.

데카르트라는 철학자가 있다. 근대철학의 아버지라고 한다. 모든 것을 의심함으로 시작해서 나중에는 더 이상 의심할 수 없는 것을 철학의 제일 원리로 할 것을 제안했기 때문이다. 모든 것을 다 의심할 수 있지만 의심하고 있는 자신은 의심할 수 없다고 했다. "나는 생각한다. 고로 존재한다"(cogito ergo sum)라는 유명한 말을 했다. 인간은 생각하는 존재이기에, 생각함으로 내가 존재한다는 사실을 우리는 부인할수 없다고 했다. 그러나 생각만 해서 확신이 생기는 것이 아니다. 사유하는 것이 인간의 특성 중의 하나인 것은 사실이지만 생각한다고 해서 내가 어떤 사람이 되는 것은 아니다.

네 믿음대로 될지어다

백부장은 주님 말씀의 능력을 믿었다. 사도 바울은 복음은 모든 믿는 자에게 구원을 주는 하나님의 능력이라고 했다(롬1:16).

우리 신앙은 하나님의 약속의 말씀에 기초해 있다. 무슨 말을 믿든지 그대로 될 것이다. 주님은 믿고 기도하면 그대로 된다고 약속하셨다. 주님 말씀에 의하면 믿는 자에게는 능치 못함이 없다고 하셨다. 인간에게 불가능한 것이 하나님에게는 가능하다. 하나님의 말씀을 믿고 사는 자는 불가능을 가능케 하는 위대한 삶을 살 수 있다.

마태복음 9장 27~30절에 보면 두 소경이 주님께 나아와 소리 지르며 가로되 "다윗의 자손이여 우리를 불쌍히 여기소서"라고 부르짖었다. "내가 이 일을 능히 할 줄 믿느냐?" "그러하오이다!" 주님은 "너희 믿음대로 될지어다." 라고 말씀하셨다. 즉시 그들의 눈이 밝아졌다.

신자는 하나님의 말씀의 능력을 믿고 실천함으로써 체험해야 한다. 주님은 당신의 말씀을 믿는 자는 그대로 된다고 하셨다. 우리는 신앙의 여정에서 해결해야 할 문제들이 많이 있다. 질병, 사업, 학교일, 가정의 일 등 많이 있다. 문제가 있는 것이 인생이다. 죽어 있는 사람에게는 문제가 없다. 진짜 문제는 주님의 약속의 말씀을 못 믿는 것이 문제이다. 우리는 믿음 없음을 회개해야 한다. 그리고 하나님께서 성령님의 역사를 통해서 우리가 하나님 말씀을 믿고 살도록 기도하자. 주님은 이 시간에도 네 믿는대로 될지어다라고 말씀하신다.

13. 예정의 믿음

"곧 창세 전에 그리스도 안에서 우리를 택하사 우리로 사랑 안에서 그 앞에 거룩하고 흠이 없게 하시려고 그 기쁘신 뜻대로 우리를 예정하사 예수 그리스도로 말미암아 자기의 아들들이 되게하셨으니"(엡 1:4~6)

장로교회는 예정론을 믿는다고 말한다. 하나님은 모든 만물을 창세 전에 예정하시고 선하신 섭리로 다스리신다. 예정론은 선뜻 받아들이기 쉽지 않은 믿음의 교리이다. 그런데도 예정의 신앙은 아주 중요한 신앙이다.

예정론을 논할 때 항상 인용되는 중요한 성경 구절이 에베소서 1장 4~5절 말씀이다. 이 말씀이 너무도 장엄하고 깊어서 이 말의 의미를 다 헤아릴 수 없다. 성령께서 가르쳐 주시도록 기도한다. 과거에는 이 말씀을 그저 읽기만 했다. 그러나 내가 칼빈을 연구하면서 이 말씀의 의미를 더 깊이 이해하게 되었다.

사도 바울은 누가, 언제, 어떻게, 왜, 무엇을 위해서 우리를 예정하셨는가를 단순하고 명료하게 말씀해주고 있다. 쉽게 말하면 예정이란 하나님이 어떤 사람은 선택에 어떤 사람은 유기에 영원히 작정하셨다는 것을 의미한다. 칼빈의 이중예정론(double predestination)이라고 부른다.

누가?

예정은 하나님의 작정이다. 하나님은 누구신가? 주 예수 그리스도의 아버지이시다. 천지를 창조하시고 섭리로 다스리시는 분이다.

언제

아버지 하나님께서 언제 작정하셨는가? 창세 전에, 말하자면 아직 우리가 이 세상에 태어나기도 전에 우리를 예정하셨다. 하나님의 절대주권에 속한다.

어떻게?

어떻게 예정하셨는가? 그리스도 안에서(in Christ) 이다(엡 1:4). 여기서 작정하셨다는 동사의 시제는 부정과거로서 과거 어떤 시점에서 선택했다는 의미가 내포되어 있다. 그리스도 안에서라는 말은 대단히 중요한 말씀이다. 예정의 근거가 되기 때문이다. 누가 예정되었는지는 알 수 없다. 그리스도 안에서만 볼 수 있다. 칼빈에 의하면 우리의 예정을 하나님의 생명책에 기록하시는 서기가 바로 예수 그리스도라고 한다. 서기가 예수 그리스도이기 때문에 신자의 예정은 확실하다. 그러면 어떻게 우리 이름이 하나님 생명책에 기록되어 있는지 알 수 있는가? 믿음으로 생명책의 원본으로부터 복사할 수 있다고 칼빈은 말했다.

믿음은 예정의 결과이지 그 반대가 아니다. 예정과 예지는 다르다. 하나님은 우리가 가치가 있기 때문에 예수 안에서 예정하신 것이 아니라 창세 전에 하나님이 영원토록 작정하신 것이다. 왜 예정하셨는가?

이유

하나님이 기뻐하시고 사랑하셨기 때문이다(신 10:15). 하나님의 기쁘신 뜻(good will of God)이고 사랑의 표현이다. 우리는 부모에게 왜 우리를 태어나게 했는가라고 물어볼 때가 있다. "내가 낳고 싶어서 낳았냐 어쩌다 보니 그렇게 되었지." 라고 말하는 부모도 있다. 그러나 믿음으로 보면 자식은 하나님의 선물이다. 부모의 사랑의 열매이다. 사랑의 행위를 통해서 낳았기 때문이다.

목적

무슨 목적을 위해 예정하셨는가? 그리스도의 아들들로 삼으시고 하나님 앞에서 거룩하게 살게 하시기 위해서다. 나 같은 죄인이 그리스도의 아들이 되다니 참으로 놀라운 축복의 말씀이 아닌가? 신자는 왕자요 공주이다. 따라서 긍지를 가지고 살아야 한다. 신자의 궁극적인 목적은 그리스도 안에서 예정하신 하나님의 값없이 주시는 은혜의 영광을 찬양하기 위해서이다. 시편 저자는 은혜를 이렇게 찬양했다. "할렐루야 내 영혼아 여호와를 찬양하라 나의 생전에 여호와를 찬양하며 나의 평생에 내 하나님을 찬송하리로다"(시 146:1~2).

우리 주 예수 그리스도의 아버지 하나님은 창세 전에 그리스도 안에서 여러분과 저를 예정하셨다. 여러분과 나를 지극히 사랑하셨기 때문이다. 이것은 우리 구원의 확신이 그리스도 안에 있다는 것이다. 신령한 축복의 말씀이다. 나 같은 죄인이 그리스도 안에서 살게 하시고 대화하게 하시고 사랑하여 주시니 얼마나 큰 축복인가?

여러분과 나는 그리스도 안에서 살고 죽는 것이다. 영원히 사는 것이다. 구원의 확신을 이렇게 생각해 본다. 신자로서 살지만 넘어지고 부끄러운 행동을 할 때 피할 곳이 없을 때가 있다. 그러나 나를 창세 전에 예정하신 주님께서 버리시지 아니하시고 위로해주시고 책망해 주시고 인도해주실 것을 믿는다. 이것이 예정을 믿는 신자이다.

창세 전에 그리스도 안에 예정하셨다가 때가 차매 부모를 통해 우리를 이 땅에 오게 하시고 예수 믿고 구원받게 하시고 하나님의 아들로 삼아주시고 이제 이 땅에서 하나님의 은혜를 찬양하면서 살게 하셨다. 그분의 영광을 위해서 살게 하셨다. 그리스도 안에서 예정하신 아버지 하나님의 은혜를 찬양하며 살자.

14. 환난의 날에 하나님을 부르라_(시편 50:15)

아삽의 시이다. 아삽은 시편 73~83장을 쓰기도 한 레위 지파로서 여호와를 칭송하며 감사하며 찬양하는 자의 우두머리이다. 아삽은 구원받은 신자가 하나님께 구해야 할 것이 무엇인가를 잘 말해주고 있다. 하나님께서 우리에게 요구하시는 것이 무엇인가? 시편 50:15 말씀을 한번 읽어보자. "환난 날에 나를 부르라 내가 너를 건지리라 네가 나를 영화롭게 하리로다." 언제 하나님을 부르라고 했는가? 환난의 날이다. 그렇다면 환난의 날에만 하나님을 부르라는 말인가? 그렇지 않다.

시편의 2/3가 환난 날에 주님께 부르짖는 시이다. 이것은 무엇을 말하는가? 우리는 환난과 고난으로 점철된 세상에 살고 있다는 것을 반증해주고 있지 않은가? 우리 인생은 누구를 막론하고 환난을 피할 수 없다. 이것이 인생의 한 부분이기 때문이다.

환난의 날에

환난의 날에 나를 부르라는 말은 명령형으로 쓰여있다. 그래서 환난의 날에 하나님을 부르는 것은 하나님의 간절한 명령이다.

환난이라는 말은 히브리어로 차라(צָרָה)라는 말로써 궁상, 궁핍, 곤궁, 불행이라는 의미를 가지고 있다. 그래서 환난이라는 말은 신자가 신앙의 순례 길에서 만나는 어려움을 의미한다고 말할 수 있다. 세상 사람들은 환난의 날에 누구를 부르는가? 인간을 부른다. 그래도 안되면 점쟁이를 찾아간다. 그러나 그런 사람은 도울 힘이 없는 자이다. 불러도 대답이 없을 때 인간은 절망하거나 생을 포기하는 사람도 있다.

하나님을 부르라

그러나 신자는 하나님을 불러야 한다. 환난의 날에 하나님을 부르자. 어떻게 하나님을 불러야하는가? 원망하는 마음으로 부르는가? 아니면 간절한 마음으로 부르는가? 시편 62:7~8은 어떻게 하나님을 불러야할 지를 잘 말해 주고 있다. '그 앞에 마음을 쏟아놓으라'고 했다. 여기서 하나님 앞에 마음을 쏟아놓으라는 말은 대단히 중요하다. 우리는 인간 앞에 마음을 쏟아놓으면 나중에 그것을 이용해먹는 사람이 많이 있다. 그런 사람은 정말 나쁜 사람이다. 그래서 하나님 앞에 모든 것을 쏟아놔야 한다. 그리하면 우리의 환난을 아시고 우리의 기도를 들으시는 하나님께서 우리 영혼을 사망에서, 내 눈을 눈물에서, 내 발을 넘어짐에서 건져내신다고 시편 116:8에서 말했다. 그렇다. 하나님은 우리의 피난처가 되신다. 우리가 믿는 하나님은 우리의 궁핍과 환난을 아시는 분이시다.

나는 한 신학교에서 강의를 한 적이 있다. 강의를 시작할 때 과대표가 나의 모든 마음과 지식을 쏟아놓으라고 기도해서 참으로 감동을 받았다. 강의도 단순히 지식을 전달하는 것이 아니라 하나님 앞에서 마음을 쏟아내는 것임을 깨닫게 되었다. 그렇게 하다보니 땀이 흐르는 것을 체험했다. 그런 강의는 감동이 있다고 했다. 하나님 앞에 무릎을 꿇고 모든 것을 쏟아내기를 기도하자. 그러면 독자 여러분의 아픔과 사정을 아시는 주님께서 여러분을 어려운 문제 가운데서 건져내실 것이다.

빅터 프랭클의 『죽음의 수용소』라는 책을 읽어보면 그는 나치 수용소에서 해방되어서 봄날 어느 날 꽃이 피어있는 들판을 지나 시골길을 몇 마일을 걷고 또 걸었다. 그러다가 걸음을 멈추고 하늘을 쳐다보며 보며 무릎을 꿇고 이렇게 기도했다. "저는 좁은 감방에서 주님을 불렀습니다. 그리고 주님께서는 이렇듯 자유로운 곳에서 저에게 대답하셨습니다."라고 하나님께서 주신 감동과 환희를 고백했다. 그는 얼마나 그곳에서 꿇어앉아 그 한마디를 되뇌었는지 모른다고 고백했다. 프랭클은 얼마나 강제수용소에서 자유를 그리워했던가? 하나님은 그의 피맺힌 기도를 들으시고 해방으로 응답하셨다. 이런 점에서 보면 진정한 자유란 환난의 날에 주님을 부를 수 있는 것이 참 자유인 것이다. 환난의 날에 주님을 부를 때, 주님은 우리로 하여금 기쁨 속에서 주님을 부르게 대답하신다. 환난의 날에도 주님은 우리의 기도를 들으시고 우리를 구원하실 뿐만 아니라 환난을 이길 힘을 주심으로 응답하신다.

건지신다

환난의 날에 주님을 부를 때 우리를 건지심으로, 우리로 하여금 하나님을 영화롭게 한다고 말하고 있다. 이런 점에서 보면 영광 돌리는 생활도 우리가 영광을 돌리는 것이 아니라 하나님이 우리로 하여금 영광 돌리게 하신다. 참으로 신자의 삶은 하나님의 은혜이다.

사랑하는 독자 여러분, 지금 환난 가운데 있는 것인지? 주님을 부르시기를 기도한다. 주님은 우리를 구원하시고 소망 있는 사람으로 만드실 것이다. 성경에 하나님이 쓰시는 위대한 종들은 환난 가운데서 하나님을 부르므로 이기는 자들이었다. 환난은 여러분을 위대한 하나님의 종으로 삼으시기 위해 있는 것이다. 이 세상 살아가면서 환난과 고난을 피할 사람은 아무도 없다. 환난과 고난은 우리 삶의 한 부분이기 때문이다. 아삽의 고백이 여러분과 나의 고백이 될 수 있기를 서로 기도하자.

15. 신자는 하나님의 상속자

"찬송하리로다. 우리 주 예수 그리스도의 아버지 하나님이 그 많은 긍휼대로 예수 그리스도가 죽은자 가운데서 부활하심으로 말미암아 우리를 거듭나게 하심으로 산 소망이 있게하시며" (벧전 1:1~3)

사도 베드로에 의하면 신자는 하나님의 상속자이다(롬 8:17). 우리가 물려받아야 할 것은 베드로전서 3절에 보면 썩지 않고 더럽지 않고 쇠하지 아니하는 유업이다. 영생이다. 우리는 영생을 누리며 영원히 하늘나라에서 영원히 살 것이다. 그렇다면 우리는 어떻게 살아야 할까?

우리의 고향은 이 세상이 아니라 하늘나라이다.
비록 우리가 지금은 땅에서 살고 있지만 때가 되면 세상을 떠나 하나님이 준비하신 고향으로 돌아가 영원토록 살 것이다. 우리로 하여금 세상 것들을 사랑하지 말라고 권하셨다(요일 2:15).

거룩한 나그네로 살자.

비록 세상에서 어려움이 있을지라도 이런 것은 잠깐이다. 희망을 가지고 살자. 거룩한 나그네로써 이 세상을 살아가자.

상을 받자

하나님은 세상에서 우리의 삶에 따라서 상을 주실 것이다. 계시록 22:13에 '보라 내가 속히 오리니 내가 줄 상이 내게 있어 각 사람에게 그가 행한 대로 갚아 주리라'고 말씀셨다. 하나님은 우리의 삶의 질에 따라서 상을 주실 것이다. 그러니 우리가 이 세상에서 함부로 살아서는 안된다. 각자가 행한 대로 상을 받기 때문이다. 다 같이 상을 받도록 기도하자.

16. 여호와이레 신앙(창 22:14)

"아브라함이 그 땅 이름을 여호와이레라 하였으므로 오늘까지 사람들이 이르기를 여호와의 산에서 준비되리라 하더라."

하나님의 시험

오늘 이야기는 성경에 기록된 시험 중 가장 어려운 시험이다. 하나님은 아브라함을 시험하셨다. 하나님이 아브라함을 75세에 부르셔서(창12장) 믿음의 조상으로 세우시고 (롬 4:17) 25년 동안 믿음으로 키우시기 위하여 도와주시고 훈련시키셨다.

하나님은 아브라함을 믿음의 조상으로 세우시고 우상을 숭배하며 살았던 아버지 데라의 고향인 갈대아 우르에서 부르셔서 죽은 자를 살리시고 없는 것이 있게 하시는 하나님을 믿고 살도록 도와주시고 훈련시키셨다. 이것이 아브라함이 25년 동안 배우고 훈련받은 신앙이다.

하나님은 아브라함이 훌륭해서 택하신 것이 아니다. 인간적으로 볼 때 우상을 섬기는 아버지의 아들이요, 생명의 위협이 있을 때 자기 아내를 누이로 속인 자이다. 나이도 많아 오늘의 입장에 보면 머지않아 양로원에 가서 살아 할 사람이다. 하나님은 이런 사람을 믿음의 조상으로 삼으신 것이다. 이것이 하나님의 측량할 수 없는 은혜요 능력이다. 하나님은 부족한 자를 택하셔서 능력 있는 자를 부끄럽게 하시는 분이시다. 하나님은 오늘도 부족하고 평범한 사람을 택하셔서 당신의 구속역사를 이루어가신다.

창세기 22장 이야기는 아브라함이 부름받은 지 25년 후에, 아브라함이 원하는 모든 것을 주신 후에 시험하셨다. 사랑하는 독자, 이삭을 모리아 산에 가서 제물로 바치라는 순종 시험이었다.

믿음으로 이삭을 제물로 드렸다

아브라함은 시험받았을 때 믿음으로 이삭을 드렸다. 믿음이 아니고 하나님과 아브라함을 이해할 수 있는가? 도덕적으로 생각한다면, 아버지가 자식을 죽이는 것이 도덕적으로 용납될 수 있는가? 이성적으로 생각한다면, 당연히 미친 사람이다. 종교적으로 생각한다면 이방 종교에는 자식을 바치는 종교가 있다. 두 번 볼 것도 없이 사이비 종교이다.

여기서 시험이라는 말은 다소 오해의 소지가 있는 말이다. 왜냐하면 야고보서 1장 13절에 의하면 하나님은 시험받으시지도 않으시며 아무도 시험하시지도 않으신다고 하셨다. 시험받는 것은 자신의 정욕 때문에 시험받는다고 했다. 창세기 22장 1절에서 하나님이 아브라함을 시험하는 부분에서 히브리어는 나싸(נסה)로서 시험하다, 입증하다는 의미가 있다. 하나님은 아브라함이 이삭을 바치는 사건을 통해서 하나님을 진정으로 경외하는지를 입증케 하셨다.

아브라함에게 있어서 이삭은 어떤 존재인가? 하나님께서 약속하셔서 아브라함의 나이 100세에 주신 약속의 아들이다. 이삭을 통해 하늘의 별무리와 바다의 모래알같이 자손을 주시겠다고 약속하신 독생자 아들이다. 그런 아들을 모리아 산에 가서 제물로 바치라고 하셨다. 양을 제물로 바치라고 한다면 이해가 쉽지만 참으로 이해하기가 어렵다. 하나님은 약속의 하나님이시고 약속하면 반드시 지키시는 하나님이시다. 그런데 어떻게 약속한 아들을 바치라고 하셨을까? 시험의 목적이 무엇인가?

시험의 목적

아브라함은 하나님의 명령을 아내 사라에게도 말할 수 없었다. 말해도 이해받을 수 없기 때문이다. 만약 하나님이 자식을 바치라고 한다면 여러분은 믿을 수 있겠는가? 아브라함은 아무 말 없이 이삭과 함께 모리아 산으로 가서 이삭을 결박하고 제물로 드리려고 했다. 그때 여호와 하나님의 사자가 하늘에서부터 그를 불러 "아브라함아, 아브라함아 그 아이에게 네 손을 대지 말라 네가 네 아들 독자라도 내게 아끼지 아니하였으니 내가 이제야 네가 하나님을 경외하는 줄을 아노라."(창 22:12)고 감탄하셨다. 하나님은 이삭을 대신하여 아브라함으로 하여금 양을 마련하여 제물로 하나님께 바치도록 하셨다. 아브라함은 그 땅을 이름하여 여호와 이레라 하였다. 하나님이 친히 준비하신다는 말이다(창 22:14). 하나님께서 이삭을 죽인 후에 살리신 것이 아니라 죽이려고 할 때 양을 대신 주셔서 이삭 대신에 제물로 드리도록 하셨다. 하나님께서 아브라함을 시험하신 것이라기보다는, 이삭 바치는 사건을 통해 아브라함에게 믿음의 조상의 자격을 부여하기 위해 시험하신 것이다.

하나님과 신자의 관계에 있어서 가장 중요한 것은 순종이다. 하나님에 대한 경외심이다. 아브라함은 하나님의 명령에 순종함으로 하나님으로부터 믿음의 조상이라는 타이틀을 획득한 것이다. 하나님은 우리의 신앙의 여정에서 하나님의 말씀을 순종하도록 원하신다. 그리하여 우리의 믿음을 입증하도록 시험하신다.

빌립보서 2장에 보면 주님은 십자가에 죽기까지 순종하셨다(빌 2:8). 순종의 결과가 무엇인가? "하나님이 그를 지극히 높여 모든 이름 위에 뛰어난 이름을 주셔 하늘에 있는 자 땅에 있는 자들과 땅 아래 있는 자들로 모든 입으로 예수 그리스도를 주라 시인하여 하나님 아버지께 영광을 돌리게 하셨느니라."라고 기록하고 있다(빌 2:9:11). 하나님 말씀에 순종하는 것은 하나님께 복받는 길이다.

여호와이레의 신앙

여호와이레(יהוה יראה)라는 말은 히브리어로 하나님이 친히 준비하신다 혹은 하나님이 친히 보고 계신다는 의미를 가지고 있다. 하나님을 경외하는 신앙으로 살아가는 신자에게 필요한 것을 하나님이 준비하신다는 의미이다. 여호와이레 신앙이야말로 신구약 전체에 걸쳐 하나님이 우리에게 가르쳐주신 신앙이다. 만약 이 신앙이 없다면 아브라함의 이삭 바치는 사건을 이해할 수 없다. 하나님은 바치라고 하실 때에는 주신다는 약속이 들어있기 때문이다. 하나님은 우리를 위해서 모든 것을 준비하신다. 그러니 믿고 하나님의 말씀을 듣기만 하고 순종하지 말고 순종하자. 그리하면 넘치는 축복을 받을 것이다.

17. 예수 그리스도의 종으로서 사도 바울

"예수 그리스도의 종 바울은 사도로 부르심을 받아 하나님의 복음을 위하여 택정함을 입었으니" (롬 1:1)

예수 그리스도의 노예

사도 바울은 자신을 예수 그리스도의 종이라고 고백했다. 종이라는 말은 헬라어 원문에 두로스로서 노예라는 말이다. 노예는 자신의 의지가 없는 사람이다. 주인의 말에 의해서 살고 죽는 자이다.

독자 여러분, 아주 오래된 영화이긴 하지만 성경을 표현한 고전 명화인 '벤허'를 혹시 보았는지? 노예들은 노예선을 타고 그 배와 운명을 같이 하는 사람들이다. 그 배가 해전에서 이기면 살고, 지면 죽는 운명에 사로잡힌 사람들이었다. 그 배가 승전할 수 있도록 함장의 말에 따라 노를 저어야 하는 존재들이다. 이것이 노예의 사명이요 존재 의미이다. 사도 바울은 예수 그리스도의 노예였다. 그는 예수를 믿기 전에 죄의 노예로 살았다. 그래서 그는 스데반을 죽이는데 증인으로 섰으며 예수 믿은 성도를 핍박하고 죽이기까지 했다. 죄의 노예가 되면 죄를 지을 수밖에 없고 결국 죽게 된다. 죄의 삯은 사망이기 때문이다(롬 6:25) 그러나 하나님의 은혜로 말미암아 죄사함을 받고 이제는 예수 그리스도의 노예가 되었다. 그래서 그는 예수님의 노예로서 일생을 살았다. 예수님의 말씀에 순종하면서 일생을 살았다. 한 번도 사도 바울이 예수님의 말씀에 불순종한 적이 있는가? 없다. 노예는 주인의 말씀대로 살아야 한다. 이것이 노예의 삶이다.

사도로 부르심 받음

사도 바울은 예수 그리스도의 은혜로 말미암아 사도로 부르심을 받았다. 부르심 자체가 하나님의 은혜이다. 주님은 의인을 부르러 오신 것이 아니라 죄인을 부르러 오셨다고 했다. 로마서 1장 7절에서 신자는 성도로 부르심은 받은 자라고 했다. 우리 자신이 어떻게 성도로 부르심을 받을 수 있는가? 냄새나고 죄악된 인간이 어떻게 성자가 될 수 있는가? 성도로 부르심을 받은 것은 하나님의 은혜이다. 예수 그리스도의 보혈의 은혜로 성도가 된 것이다. 우리는 하나님의 사랑하심을 받은 자이다. 그래서 우리는 성도로서 자부심을 갖고 살아야 한다. 이 세상에서 성도로서 그리스도의 향기를 풍기며 살아가야 한다.

복음을 위해서 택정됨

사도 바울은 하나님의 복음을 위하여 사명을 받은 자이다. 일생동안 복음을 위해서 살았다. "나의 달려갈 길과 주 예수께 받은 사명 곧 하나님의 은혜의 복음 증거하는 일을 마치려 함에는 나의 생명을 조금도 귀한 것으로 여기지 아니하노라"(행 20:24). 복음전파는 신자의 궁극적인 사명이다. 예수님의 노예로 일생을 살 수 있기를 서로 기도하자. 주님의 노예로 사는 것을 자랑하자.

18. 네가 나를 사랑하느냐?

"네가 나를 사랑하느냐?" (요 21:15~17)

주님은 베드로에게 아주 심각한 질문을 하셨다. 사랑에 대한 질문이었다. "네가 나를 사랑하느냐?" 주님은 베드로에게 세 번이나 네가 나를 사랑하느냐고 질문하셨다. 왜 주님께서 베드로에게 사랑의 고백에 대한 질문을 하셨을까? 이 질문에 베드로는 어떻게 대답했으며 주님은 뭐라고 말씀하셨는가?

질문의 배경

주님께서 십자가에 못 박혀 죽으셨을 때 주님의 제자들은 어디에 있었는가? 다 도망가 버렸다. 주님이 가시는 곳은 어디에나 가겠다고 장담을 했던 베드로도 막상 자신의 목숨에 대한 위협이 있을 때 세 번이나 우리 주님을 배반했다. 그리고 주님께서 십자가에 못 박혀 죽으시자 자신의 옛 직업인 어부로 자신의 동료들과 같이 물고기 잡으러 갔다. 베드로 일행은 밤이 되도록 수고하였으나 물고기 한 마리도 잡지 못했다. 실망과 좌절 가운데 있었다. 이런 제자들에게 주님은 찾아오셨다. 어려울 때 자기를 배반한 제자들을 주님은 찾아오셨다. 참으로 놀라운 주님의 사랑이다.

해변의 식탁

실망과 좌절 가운데 있는 제자들에게 주님은 그물을 배의 오른편에 던져서 많은 고기를 잡도록 하셨다. 그리고 그 생선을 구워서 맛있는 아침식사를 먹도록 하셨다. 부활하신 후 세 번째 제자들에게 나타나신 것이다.

네가 나를 사랑하느냐?

조반을 먹은 후 주님은 베드로와 갈릴리 해변가를 산책을 하셨다. 그러시면서 베드로에게 심각한 질문을 하셨다. "요한의 아들 시몬아 이 사람들보다 나를 더 사랑하느냐?"(요 21:15). 에로스 사랑이 아니라 아가페 사랑으로 물으셨다. 그러나 베드로는 아가페 사랑이 아니라 일반적인 사랑(필로스)으로 대답했다. "주여 그러하외다. 내가 주를 사랑하는 줄을 주께서 아시나이다." 사랑 고백을 들은 후에 "내 양을 먹이라"라고 주님은 말씀하셨다. 주님은 똑같은 질문을 세 번씩이나 하셨다.

질문의 요지

왜 주님은 하필 베드로에게 네가 나를 사랑하느냐고 질문하셨을까? 베드로는 주님이 십자가에 돌아가시 전에 어떤 상황에서도 주님을 결코 배반하지 않겠다고 맹세했으면서도 막상 대제사장 집에서 주님이 수모를 당하실 때 세 번이나 예수 그리스도를 모른다고 부인했다. 겉으로는 자신의 생명이 위협을 받았기 때문이지만 주님이 보실 때는 베드로가 주님을 아가페로 사랑하지 못한 데서 오는 것으로 봤다. 생명의 위협과 죽음도 뛰어넘는 것은 아가페 사랑이기 때문이다(롬 8:38).

베드로의 사랑 고백

주님이 베드로에게 물으신 사랑은 에로스나 필로스가 아니라 아가페이다. 그러나 베드로는 아가페의 사랑으로 고백한 것이 아니라 일반적인 사랑인 필로스로 고백했다. 왜 베드로는 주님을 아가페로 고백하지 못했을까? 아직 베드로는 주님의 아가페 사랑을 깨닫지 못했기 때문이 아닐까? 세 번째 질문은 아가페가 아니라 필로스로 주님께서 베드로에게 물었다. 세 번째 질문하시니 베드로가 근심하며 대답하였다. "주여 모든 것을 아시오매 내가 주를 사랑하는 줄 아시나이다."(요 21:17) 베드로는 자신이 어떤 사람인지 다 알게 되었다. 주님을 배반하지 않겠다고 장담한 자신이 세 번이나 주님을 부인했다. 그래서 닭이 세번 울 때 자신을 발견하고 통곡했다. 자신의 연약함과 죄를 토로했을 것이다. "주여 저의 죄를 용서하여 주십시오. 저는 주님을 아가페로가 아니라 필로스로 사랑할 수밖에 없는 존재입니다. 제가 아가페로 사랑하게 도와주십시오. 제가 주님을 배반한 것은 주님을 아가페 사랑하지 못했기 때문입니다."라고 고백했을지도 모를 일이다. 사실 우리도 주님을 따르지만 주님을 아가페 사랑으로 사랑하지 못하고 인간의 사랑으로밖에 사랑할 수밖에 없었음을 고백하지 않을 수 없다. 주님을 사랑하기 위해서는 우리도 주님의 사랑을 덧입어야 한다. 이 모습 이대로 주님께 나아가서 우리의 사랑을 고백해야 하겠다. 주님은 제가 어떤 사람인가를 잘 아십니다. 불쌍히 여겨 주십시오.

주님의 명령

주님이 베드로에게 사랑을 고백하도록 하신 것은 주님이 사랑이 필요해서가 아니라, 신자가 주님을 사랑하지 않는다면 주님의 어린양을 돌볼 수가 없기 때문이다. 주님을 사랑하지 못하고 어떻게 주님의 양을 칠 수 있는가?

주님은 우리를 죽기까지 사랑하셨다. 이 시간도 주님께서 우리를 사랑하신다. 그리고 우리가 절망 가운데 있을 때, 목회에서 피곤하여 지쳐 있을 때, 우리가 세상일에 지쳐있을 때, 찾아오셔서 질문하신다. 네가 나를 사랑하느냐? 주여, 주님은 나의 모든 것을 다 아십니다. 내게 당신을 사랑을 성령을 통해서 덧입혀 주시옵소서, 내가 당신의 양을 치겠습니다. 이렇게 고백하기를 기도하자.

19. 온전한 믿음

우리는 다 하나님의 아들을 믿는 것과 아는 일에 하나가 되고, 온전한 자가 되어 그리스도의 충만하심의 장성한 분량에까지 이르러야 한다(엡 4:13).

'언행일치'라는 말이 있다. 독자 여러분도 잘 아는 말이고 인간이 추구하는 삶의 중요한 목표이기도 하다. 문제는 우리가 이렇게 살려고 하면 할수록 이 목표로부터 멀어진다는 것이다. 아는 것과 행하는 것이 일치가 되지 않다는 것을 깨닫는 것이 중요하다고 한다. 이것이 인간이기 때문이다. 따라서 가르침의 목적은 인간의 모순성을 깨닫게 해 주는 것이라고 한다. 그렇다면 이 깨달음에 도달한다면 언행일치가 가능한가? 아니다. 그러면 해결책이 없는 것인가? 기독교의 가르침도 같은 것인가? 아니다. 기독교의 가르침은 우리가 언행일치가 되지 않는 것은 인간의 죄 때문이라고 본다. 그래서 구속의 은혜를 깊이 깨달아야 한다. 집착은 깨달음에 의해 해결될 수 있지만 죄 문제는 죄를 자각케 하시는 예수님의 은혜를 알고 믿는 것에서 시작된다.

그러면 예수를 믿고 안다는 것은 무엇을 말하는가? 예수를 아는 것은 그의 은혜를 아는 것이고, 예수의 은혜를 아는 것은 우리가 죄인임을 자각하는 것이다. 오늘 말씀은 예수를 아는 것과 믿는 것이 하나가 되어야 온전한 믿음을 가질 수 있다고 말한다. 우리가 온전한 믿음, 예수님이 칭찬하는 믿음을 가지기를 원한다.

예수의 은혜를 아는 것과 믿는 것이 하나가 되어야 하는데 그렇지 못한 경우가 너무나 많다. 그렇다면 어떻게 믿는 것과 아는 것을 하나 되게 할 수 있는가?

사도 바울은 고전 15장 10절에서 "나의 나된 것은 하나님의 은혜로 된 것이니 내게 주신 그분의 은혜가 헛되이 되지 않아 내가 모든 사도보다 더 많이 수고하였으나 이것은 내가 한 것이 아니요 오직 나와 함께하신 하나님의 은혜로 한 것이다."라고 말한다. 위선적인 나를 성자로 만드는 것은 단순히 깨달음이 아니고 믿음이다. 예수를 믿음으로 우리는 죄인에서 의인이 된다.

사도 바울은 빌립보서 3장 8~9절에, "그리스도를 얻고 그 안에서 발견되기 위하여 자기에게 유익했던 모든 것을 배설물로 여겼다."고 고백했다. 이러한 삶이 믿는 것과 아는 것이 하나가 되는 삶이다.

사랑하는 성도 여러분, 아는 것은 삶으로 표현되어야 한다. 나무는 그 열매로 아는 것처럼 신자의 온전한 믿음은 신자의 삶으로 표현되어야 한다. 이것이 온전한 믿음이며 하나님의 축복을 받은 삶이다.

20. 의로운 자는?

"무릇 자기를 높이는 자는 낮아지고 자기를 낮추는 자는 높아지리라" (눅 18:9~14)

과연 누가 의로운 자인가? 의로운 행동을 하는 자가 의로운 자이다. 그러나 주님은 정반대의 말을 하셨다. 자기 죄를 고백하는 자가 하나님 앞에서 의로운 자이다. 주님은 비유로 누가 의로운 자인가를 말씀하셨다. 누가복음 18장 9절에, 자기를 의롭다고 믿고 다른 사람을 멸시하는 자들에게 이 말씀을 주셨다. 누구라고 구체적으로 언급하지 않고 비유로 말씀하셨다.

비유 이야기

두 사람이 기도하러 성전에 올라가니 한 사람은 바리새인이요 다른 사람은 세리였다. 바리새인은 따로 서서 기도하였다. 기도 내용을 보면 자기는 다른 사람들과 구별된다는 것이었다. 토색하고, 불의, 간음하는 자들과 같지 아니하며, 세리와도 같지 아니함을 감사한다고 했다. 뿐만 아니라 바리새인은 이레에 두 번씩 금식하고 또 소득의 십일조를 드렸음을 강조했다.

그러나 세리는 멀리 서서 감히 눈을 들어 하늘을 쳐다보지도 못하고 가슴을 치며 가로대 하나님이여, 불쌍히 여기옵소서 나는 죄인이로소이다라고 부르짖었다. 너무나 바리새인과 대조된 기도를 했다. 과연 이 두 사람 중에서 누가 의로운 자인가? 라고 주님은 질문하셨다. 주님은 비유의 결론으로 겸손한 자가 어떤 사람인가를 말씀해준다. "무릇 자기를 높이는 자는 낮아지고 자기를 낮추는 자는 높아지리라" 하셨다.

비유의 교훈

비유에 의하면 바리새인은 스스로 의로운 자라고 했다. 바리새인은 사회적으로도 구별된 사람이라고 말하고 있다. 천민이 아니라 종교지도자요 사회에서 존경받는 사람이었다. 신앙생활을 보더라도 십일조를 하며 율법에 따라서 금식기도도 했다. 신앙적으로도 나무랄 데 없는 사람이었다. 참으로 훌륭한 지도자요 신앙인이라고 아니할 수 없다. 그런데도 왜 주님은 바리새인들을 칭찬하지 않으셨는가?

자칭 의로운 자, 바리새인

바리새인들의 의로움의 개념은 자칭 의롭다는 것이었다. 그렇기 때문에 남을 멸시하고 무시했다. 의롭다는 기준은 율법에 기초해 있고 윤리적인 측면도 있다. 그러나 신앙적인 면에서 보면 의로운 사람이 되는 것은 스스로 의롭게 되는 것이 아니라 하나님이 의롭다고 하시는 것이다. 출신이 부자이기 때문에 혹 가문이 좋기 때문에 의로운 것이 아니다. 더군다나 의로움의 기준이 율법적인 것도 도덕적인 것도 아니다. 의로운 자가 어떻게 남을 업신여기는가? 멸시한다는 것은 자기보다 못하다고 생각하기 때문에 남을 업신여기고 무시하는 것이다. 남보다 얼굴이 잘생기고 공부를 잘하고 혹은 돈이 많고 직업이 좋고 등등 그렇기 때문에 남을 멸시하는 것은 바리새인과 같은 사람이다. 그런 것을 우쭐대는 사람을 교만하고 자칭 의롭다고 주님은 부르신다.

여기서 자세히 보면 바리새인이 기도하러 성전에 올라갔다고 말하고 있다. 기도하는 사람이 하나님 앞에서 자기의 의를 내세울 수 있는가? 하나님 앞에서 의로운 자는 하나도 없기 때문이다. 사도 바울에 의하면 선한 자도 혹 있고 의로운 자는 하나도 없다고 했다. 그런데 자기의 의를 내세워 '감사합니다' 라고 기도하는 것은 정말로 교만한 행동이다. 신자는 하나님 앞에서 죄를 용서해준 것에 대해서 감사해야 한다.

진정한 의인, 세리

그러나 세리는 어떠했는가? 감히 하늘을 쳐다보지도 못하고 가슴을 쳤다. 왜 가슴을 쳤는가? 물론 답답하고 원통해서 가슴을 칠 수도 있다. 그러나 가슴을 치는 것 자체가 중요한 것이 아니라 가슴을 치면서 무슨 말을 하느냐가 중요한 것이다. 가슴을 치면서 남을 원망하느냐 아니면 죄를 고백하느냐가 중요한 것이다. 세리는 하나님 앞에서 자랑할 것이 없었다. 오히려 하나님의 자비를 구했다. 그가 죄인이었기 때문이었다. 죄인이 하나님 앞에서 무엇을 요구하겠는가? 자비가 아니겠는가? 자비라는 말은 일라스코마이(ιλασκουμαι)의 부정과거 수동형으로서 하나님께서 죄를 용서해주시도록 간절하게 기도한 것을 묘사한다.

신자는 하나님 앞에서 사는 자이다. 하나님 앞에서 우리의 모습은 죄인이다. 속죄받은 죄인이다. 날마다 우리의 생활을 보면 하나님 앞에서 죄밖에 지은 것이 없다. 심판을 받아야 마땅한 존재이다. 그래서 우리는 하나님께서 우리 죄를 용서해주시도록 간절하게 간구하는 것이 의로운 자의 생활이다. 이런 자가 겸손한 자이다. 바리새인들처럼 자신은 다른 사람과 구별되며 자칭 의롭기 때문에 남을 멸시하는 것은 교만한 자이다.

사도 바울은 하나님 앞에서 자기를 죄인의 괴수라고 했다(딤전 1:15). 그래서 그는 날마다 죽는 생활을 했다. 마가 사도도 누구든지 예수님을 따라오려거든 자기를 부인하고 자기 십자가를 지고 주님을 따르라고 했다. 주님 앞에 참으로 겸손한 자는 자기를 죄인으로 인정하며 자비를 구하는 자이다.

진정한 겸손한 자

진정한 겸손이란 하나님 앞에서 자신을 죄인으로 인정하는 것이다. 베드로전서 5장 5~6절에 보면 겸손으로 허리를 동여매고 피차 순종하라고 했다. 하나님은 교만한 자는 대적하시나 겸손한 자에겐 은혜를 베푸신다고 하셨다. 겸손한 자를 하나님은 때가 되면 높이신다고 하셨다. 그래서 우리는 하나님의 능하신 손 아래 겸손해야 한다.

하나님 앞에서 우리는 죄인이다. 우리는 죄를 물마시듯 혹은 밥먹듯이 짓고 사는 자이다. 이런 우리가 바리새인들처럼 자칭 의인이라고 생각하는 것은 망상이요 교만한 자이다. 하나님 앞에서 겸손한 자는 자기 죄인임을 깨닫고 하나님의 자비를 구하는 자이다. 내 모습 이대로 주님께 나아가서 자비와 용서를 구해야 한다. 하나님은 이런 자를 불쌍히 여기시고 겸손한 자로 인정하신다.

행복하게 사는 길

01. 심령이 가난한 믿음(마 5:1~3)

주님은 인생들에게 행복하게 사는 길을 8가지로 말씀해 주셨다. 인생들에게 가장 필요한 것이 행복 아니겠는가?

행복은 인간을 기쁘게 해주며 누구나 행복한 사람이 되기를 원한다. 독자 여러분도 행복한자 되기를 원할 것이 아닌지? 성경에서 말하는 복은 인간이 원하는 복을 포함하지만 세상 사람이 원하는 복과는 차원이 다른 복을 의미한다. 성경에서 행복한 사람이 되는 것은 무엇의 소유에 있지 않고 어떤 사람이 되는 것이다. 그렇다면 주님이 가르쳐주시는 행복으로 가는 길은 무엇인가?

마태복음 5장 3절을 한번 읽어보자. "심령이 가난한 자는 복이 있나니 천국이 저희 것임이요"(Blessed are the poor in spirit, for theirs are the kingdom of God). 심령이 가난한 자가 행복한 자라고 하셨다. 여기서 심령이란 영어로는 spirit이요 희랍어로는 퓨누마(πνευμα)로서 한국말로서 심령이라고 번역했다. 글자 그대로 마음과 영혼이 가난한 자라고 말할 수 있다.

영적으로 갈급한 자

심령이 가난한 자는 영적으로 갈급한 자라고 할 수 있다. 시편 기자는 영적으로 갈급한 자를 이렇게 시적으로 묘사하고 있다. "하나님이여 사슴이 시냇물을 찾기에 갈급함 같이 내 영혼이 주를 찾기에 갈급하나이다."(시편42:1).

말씀에 갈급한 자

시편 기자에 의하면 심령이 가난한 자는 하나님 말씀에 갈급한 사람이다. 그래서 주야로 하나님의 말씀을 묵상하는 자가 되어야 한다고 말했다. 하나님의 말씀에 갈급함을 갖고 즐거움으로 묵상하는 자는 만사가 형통하게 된다고 했다. 시절을 좇아 과일을 맺는 나무처럼 우리를 목마르게 하지 않는다. 묵상이라는 단어는 묵상하는 대상에 깊이 빠져있는 상태로, 가장 행복한 자, 혹은 신을 만나는 자라고 했다. 하나님 말씀에 깊이 빠져보시길 바란다. 만사가 형통할 것이다.

하나님 나라의 소유

하나님 말씀에 대한 갈급함이 있는 자는 행복한 사람이다. 그가 받은 복이 무엇인가? 하나님의 나라가 저희 것이라고 했다. 이보다 더 큰 축복이 어디에 있겠는가? 신자는 심령이 가난해짐으로 복을 받고 행복하게 천국에 살게 되는 것이다. 이처럼 복받는 자가 되자.

02. 애통하는 자

애통하는 자는 복이 있나니 저희가 위로를 받을 받을 것이요(마 5:4)

눈물이란 언어는 귀하고 귀하다. 눈물이 있다는 것은 우리가 살아있다는 증거이고 그것이 인생이다. 그 나름대로 이유가 있어 눈물을 흘린다. 흘리고 싶어서 흘릴 수도 있겠지만, 기쁜 일, 노여운 일, 슬픈 일, 즐거운 일이 생길 때 스스로 나오는 것이 진짜 눈물일 수 있다. 기쁜 일, 노여운 일, 슬픈 일, 즐거운 일 또한 스스로 생기는 것이 아니라 우리가 노력해서 만들어 내는 것이다.

우리 주님도 눈물을 흘리셨다. 마르다와 마리아의 오라버니인 나사로가 죽었을 때 예수님이 찾아가셨다. 조문 온 사람들이 슬퍼 울고 있는 것을 보시고 함께 눈물을 흘리셨다. 그 사람들이 죽음 앞에서 어찌하지 못하고 죽음으로 인한 슬픔 때문에 울고 있는 것을 보시고 우셨다. 그것은 부활을 믿지 못하고 죽음 앞에 슬퍼하는 인생을 보시고 우신 것이다. 무엇을 위해 눈물를 흘려야 가치 있는 눈물인지를 배울 수 있다.

눈물로 씨를 뿌리면 기쁨으로 거두리라고 시편 126편에서 말했다. 나는 인생을 돌이켜 볼 때 자신, 자식, 아내 때문에 눈물을 흘린 적은 많지만 주님의 아픔에 동참하기 위해 눈물을 흘린 적이 많지 않다. 이 점을 깊이 회개한다. 앞으로 남은 생애에는 주님을 위해서 눈물을 흘리고 주님의 눈물병에 나의 눈물을 가득 채우고 싶다. 독자 여러분도 주님을 위해 용서하기 위해, 사랑하기 위해, 전도하기 위해 귀한 눈물을 흘릴 수 있도록 기도하자.

03. 온유한 믿음(마5:5)

온유한 자는 참으로 행복한 사람이라고 주님은 말씀하셨다. 그렇다면 마음이 온유한 자란 어떤 자를 말하는가? 온유하다는 말은 희랍어 프라우스(πραυς)라는 말로서 온유, 친절, 겸손, 인내심, 부드러움 등으로 번역할 수 있는 말이다. 이런 점에서 본다면, 불친절한 자, 교만한 자, 인내심이 없는 자, 마음이 좁은 자는 참 행복을 소유할 수 없는 자라고 말할 수 있다.

온유한 자란 온유한 마음을 가진 자를 의미한다. 천성적으로 마음이 너그럽고 성품이 부드러운 사람이 없는 것은 아니다. 그러나 오늘 말씀에 온유한 자란 천성적인 성품을 말하는 것은 아니다. 만약에 천성적으로 그렇게 태어난 자라고 한다면 참 행복을 누릴 자가 아무도 없다. 인간은 모두 죄성을 갖고 태어났기 때문이다.

성경에 보면 모세는 지상에 있는 누구보다 온유한 자라고 했다. 그러나 그도 백성들이 원망하고 불평할 때 참지 못하고 하나님 앞에서 거룩성을 드러내지 못했다. 인간이 연약하다는 것을 의미하는 것 아니겠는가? 온유한 자란 선천적인 것이 아니라 후천적인 것으로, 우리 주 예수를 믿고 그분 말씀에 따라 살면 우리도 친절하고 겸손한 자가 될 수 있다는 것이다. 여기에 서 우리도 소망을 가질 수 있다. 마태복음에 나와 있는 팔복은 주님의 성품이 되신다. 그래서 우리 주님의 성품을 닮을 때 참으로 행복한 자가 될 수 있다. 어떻게 하면 우리가 마음이 온유한 자가 될 수 있는가? 예수님의 마음을 본받아야 한다. 빌립보서 2:5에, "너희 안에 이 마음을 품으라 곧 예수 그리스도의 마음이라."라고 했다.

겸손한 마음

예수 그리스도의 마음은 겸손한 마음이다. 주님은 본체가 하나님이시다. 그러나 죄인을 구원하기 위해 하나님과 동등됨을 여기지 않으시고 종의 형체를 가지사 사람들과 같이 되셨다. 죄인을 섬기기 위하여 죄가 없으신 분이 하늘에서 땅까지 낮아지신 것이다.

마음을 비우는 자

우리 마음을 그리스도 예수의 말씀으로 채우면 이기심은 저절로 없어진다.

성령의 열매를 가진 자

갈라디아서 5:22~23에 보면 성령의 열매가 온유한 마음이다. 그래서 우리 안에 내주 하시는 성령님께서 우리를 온전히 다스려 주시고, 매일 성화된 삶을 살도록 기도하고 회개하는 생활을 해야 한다.

참으로 행복한 사람이 되는 것은 온유한 마음을 가진 자이다. 친절한 사람이 되어야한다. 겸손한 사람이 되어야한다. 이런 자는 행복한 자이고 땅을 유산으로 받는다고 했다. 온유한 자가 되는 것은 쉬운 일이 아니다. 매일 우리의 마음에 주님의 말씀을 채우면 온유한 사람이 된다.

04. 의에 주린 믿음(마5:6)

오늘 말씀에 보면 의에 주리고 목마른 자는 행복하다고 주님은 말씀하고 있다. 하나님께서 요구하시는 것에 대한 굶주림과 목마름이 있는 자라고 번역한 성경이 있다. 하나님이 요구하시는 삶은 의로운 삶이다. 도덕적으로 흠이 없는 삶을 의미하는 것은 아니다. 도덕이라는 것이 중요한 것은 사실이다. 왜냐하면 도덕성을 가질 때 비로소 인간이 되기 때문이다. 그런데도 도덕적으로 사는 생활이 의로운 생활은 아니다. 마태복음에, 무엇을 먹을까 입을까 염려하지 말고 먼저 그의 나라와 의를 구하라고 말하고 있다. 하나님의 말씀대로 살고자하는 목마름과 굶주림이 있어야 한다. 그래야 행복한 자가 될 수 있다.

05. 긍휼히 여기는 믿음(마5:7)

주님은 긍휼히 여기는 자가 복이 있다고 말씀하고 있다. 왜냐하면 하나님이 긍휼히 여기시기 때문이다.

긍휼히 여기는 마음

원어로 보면 엘루메논(ελεμων)라는 말로서 자비로운, 인정이 많은, 불쌍히 여기는 마음 등으로 번역할 수 있다. 주님께서는 "건강한 자에겐 의원이 쓸데없고 병든 자에게라야 쓸데 있느니라. 너희는 가서 내가 긍휼을 원하고 제사를 원치 아니 하노라 하신 뜻이 무엇인가를 배우라. 내가 의인을 부르러 온 것이 아니라 죄인을 부르러 왔노라." 라고 말씀하셨다. 긍휼을 베푸는 것은 주님이 원하시는 일이다. 우리 주님의 마음을 배워야 한다.

긍휼을 베푸는 자

바리새인은 긍휼도 모르고 긍휼을 베풀지도 않은 자이다. 그들은 의원이 필요없다고 생각한 교만한 사람들이기 때문이다.

내가 미국에서 공부할 때 일이다. 나의 박사학위 논문 지도교수가 예일대학교 교수였는데 내가 논문을 쓸 때는 은퇴하여 자기 고향인 미네소타에 계셨다. 그래서 논문을 다 써 가지고 마지막 손질을 할 때 2주간 그 교수님 댁에서 머문 적이 있다. 어느 교수가 자기 집에서 학생을 밥 먹여 주면서 논문을 지도해 주겠는가? 참으로 그 교수는 나를 긍휼히 여긴 교수였다. 그래서 나는 키르케고르와 비트겐슈타인의 강의 시간에, 그분의 훌륭한 인격과 사랑에 관해 이야기하곤 한다. 주님의 발에 향유를 붓고 눈물과 머리털로써 주님의 발을 씻은 여인을 복음이 전하는 곳마다 기념하라는 말씀처럼 말이다.

긍휼히 여기는 자는 참으로 행복한 자이다. 긍휼히 여기는 것은 어려운 처지를 보고 외면하지 않은 자이다. 이 세상에 보면 어려운 처지를 당하며 사는 자가 너무 많다. 질병으로 고통당하는 자가 너무도 많다. 그 사람들의 사정을 보고 듣고 하는 것만으로도 참으로 마음 아픈 순간들이 너무 많다. 주님의 말씀에 찬물 한 그릇이라도 주님의 이름으로 주면 상이 크다고 하신 말씀을 실천하면 된다. 신자는 주님의 말씀을 순종하여 어려운 자를 돕고 그들을 위해서 기도하고 사는 것이 참으로 기쁘고 행복한 생활을 살 수 있다. 우리가 남을 긍휼히 여기며 살 때 하나님이 우리를 긍휼히 여기신다고 하였다.

06. 마음이 청결한 믿음

"마음이 청결한 자는 복이 있나니 저희가 하나님을 볼 것임이요" (마 5:8)

마음이 청결한 자는 복이 있다고 했다. 하나님을 볼 수 있기 때문이다. 도덕적으로 흠이 없는 자라는 말은 아니다. 도덕적으로 흠이 없는 사람이 없기 때문이다. 사도 바울에 의하면 의인은 하나도 없으며 선을 행하는자도 없다고 했다(롬3:10, 12) 인간은 다 죄인이다. 본문 말씀에서 세가지 중요한 언어가 있다. 마음, 청결, 하나님을 본다.

마음이란
단순히 신체의 장기로서 심장을 의미하는 것은 아니다. 헬라어로는 마음이라는 단어는 $\kappa\alpha\rho\delta\iota\alpha$라는 말로서 히브리어 leb or lebab라는 말을 헬라어로 번역한 단어이다. 마음이란 내적인 인격체, 이해, 의지, 지식이 존재하는 곳일 뿐만 아니라 인간이 하나님과 만나는 곳 혹은 믿음의 내재하는 곳을 의미한다. 특히 마음이 하나님을 만나는 믿음의 뿌리라는 점은 매우 중요하다. 따라서 마음이 청결하지 못하면 하나님을 볼 수 없다.

예레미아 17:9에 "만물보다 거짓되고 심히 부패한 것은 마음이라 누가 능히 이를 알리요."라고 말한다. 거짓되다는 말은 속인다는 말이다. 동물이나 식물은 우리를 속이지 않지만 인간은 얼마나 서로를 속이는 것인지 모른다. 뿐만 아니라 인간의 마음은 전적으로 부패되었다고 했다. 부분적으로가 아니라 전적으로 말이다.

마음이 전적으로 부패되었기 때문에 하나님을 볼 수 없다. 유리창이 더러우면 깨끗하게 닦고 밖을 내다볼 수 있다. 그러나 인간의 마음은 유리를 닦듯 닦는 것이 아니다. 어떻게 닦을 수 있는가? 인간의 마음은 수행을 하거나 명상을 통해서도 닦을 수 없다. 인간의 마음을 창조하신 분이 누구이신가? 하나님이 인간의 마음을 닦아주셔야 한다. 그렇다면 어떻게 하나님이 우리로 하여금 마음을 청결하게 하시는가?

마음이 청결한 자

깨끗하다는 말은 καθαροι로서 청결케 한다는 말이다. 구약에 보면 하나님과의 관계에서 이해되어지는 말이다.

인간의 마음이 전적으로 부패되었기 때문에 다시 태어나야한다. 그것이 중생이다. 우리를 거듭나게 하사 우리 죄를 사하시고 우리를 새롭게 하시고 새사람이 되게하심으로 우리의 마음을 깨끗하게 신다. 그런데도 우리는 세상에 살기 때문에 우리 마음이 죄로 더럽혀진다. 그래서 회개를 해야한다. 회개란 단순히 죄를 뉘우치는 것이 아니다. 과거 죄에 대한 자책도 아니다. 유다는 자기 죄를 회개하기보다는 자기 죄에 대한 자책 때문에 하나님이 용서하심을 믿지 못하여 결국 자살하고 만 것이다. 회개는 하나님께로 방향전환을 의미한다. 하나님이 우리 죄를 용서하시고 새로운 사람으로 빚어주시기 때문에 회개를 하는 것이다. 죄로 말미암아 인간의 마음이 더러워지고 썩기 때문에 매일 회개하여 우리 마음을 깨끗케 해야한다.

화평과 거룩함을 좇는 자가 하나님을 볼 수 있다

히브리서 12:14에 보면 '모든 사람으로 더불어 화평과 거룩함을 좇으라 이것이 없이는 아무도 주를 볼 수 없느니라고 했다(pursue peace with all men, and without the santification which no one will see the Lord). 모든 사람으로 더불어 화평한 삶을 살고, 성화되어가는 삶이 없이는 하나님을 체험할 수 없다는 말이다.

누가 참으로 행복한 자인가? 하나님을 볼 수 있는 자이다. 청결한 마음으로 하나님을 볼 수 있다. 성화되고 화평을 늘 구하고 그렇게 사는 사람만이, 살아계셔서 우리 가운데 역사하시는 하나님을 볼 수 있다.

07. 화평케 하는 믿음(마5:9)

기독교 사상사에 하나의 큰 획을 그은 성 아우구스티누스는 인간이 살아가는 데 필요한 모든 덕은 그리스도에 기반을 두어야 한다고 했다. 행복의 근원도 예수 그리스도이시다.

화평케 하는 자는 하나님의 아들이다

화평케 하는 자는 행복한 자라고 했다. 화평케 하는 자는 하나님의 아들이라 일컬음을 받기 때문이다. 죄로 말미암아 담을 쌓고 있는 자를 그리스도 안에서 하나로 만드는 것이 화평케 하는 자이다.

화평의 근원은 예수 그리스도

우리는 예수 그리스도의 화평케 하심으로 하나님의 자녀가 되었다. 하나님의 자녀는 자녀 정체성을 가져야 하는 것이다. 품위와 인격을 소유한 자가 되어야 한다. 그러면 어떤 인격의 소유자가 되어야 하는가?

주님은 당신의 몸을 십자가에 못 박히심으로서 우리를 하나되게 하셨다. 하나님과 화목하게 하셨다. 우리의 화평이 되시는 주님께서 우리 마음을 다스리셔서 우리 마음에 평화를 주시고 우리 안에 몹쓸 독을 제거하셔서 서로 화목하게 살게 해주시기를 기도하자. 우리가 화평케 하는 자가 되어서 이 세상에서 화평케 하는 자로 인정받고 살도록 기도하자.

08. 의를 위하여 핍박받는 믿음(마 5:10~12)

주님을 위해서

어떤 자가 진정으로 행복한 자인가? 의를 위하여 핍박받은 자이다. 의를 위하여 핍박받는 자란 마태복음 5:11에, 그리스도를 위하여 핍박받은 자를 의미한다. 그리스도를 전파하고 그리스도를 믿기 때문에 핍박을 당하고 욕을 먹거나 아픔이나 희생을 당하는 삶을 의미한다고 말할 수 있다.

악을 악으로 갚지 않은 자

베드로전서 3:13~17에 보면 아주 중요한 말이 있다. "악을 악으로, 욕을 욕으로 갚지말고 도리어 복을 빌라 이를 위하여 너희가 부르심을 입었나니 이는 복을 유업으로 받게 하려하심이라."(벧전3:9). 악한 사람이 회개하고 주님을 믿도록 기도해야 하는 것이다. 벧전 3:14에 보면 의를 위하여 고난을 받으면 복이 있는 자니 두려워하지 말고 소동치 말라고 했다. 오히려 그리스도를 주로 삼아 거룩하게 하고 선한 양심을 가지라고 한다. 선을 행함으로 고난받는 것이 하나님의 뜻일진대 악을 행함으로 고난받는 것보다 낫다고 했다. 선을 행함으로 고난을 받을 때 우리는 낙심할 때가 있다. 주님의 사랑을 실천하기 위해서 했던 것이 오해를 받을 때도 있다. 그러나 낙심하지 마시기를 바란다. 때가 되면 하나님은 높이시고 상을 주실 것이다. 그래서 기뻐하고 즐거워하라고 했다. 하늘에서 상이 크기 때문이라고 하셨다.

순교한 자

교회사적으로 보면 기독교의 역사는 핍박의 역사라고 하는 사람도 있다. 특히 초대교회의 역사를 보면 기독교가 대박해를 받았다. 예수를 믿기 때문에 감옥에 갇히고 사자의 밥이 되기도 했다. 독자 여러분, '쿼바디스'라는 영화를 보신 분이 있으신 줄로 믿는다. 기독교 영화로는 고전 명작이다. 로마 황제는 신자들을 사자의 밥이 되도록 했다. 그런데도 초대교회 성도들은 찬송하며 죽음을 맞이하였다. 그래서 순교자의 피가 교회의 씨앗이라고 하는 사람도 있다. 기독교는 박해를 받으면 없어질 것 같지만 사실상 더욱 발전을 했다. 기독교는 고난을 받으면 받을수록 강해지는 것이 기독교이다. 오늘 말씀에도 고난을 받을 때 즐거워하라고 했다. 고난 가운데 즐거워할 수 있고 고난 가운데 강해지는 것이 기독교이다.

인간은 고난을 싫어한다. 왜냐하면 고통스러운 것이기 때문이다. 그러나 주님을 위해서 고난을 받은 자는 복이 있다고 했다. "그리스도를 위하여 너희에게 은혜를 주신 것은 다만 그를 믿을 뿐 아니라 그를 위하여 고도 받게 하심이라."(빌1:29). "무릇 그리스도 예수 안에서 경건하게 살려고 하는 자는 핍박을 받으리라."(딤후3:12)라고 사도 바울은 말했다. 고난이 없이 주님을 믿으려고 하는 자는 기독교를 잘 이해하지 못하는 자이다.

누가 참으로 행복한 자인가? 세상에서는 오래 살고 부자로 살고 명예를 얻고 덕있는 삶을 살고 편안하게 죽는 것이 복이라고 했다. 그러나 주님이 말씀하시는 복은 누구나 주님을 믿고 그 말씀대로 살면 복있는 자이다. 오늘 말씀에는 주님을 위해서 핍박을 받는 자가 행복한 자라고 말씀하셨다. 복을 받기 위해 핍박을 받으라는 말씀이 아니다. 주님을 위해서 살다보면 핍박을 받게 된다는 것이다. 핍박은 주님 안에서 괴로움이 아니라 기쁨이 된다. 이런 자가 천국에 사는 자이며 하늘에서 상이 크다고 했다.

초대교회에 위대한 교부 중 한 사람인 폴리캅은 주님을 믿음으로 핍박을 받았고 대박해 때 주님을 부정하면 살려 주겠다고 지방총독이 말했을 때 이렇게 고백했다. "나는 86세에 이르기까지 주님을 섬기며 살아왔습니다. 그동안 우리 주님은 한번도 저를 배반한 적이 없었습니다. 그런데 제가 어떻게 주님을 배반할 수 있습니까?"하면서 화형장에서 기도하며 이슬로 사라졌다. 주님은 한번도 우리를 버린 적이 없다. 지금까지 우리를 사랑하시고 우리가 당신의 나라에 가기까지, 끝까지 사랑하실 것이다. 사랑하는 독자 여러분, 주님을 굳게 믿고 그분을 위해서 살자. 그래서 가장 행복한 삶을 살자. 그리고 하늘의 상도 타자.

09. 신자는 믿음으로 살아야 한다(로마서 1:17)

로마서 1:17에 의하면 복음에 구원하는 하나님의 의가 계시되었다. 여기서 하나님의 의는 그리스도의 의를 말한다. 그래서 예수 그리스도의 의의 전가를 통해서 하나님은 우리를 의롭다고, 판사가 법정에서 판결하는 것처럼 선언하셨다. 그래서 하나님의 선언을 법정적인 의라고 한다. 법에는 추정과 간주가 있다고 한다. 추정은 판결을 한 후에 죄과가 드러나면 다시 가중처벌이 가능하지만 간주는 한번 판결을 내린 후에는 더 이상 처벌할 수 없다고 한다. 그래서 하나님이 예수 그리스도의 의를 전가해서 믿는 자가 죄가 없다고 선언하신 것은 간주와 같다. 죄가 없다고 단번(once for all)에 선언하신 것이다(히 10:10). 그리고 동시에 성령님의 역사로 우리는 새롭게 거듭나게 되었다. 그래서 신자는 믿음으로 살아야 하는 것이다. 여기서 중요한 사실은 하나님께서 우리를 당신의 불가항력적인 은혜를 통해 우리를 구원하시고 믿음으로 살게 하신다는 것이다. 그렇다면 의인은 믿음으로 산다고 하는 것은 무슨 의미가 있는가?

로마서 1:17을 자세히 관찰하면 세 가지 문단으로 나눌 수 있다. 첫째, 하나님의 의가 복음에 계시되었다. 둘째, 우리는 이 의를 믿음으로 받아들인다. 셋째, 따라서 우리는 믿음으로 살아야한다. 여기서 셋째는 결론이므로 당연히 의인(신자)은 복음(예수 그리스도)에 계시된 하나님의 의(구속의 의)를 믿고 살아야 한다. 우리는 예수 그리스도의 보혈을 통해 하나님께서 우리 죄를 사하여 주셨기 때문에 사죄의 은혜를 믿고 살아야 한다. 하나님은 우리 죄를 사하여 주셨을 뿐만 아니라 이제는 더 이상 우리 죄를 기억하시지도 아니하시겠다고 약속하셨다(히10:10; 미가서7:18~20).

10. 신자는 믿음으로 살아아 한다(갈 2:20)

갈라디아서 2장 20절에 보면 다음과 같이 말하고 있다. "내가 그리스도와 함께 십자가에 못박혔나니, 그런즉 이제는 내가 산 것이 아니요 오직 내 안에 그리스도가 사신 것이라 이제 내가 육체 가운데 사는 것은 나를 사랑하사 나를 위하여 자기 몸을 버리신 하나님의 아들을 믿는 믿음 안에서 사는 것이라(εν πιστει ζω).."여기서 믿음으로 산다는 것은 현재형으로 되어 있다. 즉 의인은 믿음으로 매일을 사는 자이다. 그리스도는 우리를 사랑하셨고 지금도 우리를 사랑하신다. 하나님은 그리스도를 통해서 우리 죄를 용서하셨고 지금도 용서하신다. 용서하시고 동시에 거룩한 삶을 살도록 성령님이 우리 안에 내주하셔서 도와주신다. 이처럼 신자의 삶 자체가 하나님의 은혜이다. 성화도 하나님이 성령님을 통해서 이루어 나가신다. 결국 신자는 그리스도를 통해서 계시된 사죄의 은혜와 성령님을 통해서 거룩하게 살게 하시는 예수 그리스도를 믿고 사는 것이다.

오늘날 우리의 메시지는 어떠한가? 사죄의 메시지보다는 도덕적인 메시지를 전하지는 않는가? 어떤 목회자는 행함을 강조하는 제2의 종교개혁이 필요하다고 하는 사람도 있다. 제2의 종교개혁보다는 그리스도의 십자가를 통해서 계시된 사죄의 메시지를 오늘의 정황에 맞게 새롭게 이해하고 선포하는 것이 더 중요하지 않을까? 교회의 부흥도 새로운 방법보다는 하나님의 사죄의 메시지를 믿고 살도록 돕는 것이 아닐까? 전도서 기자가 말했듯이 해 아래 새 것이 없다고 했는데 왜 우리는 새 것만을 좋아할까? 새 것이 없어도 새롭게 볼 수는 있는 것처럼 사죄의 메시지를 새롭게 전해야 한다. 그러나 새롭게 전하려면 새로운 방법이 필요한 것보다는 새로운 목회자가 되어야 한다. 이것이 오늘의 우리의 문제가 아닌가? 늘 새롭게 변화되지 않은 사람이 새로운 방법만 찾아다니는 것은 자신의 좋지 못한 얼굴을 가리기 위해서 짙은 화장을 하는 것과 같다. 내 모습 이대로 주님께 나아가 주님의 능력과 사랑을 구하는 것이 더 솔직한 사람이다.

이솝우화에 보면 북풍과 태양이라는 이야기가 있다. 하루는 북풍과 태양이 힘 자랑을 하게 되었다. 길손의 외투를 벗기는 쪽이 이기는 것으로 결정하고 우선 북풍이 먼저 시작했다. 하지만 북풍이 강하게 불면 불수록 길손은 더욱더 단단히 옷을 여몄다. 다음은 태양이 조금씩 열을 가했는데 그에 따라 길손은 옷을 하나씩 벗었다. 이 이야기는 무엇을 우리에게 생각하게 하는가? 오늘날 교회를 성장시키기 위하여 우리는 너무 북풍의 강도만 높이고 있지 않는가? 예수 그리스도의 십자가를 통해서 계시된 사죄의 메시지를 전할 때 성도들은 은혜로 하나님을 믿고 살게 되는 것이다. 그렇게 되면 가만히 놔두어도 성도들이 옷을 걷어 부치고 주님을 위해서 열심히 일하기 마련이다. 은혜로 일하기 때문이다(고전 15:10).

복음에 계시된 하나님의 의는 죄인을 처벌하시는 의가 아니라 우리 대신에 우리 주 예수를 처벌하신 의이다. 우리는 이 의를 믿음으로 받고 의롭게 된다. 하나님이 예수님께 우리 죄를 담당하게 하심으로 우리를 의롭다 하신 것이다. 의롭다 하신 하나님이 동시에 우리를 성화시키신다. 성화시키시는 하나님은 우리를 영화롭게 하신다(롬 8:30, 고전 1:30). 신자는 우리를 사랑하사 우리를 위해서 대신 죽으신 하나님의 아들 예수 그리스도를 믿고 사는 자이다. 하나님의 은혜를 찬양하면서, 나 같은 죄인을 살리신 하나님의 은혜의 복음을 전하면서 은혜로 주신 믿음을 가지고 순례의 길을 가는 자이다. 하나님의 은혜를 통해서 발견된 나는 찬송가에 나온 대로 '나 같은 죄인' 이다. 나같이 냄새나고 추한 죄인을 하나님은 예수 그리스도의 은혜로 믿음을 통하여 구원하셨다. 이것이 복음의 메시지이다.

11. 그리 아니하실지라도의 믿음(단 3:16~18)

다니엘의 세 친구 사드락과 메삭과 아벳느고의 신앙고백이다. 생사의 갈림길에서 나온 신앙고백이다. 그래서 더욱 시사하는 바가 크다.

사드락과 메삭과 아벳느고는 귀족 출신의 유대인이었다. 그들은 느부갓네살이 왕으로 있을 때 바빌론으로 포로로 잡혀가서 왕을 모시는 중요한 자리에까지 올라갔다. 다니엘이 왕의 꿈을 해석하여 다니엘은 바벨론 모든 점성가의 우두머리가 되었으며 그 친구들은 바벨론 여러 도시를 다스리는 자가 되었다.

느부갓네살 왕은 신적인 권위를 갖는 왕이 되고자 자기 자신을 상징하는 금 신상을 만들고 그 신상에 모든 사람이 나팔을 불면 절하도록 명령했다. 누구든지 이 신상에 엎드려 절 하지 아니하는 자는 즉시 극열히 타는 풀무에 던져 넣어 죽게 한다고 선포했다. 여기서 풀무란 오늘날로 말하면 제철소의 수천도가 넘는 용광로와 같다고 말할 수 있을 것이다. 그럼에도 불구하고 세 친구는 나팔을 불어도 금 신상에 절하지 않았다. 이 사실이 왕에게 보고되고 왕은 심히 분노하여 세 친구를 불러서 심문했다. 느부갓네살 왕이 가로되 너희들이 내 신을 섬기지 아니하고 금 신상에 절하지 아니하였느냐? 이제라도 너희들이 나팔을 불면 신상에 엎드려 절하면 좋으려니와 만일 절하지 아니하면 즉시 극렬히 타는 용광로에 던져 넣을 것이니 능히 너희를 내 손에서 건져낼 신이 어떤 신이 있겠느냐? 하고 질문했다.

정말로 숨 막히며 두렵고 떨리는 순간이었다. 죽느냐 사느냐(to be or not to be) 갈림길에 있었다. 세 친구들은 뭐라고 대답했는가? 다니엘서 3:16~18절 말씀을 한 번 더 읽어 보자. "사드락과 메삭과 아벳느고가 왕에게 대답하여 가로되 느부갓네살이여 우리가 이 일에 대하여 왕에게 대답할 필요가 없나이다. 만일 그럴 것이면(if) 왕이여 우리가 섬기는 우리 하나님이 우리를 극렬히 타는 풀무 가운데서 능히 건져 내시겠고 왕의 손에서도 건져 내시리이다. 그리 아니하실지라도(if not) 왕이여 우리가 왕의 신들을 섬기지도 아니하고 왕이 세우신 금 신상에게 절하지도 아니할 줄을 아옵소서." 아멘! 할렐루야! 독자, 여러분, 다니엘의 세 친구들의 신앙고백을 듣고 마음에 감동이 오지 않는가? 다니엘의 친구들은 벌벌 떨면서 이 고백을 했을까? 아니면 의연한 자세로 당당하게 고백했을까? 문맥의 흐름을 볼 때 당당하게 그리고 의연하게 '그리 아니하실지라도' 왕이여 우리는 당신의 신에게 절하지 않겠나이다라고 고백했다. 여기서 믿음이 무엇인가를 배울 수 있다.

말씀에 순종한 믿음

십계명 제 1 계명에 의하면 "너는 나 외에 다른 신들을 네게 있게 말지니라."라고 명령했다. 절하지도 말고 섬기지도 말라고 명령했다. 십계명은 하나님 명령의 말씀이다. 그들은 이 말씀을 순종하기 위해 느부갓네살 왕의 명령을 거절했다. 신자는 하나님의 말씀을 순종함으로 성경이 하나님의 말씀인 것을 입증해야한다. 그렇지 아니한 신앙은 잘못된 신앙이다.

고백적인 신앙

신앙 고백에서 '고백'이란 만남을 전제한다. 다니엘을 포함한 세 친구들은 유대에서 뿐만 아니라 포로생활에서 하나님의 사랑과 보호하심을 깊이 체험했다. 그래서 신앙이란 하나님의 놀라운 은혜에 기초해 있다. 하나님의 놀라운 사랑과 능력과 보호하심을 체험하지 않고는 자기의 생명을 바칠 수 없다.

하나님의 영광을 위한 신앙

다니엘의 세 친구들은 자기의 생명을 하나님의 영광을 위해서 바칠 것을 결심했다. 순교하기를 결심했다. '그리 아니하실지라도'의 고백에서 우리는 이들의 믿음을 볼 수 있다. 만약 하나님이 극렬히 타는 풀무에서 건져내시지 아니하실지라도 우리는 주님을 배반할 수 없다고 고백했다. 주님을 믿기 때문이다. 주님을 사랑하기 때문이다. 사드락, 메삭과 아벳느고는 자신의 생명을 주님의 영광을 위해서 이미 바쳤다. "주님, 주님께 내 생명을 맡기오니 이제 주님의 영광을 드러내는 방향으로 알아서 쓰십시오!" 라고 기도했을 것이다. 생명을 맡길 때 하나님은 그들을 풀무로부터 구해내셨다. 느부갓네살도 이 하나님을 찬송했다. 하나님이 사드락과 메삭과 아벳느고의 생명을 버리는 믿음을 통해서 하나님이 영광을 받으시고 찬양을 받으셨다. 우리의 믿음을 통해 하나님께서 영광 받으시고 찬송을 받으시기를 기도하자. 하나님은 이런 사람을 당신의 구속역사에 귀하게 쓰신다.

12. 하나님을 경외하는 믿음(전도서 3:11~14)

오늘 말씀은 솔로몬 왕이 하나님이 주신 지혜를 통하여 깨달은 진리이다. "천하의 모든 일에 정해진 때가 있고 모든 목적이 이룰 때가 있다."라고 했다(전 3:1). 여기서 중요한 말은 정해진 때가 있고 그것이 이루어질 때가 있다는 말이다.

본문은 두 단락으로 나눌 수 있다. 3:1~8과 9~14이다. 전자는 모든 것의 시작과 끝이 있음을 말해주며 후자는 그것을 정하시고 이끌어 가시는 분은 하나님이심을 말해준다. 그리고 14절 말씀은 결론이다.

짝말로 표현 시간 개념

전도서 3:1~8에서 흘러가는 문맥을 보면 짝을 짓는 말로 이루어졌다. 날 때가 있고 죽을 때가 있으며, 심을 때가 있고 심은 것을 뽑을 때가 있다. 여기서 날 때와 죽을 때는 이 세상의 모든 것의 운명을 말해준다. 인간으로 말하면 태어날 때가 있으면 죽을 때가 있다. 나고 죽는 것은 인간이 피할 수 없는 운명이며 시간성에 의해서 규정된다. 누가 태어나고 싶어서 태어나고 죽고 싶어서 죽는가? 태어나고 싶지 않아도 태어나고, 죽고 싶지 않아도 죽는다. 이것은 우리가 선택 사항이 아니라, 하나님이 정한 것이다. 죽고 사는 것이 하나님의 장 중에 있다는 말이다. 히브리서 9:27에 보면 사람이 한 번 죽는 것은 정해진 것이지만 그 후에는 심판이 있다고 했다. 물론 죽음은 아담의 불순종의 결과이다.

하나님은 모든 것을 아름답게 지으셨다

하나님은 모든 것을 지으시되 때를 따라 아름답게 하셨다. 사계절이 있고 계절에 따라 꽃이 피고 열매 맺는 것은 하나님의 창조의 솜씨를 말해준다. 하나님의 솜씨가 아니고서 어떻게 자연현상을 설명할지 모른다. 참으로 놀라운 하나님의 축복이다. 하나님이 지으신 세계를 바라보며 하나님을 찬양하고 그에게 영광 돌리도록 하셨다. 시절에 좇아 과일을 먹고 꽃의 향냄새를 맛보며 사는 인생은 얼마나 행복한 삶인지 모른다.

사람에게 영원을 사모하는 마음을 주셨다 (3:11)

하나님은 인간에게 생래적인 하나님에 대한 지식을 심어주셨다. 충분하지 않지만 하나님에 대한 의식과 양심이 증명해준다. 로마서는 이것은 하나님을 모른다고 핑계를 대지 못하도록 하기 위한 하나님의 배려로 말하고 있다.

그렇다면 우리는 솔로몬이 말하는 짝말을 어떻게 이해해야 하는가? 모든 것은 때가 있기 때문에 기다리며 살아야하는가? 아니면 세상살이는 그렇고 그런 것이니 체념하고 살라는 말인가? 하나님을 모르는 사람은 인생은 허무하기 때문에 먹고 마시며 시집가고 장가가는 것을 낙으로 삼고 살아가라는 말인가? 먹고 마시는 것과 수고함으로 낙을 누리는 것이 하나님의 선물이라고 했다(3:13). 왜 하나님은 모든 것의 때를 정하셨는가? 왜 하나님은 모든 것을 지으시되 때를 따라 아름답게 하시고 영원을 사모하는 마음을 주셨는가? 왜 인간 세상에 많은 문제가 일어나고 슬픈 일이 많은가? 이것을 우리는 어떻게 이해해야 하는가?

하나님을 경외하기 위하여 정하셨다

하나님이 이같이 행하심은 사람으로 그 앞에서 경외하게 하려고 하셨다고 말한다. 이 세상에 모든 것의 시작과 끝을 정하셨다. 아름답게 창조하셨다. 하나님을 사모하는 마음을 주셨다. 그리고 당신의 선하신 섭리로 다스리신다. 따라서 일어난 모든 일에는 하나님의 예정과 선하신 섭리가 있다.

경외라는 말은 하나님을 두려워한다는 말이다. 경외심이 없는 것은 하나님을 하나님으로 아는 것이 아니다. 하나님을 경외함으로 하나님의 보호하심을 받을 수 있다(시 34:7). 하나님을 경외함으로 두려움에서 벗어날 수 있다. 여호와를 경외하는 것이 지혜의 근본이라고 했다. 하나님을 경외하는 것이 하나님의 복을 얻는 길이다(시 115:13).

하나님이 우리를 얼마나 마음 아프게 사랑하시는가? 이 세상에서 우리가 경험하는 허무, 그리고 우리가 당하는 고난, 아픔, 질병은 하나님의 저주가 아니라 하나님을 더욱더 사랑하고 그분을 경외하고 믿도록 하기 위한 하나님의 사랑이라는 사실을 우리는 알아야 한다. 우리를 당신의 훌륭한 자녀로 키우시고 만드시기 위해서이다. 대개의 경우는 우리가 잘못해서 고난과 고통을 당하는 경우가 많다. 그러나 하나님은 그것을 통해서 당신을 사랑하고 경외하도록 하신다는 것을 우리는 깊이 이해해야 한다. 그래서 고난을 당할 때 겸손하게 하나님께 무릎을 꿇고 기도해야한다. 그래서 겸손으로 허리를 동이고 능하신 하나님께 맡기라고 했다(벧전 5:5~6).

하나님을 경외하면서 사는 생활이 가장 행복한 삶이다. 전도서12:13에 보면 이것이 인간의 본분이다. 사는 목적이다. 인생이 허무하기 때문에 우리가 하나님을 경외하고 사는 것이 아니다. 하나님이 경외하고 살도록 정하셨기 때문에 경외하고 사는 것이다. 하나님은 당신의 경외함을 우리가 당하는 고난과 아픔을 통해서 배울 수 있게 하셨다. 그래서 우리는 고난을 통해서 하나님의 선하신 뜻을 발견할 수 있다. 하나님을 우리를 당신을 경외하며 살도록 창조하셨다. 하나님을 경외함으로 성숙한 신자, 목회자가 되자.

13. 찬미의 제사를 드리는 믿음(히 13:12~15)

"그러므로 예수도 자기 피로써 백성을 거룩케 하려고 성문 밖에서 고난을 받으셨느니라 그런즉 우리는 그 능욕을 지고 영문 밖으로 그에게 나아가자 우리가 여기는 영구한 도성이 없고 오직 장차 올 것을 찾나니 이러므로 우리가 예수로 말미암아 항상 찬미의 제사를 하나님께 드리자 이는 그 이름을 증거하는 입술의 열매니라"

우리 신자가 왜 항상 찬미의 제사를 드려야 하는가를 말씀해주고 있다. 또한 어떻게 찬송을 하나님께 드려야 하는가를 말씀해 주고 있다. 찬송은 주님의 은혜와 사랑과 인도하심에 대한 감사요, 신자가 하나님께 드려야 할 입술의 열매이다.

이러므로

'이러므로'라는 접속부사로 시작하고 있다. 히브리서 13:11~14까지 말씀을 받고 있다. 구약의 제사 제도에 의하면 이스라엘 백성들이 죄사함을 받기 위해서 대제사장이 일년에 한 번씩 흠없는 양의 피를 취하여 지성소에 들어가서 백성들의 죄사함을 받도록 기도했다. 그러나 짐승의 육체는 부정하다 해서 성 밖에서 불살랐다. 마찬가지로 주님도 당신의 보혈의 피로써 우리를 정케하시려고 예루살렘 성문 밖 골고다에서 피흘려 죽으셨다. 죄는 피를 보지 않고서는 깨끗하게 될 수 없다. 주님은 우리 죄를 위해서 보혈을 흘려 주셨다. 우리 죄를 위해 십자가에서 고난 받으시고 죽으셨다. 그리고 우리에게 영원한 생명을 주시기 위해 부활하신 것이다. 이것이 복음의 핵심이다. 우리가 주님을 깊이 알기 위해서는 주님이 지신 십자가의 고난을 체험해야 한다. 그러나 이 고난은 슬픔의 고난이 아니라 우리에게 참 인생의 의미를 주는 고난이다. 삶이 있는 것처럼 인생에는 고난이 있다. 그러나 고난에 의미가 주어질 때 그것은 이미 고난이 아니라 의미를 주는 고난이 된다.

히브리 기자에 따르면 인생은 순례자의 여로와 같다. "우리가 여기는 영구한 도성이 없고 오직 장차 올 것을 찾나니." 이 세상은 우리가 영원히 살 땅이 아니다. 우리의 영적인 고향은 주님의 영원한 나라에 있다. 그래서 우리 삶은 지상의 삶이 마지막이 아니라 천국으로 가는 순례자의 여로와 같다. 우리는 주님께서 마련하신 영원한 집에서 영원토록 주와 같이 살 것이다. 따라서 신자는 단순히 세상적인 나그네가 아니라 거룩한 나그네이다.

'이러므로' 주 예수 그리스도로 말미암아 찬미의 제사를 하나님께 드리자고 말하고 있다. 그래서 찬송은 인간의 희노애락을 노래한 유행가가 아니라 주님의 구속의 희로애락를 찬양하는 것이다. 주일은 결국 주님의 구속의 은혜를 기억하고 감사하며 찬양하는 날이다. 마음의 평화는 하나님의 은혜를 깊이 체험할 때 평화가 오는 것이다. 평화가 올 때 마음은 아름답게 되는 것이다. 그래서 히브리 기자도 마음은 은혜로 굳게함이 아름답다고 했다(히13:9).

예수님의 은혜를 찬양

찬양의 감격과 감동이 없다면 그것은 영적으로 죽어 있는 상태이다. 그래서 시편 기자는 "호흡이 있는 자마다 여호와를 찬양할지어다."(150:6)라고 명령했다. 호흡이 없을 때는 찬양할 수 없는 것이다.

우리는 아무때나 노래를 부르지 않는다. 인간의 감정과 사상이 최고조에 다다를 때 노래가 나오는 것이다. 나는 올림픽 경기에서 금메달을 딴 사람의 가정에서 기쁨을 참지 못하여 울고 마지막에는 만세삼창으로 끝나는 것을 봤다. 이것은 인간의 감격과 환희를 표현하는 최고의 표현이라고 할 수 있다. 마찬가지로 신자는 하나님의 은혜에 대한 감격과 감사와 환희를 찬양으로 표현하는 것이다. 인생에 감격과 환희가 없는 인생은 괴롭고 슬픈 인생이 되는 것이다.

예수를 증거하는 입술의 열매

찬양은 그 이름을 증거하는 입술의 열매라고 했다. 여기서 증거라는 말은 원어로 보면 고백이라는 말이다. 따라서 찬양이란 주님의 은혜를 고백하는 마음의 표현이 되어야야 함을 배울 수 있다. 찬양을 통해서 우리 주님이 전파되어야 한다. 이런 점에서 찬송은 강력한 복음 전파이다.

14. 감사의 기도를 드리는 믿음(롬 1:8~10)

사도 바울은 로마에 있는 성도들을 인하여 하나님께 감사를 드렸다. 왜 그러했는가?

성도의 믿음이 전파됨

로마에 있는 성도들의 믿음이 온세상에 전파되었기 때문에 감사를 드렸다. 로마는 당시의 세계의 중심지였다. 또한 예수를 믿는 성도들은 예수를 믿기 때문에 핍박을 받기도 했다. 그럼에도 불구하고 성도들이 있었다. 그들의 믿음의 생활이 온 세상에 전해지는 것을 들었을 때 사도 바울은 하나님께 감사를 드렸다. 예수 그리스도의 복음의 능력을 체험하고 그 능력이 생활로 드러나게 되었기 때문이었다. 신자의 기쁨은 성도님의 믿음의 생활이 드러나게 될 때 기쁘고 감사를 드린다. 우리는 성도로서 세상 사람과는 다른 믿음의 생활을 보여주어야 한다. 이것을 하나님께 영광을 돌리는 신앙생활이며 우리가 본받아야할 신앙생활이다. 교회의 성도들의 아름다운 믿음의 생활이 온 세상에 전해기를 기도하자.

쉬지 않는 기도

사도 바울은 항상 기도에 쉬지 않고 로마에 있는 성도들을 말한다고 고백했다. 그렇다. 기도는 항상 쉬지 않고 해야 한다. 신자는 기도 가운데서 성도들과 사귀며 기억해야한다. 기도 가운데서 어떤 사람을 기억한다는 것은 얼마나 아름다운 일인지 모른다. 남의 이름을 기억해 주는 것도 기쁜 일인데 쉬지 않고 항상 기도한다는 것은 참으로 우리를 기쁘게 해주는 것이다. 독자 여러분의 항상 쉬지 않고 기도하는 제목이 있는가? 항상 쉬지 않고 기도하는 사람이 있는가? 목회자는 성도들의 사정을 놓고 항상 기도해야 한다. 그리고 성도가 서로를 위해서 쉬지 않고 기도를 통해서 교제하며 사랑할 수 있기를 기도하자.

15. 없을지라도 하나님을 인하여 감사하는 믿음

"비록 무화과 나무가 무성하지 못하며 포도나무에 열매가 없으며 감람나무에 소출이 없으며 밭에 식물이 없으며 우리에 양이 없으며 외양간에 소가 없을지라도 나는 여호와를 인하여 즐거워하며 나의 구원의 하나님을 인하여 기뻐하리로다 주 여화와는 나의 힘이시라 나의 발을 사슴과 같게 하사 나로 나의 높은 곳에 다니게 하시로다."(하박국 3:17~19)

오늘 말씀은 하박국 선지서의 결론에 해당한다. 그래서 하박국 선지서의 대략을 살펴보는 것이 중요하다. 하박국이 선자로서 사역한 시기는 국내외적으로 위기를 맞고 있었다. 국외적으로는 애굽의 군대가 BC 609년에 유다왕을 죽인후 스스로 패퇴하면서 갈대아의 느부갓네살이 바벨론을 중심으로 하여 바빌론에 세력을 뻐쳐 세계를 정복하기 시작하였다. 또한 국내적으로는 이스라엘 백성이 종교적, 도덕적으로 타락하였고, 심지어 왕까지도 여호와 보시기에 악을 행하였다(왕하 23:37). 그래서 하박국 선지자는 유다의 물질적 번영과 영적 부흥이 점점 쇠퇴하고 절망의 그림자가 드리워진 암울한 시대에 선지자의 사역을 감당하였다.

하박국은 이런 와중에 신앙의 갈등과 고민이 있었다. 그래서 하나님께 부르짖었다. 의로우신 하나님은 악을 용납하시는가? 세상의 극도의 불의와 횡포를 볼 때 과연 하나님이 계시는가? 하며 하나님께 부르짖었다. 하박국의 질문에 대해 하나님은 불의와 횡포에 대해서 반드시 심판하신다고 하셨다. 그리고 의인은 믿음으로 살아야 한다고 권면하셨다.

하나님의 약속의 말씀을 듣고 하박국 선지자는 기도했다. 그리고 감사를 드렸다. 오늘 읽은 본문은 감사의 이유에 대해서 말하고 있다. 하박국의 감사를 통해서 우리도 하나님께 감사를 드리는 생활을 해야하겠다. '없을지라도 기뻐한다'고 했다. 감사의 본질이다.

없을지라도

없을지라도 여호와를 인하여 감사를 드리는 것이다. 다시 말하자면 여호와 하나님은 없는 것을 있게 하시는 분이시다. 죽은 자를 살리시고 없는 것을 있게 하시는 하나님이시다.

여호와 하나님은 우리의 구원이시다

인생의 모든 생사화복을 주장하시는 하나님이시다. 그래서 하나님을 믿으면 하나님께서 굶주림으로부터, 죄의 세력으로부터, 질병으로부터 우리를 구원하신다.

우리는 감사라는 말을 사용할 때 대개 무엇을 받기 때문에 감사를 드린다. 이것이 세상의 감사의 본질이다. 은행에 가면 이용해 주셔서 감사합니다. 또 오십시요 하며 인사를 하는 것을 들으셨을 줄로 믿는다. 자기 은행을 이용해서 감사를 드린다는 것이다. 그래서 또 오라고 한다. 돈 때문에 감사를 드리는 것이다. 그러나 하박국의 감사를 보자. 없을지라도 감사를 드렸다. 지금까지 하나님께서 인도하신 것에 대해서 감사를 드려야할 것이다. 뿐만아니라 앞으로 어떤 상황 가운데서도 감사를 드리겠다는 믿음을 소유할 수 있기를 기도하자. 주님이 구원의 하나님이 되시기 때문이다.

여호와는 우리의 힘이시다

없을지라도 감사해야 한다. 하나님은 우리의 힘이 되어주시기 때문이다. 돈이 주머니에 없으면 힘이 빠진다. 자동차에 기름이 떨어질려고하면 불안하게 만든다. 집에 쌀이 없으면 배가 더 고프다고 한다. 우리는 없을 때는 힘이 빠진다. 그러나 주님이 여러분과 나의 힘이 되어주신다고 했다. 우리가 물질이 없을 때 주님은 우리에게 힘을 주셔서 일하게 하심으로 물질을 주신다. 우리가 절망 가운데 있을 때 우리의 희망을 되어주신다. 넘어질 때 일으켜 세워주신다. 가정문제가 있어도 하나님이 해결해주신다. 여호와 하나님은 우리의 힘이 되시기 때문이다. 다윗은 시편 18:1에서 힘이되신 여호와를 사랑한다고 고백했다.

독자 여러분의 신앙의 여정을 생각해보자. 하나님의 은혜와 인도하심이 아니면 오늘 여기에 와 있겠는가? 지금까지 인도하신 하나님께 감사를 드리자. 없을지라도 감사하는 신앙을 소유하자. 그리하면 우리의 신자 생활은 매사에 감사하는 신앙생활을 할 것이다.

16. 하나님을 경외하는 삶 (욥기 42:1~6)

욥기의 결론이다. 그 동안 견딜 수 없는 고난과 갈등의 시간을 통해서 욥이 하나님을 만나고 나서 깨달은 진리요 신앙 고백이다. 과거에는 하나님에 대해서 귀로만 많이 들었는데 이제는 눈으로 하나님을 뵈옵고 회개한다고 고백했다. 진정한 신앙생활은 하나님에 대해서 귀로만 듣는 신앙이 아니라 고난 가운데서 하나님의 능력과 사랑을 직접 체험한 신앙고백이다. 욥의 신앙 고백이 우리의 고백이 될 수 있도록 서로 기도하자.

왜 의인이 고난을 받는가? 왜 신자에게 고난과 환난이 있는가? 왜 하나님은 고난 가운데 숨어 계시는가? 이 질문이 우리를 곤혹스럽게 하는 것은 욥이 의인이었기 때문이다.

순전하고 정직한 욥

욥기 1:1에 의하면 욥은 순전하고 정직하여 하나님을 경외하며 악에서 떠난 자이다. '순전하다'는 히브리어로 탐이라는 말로서 흠이 없는 자(blameless)라는 말이다. 그래서 욥은 위로는 하나님을 경외하고 아래로는 정직하고 도덕적으로 흠이 없이 사는 사람이라고 할 수 있다. 뿐만 아니라 동방에서 부자요 가장 큰 자라고 했다. 욥은 다복한 가정을 가졌다. 욥은 1:4~5에 보면 자녀들은 성결한 생활을 하도록 가르치고 혹시 자녀들이 하나님께 죄를 범하여 마음으로 하나님을 배반하였을까 하여 자식의 수대로 하나님께 번제를 드릴 정도로 하나님 앞에서 의롭게 살았다. 참으로 욥은 의인의 상징이요, 모범적인 가정의 가장이요, 그 가정은 행복한 가정이다. 이상적인 신앙의 삶의 표본이다.

사탄의 질문

하나님의 천상 회의에 사탄도 있었다. 하나님이 사탄에게 어디서 왔느냐고 질문했을 때 세상 이곳 저곳을 두루 다녀왔다고 말했다. 이 때 하나님은 종 욥을 주의하여 보았느냐고 질문하셨다. 욥은 정직하고 온전하여 하나님을 경외하여 그처럼 악에서 떠난 자가 없다고 칭찬하셨다. 사탄이 하나님의 칭찬에 반론을 제기했다. 욥이 까닭없이 여호와를 경외할까요? 과연 우리가 하나님을 경외하는 것에 까닭이 있을까, 없을까? 하나님이 욥을 축복하시고 도와주시기 때문에 하나님을 믿고 따르지 그렇지 않으면 하나님을 배반할 것이라는 것이다. 과연 그런가? 욥의 믿음이 어디에 기초하고 있는가? 여기서 중요한 것은 '까닭없이'라는 말은 사탄이 잘 쓰는 상투적인 단어라는 것이다. 조심하자.

욥에게 닥친 첫째 환난

정직하고 의로운 욥에게 환난과 고난이 닥쳤다. 하루 아침에 욥의 자녀, 재산과 가축이 다 죽었다. 욥의 생각에도 까닭 없이 하루 아침에 이런 일이 일어났다. 사람팔자 시간문제라고 하는 속담처럼 그렇게 엄청난 부자가 하루 아침에 거지가 되었다. 참으로 비참한 상태에 빠지게 되었다. 이렇게 욥에게 일어났다면 모든 사람에게도 일어날 가능성이 있다. 한치 앞을 내다보지 못하는 것이 인생이다. 그러나 욥은 어떠했는가?

욥기 1:21~22에 보면 욥은 주시는 자도 하나님이시오 취하신 자도 여호와시니라고 고백하면서 여호와의 이름을 찬송했다. 욥은 큰 믿음을 가진 자였다. 환난의 날에 여호와 하나님을 원망하거나 범죄치 아니했다.

두 번째 환난

두 번째 환난이 욥에게 닥쳤다. 첫 번째 환난은 자신의 재산과 가족들에게 미친 재난이었다. 그러나 두 번째 환난은 자신에게 온 재앙이었다. 머리에서 발끝까지 악창이 나게 되었다. 악창이란 피부가 견딜 수 없을 정도로 가렵고(2:8), 가죽이 합창되었다가 터지며(7:5), 숨쉴 때마다 냄새가 나며(19:17), 피부는 검어져서 떨어져 나가고, 뼈는 열기로 인하여 타며(30:30), 갈비뼈가 떨어져 나갈 것 같고(30:17, 30), 몸이 극도로 쇠하여 수척해지고(19:20, 30:18), 불면증과 악몽(7:4, 13~15)에 시달리는 증세가 나타나는 병이라고 한다. 이와 같은 욥을 한번 생각해 보자. 욥이 당하는 재앙은 욥이 잘못해서 그런 것도 아니다. 자신이 도덕적으로 흠이 있어서가 아니다. 욥은 하나님을 경외하고 정직하고 흠이 없는 사람이었기 때문이다. 그럼에도 불구하고 재앙이 온 것이다. 그래서 더 견디기 힘든 것이다. 욥기의 저자에 의하면 사단이 하나님의 허용 아래 욥의 믿음을 시험을 하고 있는 것이다. 이런 욥의 형편에 대해서 네 가지 해석이 나온다. 욥의 아내 그리고 욥의 세 친구를 통해서 묘사되고 있다.

욥의 아내

욥기 2:9에, 욥의 아내는 이런 가운데 하나님 앞에 정직함을 지키느냐면서 하나님을 욕하고 죽으라고 욥에게 핀잔을 주었다. 그러나 욥은 다음과 같이 말했다. "우리가 하나님께 복을 받았은즉 재앙도 받지 아니하겠느뇨." 이 모든 일에 욥이 입술로 범죄치 아니하였다(욥2:10).

데만 사람 엘리바스

엘리바스는 욥이 당하고 있는 고난과 재앙은 욥의 죄 때문이라고 했다. '생각하여 보라 죄 없이 망한 자가 누구인가 정직한 자의 끊어짐이 어디 있는가 내가 보건대 악을 밭 갈고 독을 뿌리는 자는 그대로 거두리라'(욥 4:7~8). 엘리바스에 의하면 심는 대로 거둔다는 말을 했다. 인과응보의 사상이라고 할 수 있다. 원인과 결과의 신앙이다. 이런 신앙은 기독교의 신앙이 아니다.

수아 사람 빌닷

빌닷은 욥의 자녀들이 죄를 지었기 때문에 그들을 치셨다고 했다. 그러니 회개하고 기도하면 하나님이 다시 고쳐주실 것이라고 충고했다(8:1~6). 자식의 잘못때문에 부모가 처벌받는다는 것은 부당하다. 도덕적인 책임은 있지만 말이다. 이런 신앙은 윤리적인 신앙이다.

나아마 사람 소발

소발은 욥에게 마음을 올바로 정하고 주를 섬기라고 했다. 그리고 죄악이 있거든 멀리하고 불의에서 벗어날 때 환난과 재앙을 잊을 것이라고 훈계했다(11:13~14). 그러나 욥은 그런 사람이 아니지 않나? 그래서 욥은 그들의 친구나 아내의 말을 듣지 않고 자신의 의를 주장했다. 하나님을 만나서 자신의 의를 주장하고 싶었다.

욥의 아내나 세 친구의 훈계와 충고는 바람직하지 않다. 성경적이지 않기 때문이다. 왜냐하면 그들의 충고나 훈계는 인과응보적이기 때문이다. 인과응보적인 사고란 원인이 있으면 결과가 있다고 하는 사고이다. 그러나 사실 원인과 결과 사이에는 어떤 필연적인 관계가 있는 것이 아니라 반복적인 경험에서 오는 것이라고 한다. 오늘 해가 지면 내일 해가 뜬다고 하는 것은 어떤 필연적인 관계가 오늘이라는 개념에 있기 때문이 아니라 반복적인 자연 현상을 통해서 그렇게 믿게 되는 것이다. 인과응보의 사상의 결정적인 결점은 하나님의 예정과 섭리를 무시하기 때문이다. 이 세상에 일어나는 모든 사건의 원인과 결과를 우리가 알 수 없는 것이 많다. 일어나는 모든 일을, 과학에 근거하여 원인과 결과를 설명한다고 해도 '왜 하필이면 나에게'를 설명할 수 없다. 그러나 한가지 아는 것은 그 사건 가운데는 선하신 하나님의 예정과 섭리가 있다는 것이다.

요한복음 9장에 보면 날 때부터 소경된 자가 있다. 이 소경을 보고 제자들의 마음 속에 곤혹스러운 질문이 생겼다. 이 사람이 날 때부터 소경으로 태어났는데 무슨 이유가 있을까? 그래서 주님께 물었다. 이 사람이 날 때부터 소경이 되었는데 이것이 그 부모의 죄인가요? 아니면 자기자신의 죄인가요? 아니면 누구의 죄인가요? 참으로 어려운 질문이다. 제자들에 의하면 인간에게 일어나는 환난이란 재앙이 죄 때문에 오는 것으로 생각했다. 상식적으로 생각하면 옳은 생각이라고 생각할 수 있다. 죄 때문에 오는 것도 있기 때문이다. 그러나 주님의 대답을 들어보자. 이 사람이나 그 부모가 죄를 범한 것이 아니라 그에게서 하나님의 하시는 일을 나타내고자 하심이라(9:3). 날 때부터 소경이 된 것은 자신의 죄도 부모의 죄도 아니다. 전생의 죄도 아니고 팔자소관도 아니며 운명도 아니다. 하나님의 선하신 뜻이 있다. 예수님은 날 때부터 소경된 자를 고쳐주심으로 이 세상의 빛 되심을 알게 하셨다. 참으로 놀라운 하나님의 섭리요 지혜이다.

욥이 재앙을 당하고 환난을 받는 것은 욥의 죄도 아니고 자녀들의 죄도 아니다. 하나님의 예정과 선하신 뜻이 있다. 욥기를 보면 욥은 자신, 가족, 재산에 대한 재앙 때문에 갈등과 고뇌, 고난을 수없이 당하고 왜 의로운 사람이 고난을 받아야 하는가를 생각하고 친구들과 변론하고 하나님과 변론했다. 여기서 변론이라는 말은 토론해서 이기는 말이라기보다는 상담하고 상의해서 그 원인을 알고자 하는 것을 말한다. 욥은 계속해서 자신의 정직함을 주장하다보니 자신이 하나님보다 의롭다는 경지에까지 올라갔다. 이것이 욥의 문제였다. 욥의 잘못을 람 족속 부스 사람 엘리후가 지적하였다 (욥32:2).

부스 사람 엘리후

부스 사람 엘리후는 욥과 그의 친구들을 책망했다. 욥과 친구들은 하나님의 뜻을 헤아리지 못함을 지적했다. 욥의 의가 하나님으로부터 온 것인가를 생각하도록 했으며 자신의 의를 주장하기 전에 하나님의 말씀을 들으라고 권했다. 우리가 아무리 세상에서 의롭다고 해도 그것을 하나님 앞에서 주장할 수 없다. 하나님과 인간은 다르기 때문이다(욥35:1~3).

폭풍우 가운데 계시는 하나님

하나님은 폭풍우 가운데서 욥에게 나타나셔서 욥에게 말씀하셨다. "무지한 말로 이치를 어둡게 하는 자가 누구냐 너는 대장부처럼 허리를 묶고 내가 네게 묻는 것을 대답하라"(욥38:1~2). 창조주시고 천지 만물을 당신의 주권으로 다스리시는 하나님이심을 말씀하셨다. 그리고 욥기 40:8에 보면 '네가 내 심판을 폐하려느냐 스스로 의롭다 하려 하여 나를 불의하다 하느냐'고 책망하셨다. 하나님의 책망을 들은 욥은 자기의 문제가 무엇인가를 깨달았다. 그것이 42:1~6 말씀이다. '욥이 여호와께 대답하여 가로되 주께서는 무소불능하시오며 무슨 경영이든지 못 이루실 것이 없는 줄 아오니 무지한 말로 이치를 가리우는 자가 누구니까 내가 스스로 깨달을 수 없는 일을 말하였고 스스로 알 수 없고 헤아리기 어려운 일을 말하였나이다 내가 말하겠사오니 주여 들으소서 내가 주께 묻겠사오니 주여 내게 알게 하소서 내가 주께 대하여 귀로 듣기만 하였삽더니 이제는 눈으로 주를 뵈옵나이다 그러므로 내가 스스로 한하고 티끌과 재 가운데서 회개하나이다'(42:1~6). 참으로 놀라운 고백이다. 모든 문제는 하나님과 만남에서 해결되고 깨닫게 되는 것이다. 욥이 깨달은 진리가 무엇인가?

욥이 깨달은 진리

하나님은 무소불능하신 하나님이시다. 하나님은 모든 것을 하실 수 있는 절대 주권을 가지신 하나님이시다. 그래서 모든 것에는 하나님의 선하신 섭리가 있다. 모든 것이 합력하여 선을 이룬다(롬8:28).

자기도 모르는 질문

욥은 자기 스스로 알 수 없고 풀 수 없는 것을 질문했다. 왜 의인이 고난을 받는가? 욥도 잘 모르는 질문이고 하나님도 이 질문에 대해서 대답하시지 않았다. 우리는 풀 수 없는 것은 그대로 놔둬야 한다. 대답이 없는 것은 그것이 대답이 되기 때문이다. 하나님도 대답하시지 않았다고 한다면, 그것이 대답이다.

귀로만 듣는 신앙은 온전한 믿음이 아니다

욥은 과거에 하나님에 대해서 귀로만 들었다고 고백했다. 과거란 고난과 재앙이 없었을 때 하나님을 귀로 듣고만 알았다. 고난 가운데서 하나님을 체험해야지 고난이 없을 때 하나님의 만남은 진정한 만남이 아니라 그것은 듣는 것이다. 그러나 고난과 재앙을 통해서 하나님을 눈으로 보게 되었다고 욥은 고백했다. 우리는 고난과 환난 가운데서 주님의 능력과 사랑을 체험할 수 있다. 그곳에서 살아 계신 하나님을 만나 뵈올 수가 있다. 사랑하는 독자 여러분 고난 가운데 즐거워하자. 살아 계신 하나님을 만날 기회가 되기 때문이다.

고난은 인생의 한 부분이다

고난은 왜 있는가, 라는 형이상학적 질문이 중요한 것이 아니라 고난도 인생의 한 부분이라는 것을 인정하는 것이 중요하다. 살아있는 한 우리는 고난을 피할 수 없다. 고난은 우리가 살아 있다는 것을 말해주는 싸인이다. 더 중요한 것은 고난은 인내를 낳고 인내는 연단을 낳으며 연단은 소망을 낳는다(롬5:3~4). 이것이 고난에 대한 답이다. 고난은 신자의 믿음의 뿌리를 튼튼하게 한다(막 4:17).

회개

욥은 의로운 사람이기 때문에 하나님께 자기 의를 주장하고 변론했다. 이것이 욥의 문제이다. 아무리 욥이 하나님 앞에서 의로운자라고 해도 하나님 앞에서 인간은 자기 의를 주장할 수 없다. 감히 누구의 안전에서 우리의 의를 주장할 수 있다는 말인가? 이것은 교만이다. 하나님 앞에서 우리는 회개할 수 밖에 없다. 하나님 앞에서 욥 같은 의인도 티끌에 불과하다. 이것이 하나님 앞에서 겸손이다. 겸손하게 하나님의 말씀을 순종하는 것이다. 이것이 경외하는 믿음이다.

왜 의로운 사람이 고난을 받아야하는가에 대해서 하나님도 대답해주시지 않았다. 당신은 무소불능하시는 하나님이시오 인간의 모든 생사화복을 주장하시는 절대 주권을 행사하시는 하나님이심을 말했다. 이것을 아는 것으로 족하다. 모든 일을 하나님의 예정과 섭리 가운데 일어난다. 그래서 겸손히 하나님의 뜻을 받아들이고 그 가운데서 하나님의 선하신 섭리를 찾도록 기도하자.

"내가 주께 대하여 귀로만 듣기만 하였삽더니 이제는 눈으로 주를 뵈옵나이다." 이 고백이 독자 여러분과 나의 고백이 되도록 다같이 기도하자.

17. 화목의 대사로서의 삶(고후 5:18~21)

사도 바울에 의하면 신자는 그리스도의 사신이다. 다시 말하면 그리스도의 대사이다. 화목케하는 메세지를 전하는 대사가 된 것이다. 그래서 교회는 화해의 메시지를 전하며 그러한 역사를 감당하는 곳이 교회이다.

화목의 근거

화목이라는 카타레게(καταλλαγη)라는 말은 희랍어로 카타라소(καταλλασσω)의 명사형으로서 κατα와 αλλασσω(바꾸다, 교환하다)의 합성어로서 화목 또는 화해라는 의미를 가지고 있다. 화목이라는 말은 그 말 자체가 의미하는 대로 어떤 관계에서 원수관계에 있는 사람과의 화해를 의미하는데 쓰는 말이다. 그래서 성경에 보면 죄로 말미암아 우리는 하나님과 원수가 되었다고 사도 바울은 말하고 있다(롬 5:10).

우리는 죄로 말미암아 하나님과 원수가 되었다(롬 5:10). 원수라는 말은 무서운 말이다. 원수가 되어보지 않은 사람은 원수라는 말을 잘 이해하지 못한다. 셰익스피어의 로미오와 줄리엣이라는 작품을 보면 둘은 서로 사랑하는 사이지만 서로 원수가 되는 가정이었다. 그래서 양가는 길에서 마주치기만 해도 증오와 시기심에 불타서, 상대방 가문 사람을 죽이려는 마음까지 생겼다. 그런데 어떻게 둘의 결혼을 허락하겠는가? 양가정은 로미오와 줄리엣의 결혼을 반대하게 되었으며 결국은 두 사람이 자살하는 비극으로 끝나게 되었다. 비극적인 사랑의 이야기가 된 것이다. 원수지간이란 이토록 무서운 관계요 서로 용납할 수 없는 것이다.

마찬가지로 하나님과 우리 사이도 죄로 말미암아 원수관계에 있어서 하나님과 올바른 관계를 맺을 수 없었다. 하나님이 원수를 맺은 것이 아니라 우리가 원수관계를 맺은 것이다. 본질상 우리는 진노의 자식이었다(엡2:4). 허물과 죄로 말미암아 우리는 죽었던 자였다(엡2:1).

그러나 예수 그리스도의 보혈로 말미암아 하나님과 관계성을 회복하게 되었다. 하나님과 화목하게 되었다. 우리가 마땅히 죽어야 하지만 하나님은 우리의 죄를 예수 그리스도에게 담당시키셨다. 참으로 놀라운 하나님의 은혜이다. 하나님이 예수 그리스도를 통해서 우리를 화목케 하시고 하나님을 감히 아바 아버지라고 부를 수 있게 하셨다. 이것은 하나님의 한량 없는 은혜요 자비라 아니할 수 없다.

화목의 근거는 우리 자신의 업적이나 선행에 있는 것이 아니요 예수 그리스도의 보혈을 통한 하나님의 은혜에 기초하여 있다. 그리스도 때문에 우리는 하나님과 화해하게 된 것이다. 그래서 그리스도로 말미암아 우리를 하나님과 화목하게 했다고 기록하고 있다(고후 5:18). 여기서 보면 하나님과의 관계에 있어서 화목이란 쌍방적인 관계가 아니라 하나님이 주체가 되고 우리는 주체와 연관되어 있는 수동적인 관계에 있다. 하나님이 우리를 그리스도의 보혈의 피를 통해서 우리의 죄를 예수 그리스도께 담당시키시므로 우리를 자기에게 화해토록 하신 것이다.

화목의 본질

화해의 본질은 무엇인가? 화해의 본질은 하나님이 예수 그리스도의 십자가를 통하여 우리의 죄를 용서하셨다는 데 있다. 우리가 하나님과의 원수가 된 것은 우리의 죄 때문이었다. 죄의 용서가 없이는 다른 사람과 화해를 할 수 없다. 따라서 우리는 그리스도의 용서의 사랑을 덧입어서 서로를 용서해야 화목할 수 있다. 우리가 서로의 약점을 덮어주며 감당하지 못할 때 화목의 역사를 감당할 수 없다. 그리스도 때문에(고후 5:18/διὰ Χριστοῦ) 우리는 화해의 대사가 될 수 있다. 화해의 메시지를 전하는 대사가 될 수 있다.

화목의 대사

하나님은 우리의 죄를 예수 그리스도에게 담당시키고 우리에게 화해의 직책을 주셨다고 말씀하셨다. 여기서 화해의 직책이란 영어로는 화해의 직무(the ministry of reconciliation)라고 번역했다. 신자나 목회자가 실천해야 할 역사는 화해의 역사를 실천하는 대사가 되어야 한다. 화해의 대사는 화해의 말씀을 전파해야 하는 것이다.

주님의 메세지는 화해의 메세지이다. 사도 바울은 말했다. 그리스도를 대신해서 화목의 말씀을 전할 것을 부탁했다. 그리스도의 복음의 메세지는 화해의 메세지이다.

하나님은 우리 죄를 용서하고 당신의 자녀를 삼기 위해 독생자 예수 그리스도를 이 땅에 보내셔서 우리의 죄를 그에게 담당시키시고 우리 죄를 용서하여 주시고 하나님과 화목하게 하셨다. 그리고 그리스도를 대신해서 우리에게 화목케하는 메세지를 전하게 하실 뿐만 아니라 화목케 하는 대사의 직분을 주셨다. 우리의 사명은 죄로 말미암아 원수된 관계를 허물고 한 형제 자매가 되게하는 화해의 메시지를 전하는 대사의 직분을 감당하는 주님의 종이 되자.

18. 예수를 따라가는 믿음

"아무든지 나를 따라오려거든 자기를 부인하고 자기 십자가를 지고 나를 좇을 것이니라."(막 8:34)

마가복음 8장 전반부에서, 베드로가 주님은 그리스도시라고 고백했다. 예수님은 우리를 죄악으로부터 구원하신 구세주이시다. 베드로의 고백이 있은 후에 주님은 비로소 주님께서 십자가에 죽으시고 삼일만에 부활하실 것을 가르치셨다. 이 때 베드로는 예수님이 죽어서는 안된다고 예수님께 말했다. 이 말을 듣고 주님은 베드로에게 사탄아 물러가라 네가 하나님의 일을 생각지 않고 사람의 일을 생각한다고 꾸짖으시고 마가복음 8:34절 말씀을 주셨다.

예수님을 따라가는 생활

본문 말씀에 의하면 신자의 생활이란 주님을 따라가는 생활이다. 여기서 '따라가는' 라는 언어가 중요한 의미를 가지고 있다. 나는 따라간다는 말을 미국에서 전도사로 심방하면서 배웠다. 미국에서는 저녁에 심방을 많이 한다. 낮에는 부부나 가족들이 일을 하기 때문에 낮에 심방가는 것이 어렵다. 저녁에 심방을 가는데 차를 타고 간다. 길을 모르기 때문에 앞차를 따라가는데 앞차가 깜박이를 하고 가면 따라가기가 쉽다. 나의 생각으로 가는 것이 아니다. 앞차가 가는 방향대로 가는 것이다. 이것이 따라간다는 의미이다. 자기 생각으로 따라가는 것은 자기 생각대로 가는 것이다. 마찬가지로 신자는 주님을 따라가는 생활이 진정한 신앙생활이요 주님께서 원하시는 신앙생활이다. 그러면 어떻게 주님을 따라가야 하는가?

자기부인

주님을 따라가기 위해서는 자기를 부인해야 한다. 자기를 부인하는 것은 참으로 어려운 일이다. 인간은 자기를 중심으로 모든 일을 하기 때문이다. 다시 말하면 인간은 자기 밖에 모르는 존재이다. 더욱이 급박한 상황 가운데서는 더욱 자기 밖에 모르는 것이 인간이다. 자기가 살고 나서 남이 있는 것이다. 이것을 성경에서는 원죄로 인한 인간의 죄성의 표현이라고 한다.

베드로를 보자. 왜 주님께서 베드로를 꾸짖으셨는가? 사탄이라고 꾸짖으셨다. 그것은 자기 생각으로 주님을 따르고자 했기 때문이다. 주님은 베드로가 하나님의 일을 생각지 않고 사람의 일을 생각한다고 하시면서 사탄아 뒤로 물러가라고 꾸짖으셨다. 자기 생각으로 주님을 따라가고자 하는 사람은 사탄이다. 자기 생각으로는 주님을 따라갈 수 없다. 하나님의 말씀대로 따라가야한다. 하나님의 말씀대로 따라가기 위해서는 자기부인을 해야한다. 자기 생각과 하나님의 말씀이 상충될 때 우리는 자기 생각을 버리고 하나님의 말씀을 따라야 하는 것이다.

베드로는 예수님의 수제자였다. 주님께서 십자가에 죽으신다고 할 때 같이 죽겠다고 장담했다. 그러나 주님은 닭이 울기 전에 세번 부인할 것이라고 미리 말씀하셨다. 그러니 베드로는 어찌했는가? 주님이 십자가에 죽으시게 될 때 세번이나 주님을 부인했다. 그렇다. 이토록 인간은 연약한 것이다. 베드로는 자기자신을 부인하지 못할 때 주님을 부인하게 되었다. 이것이 우리의 문제이다. 그래서 주님은 누구든지 자기의 목숨을 구원하자 하면 잃을 것이요 주와 복음을 위해서 목숨을 버리면 살 것이라고 말씀하셨다. 주와 복음을 위해서 자기를 부인할 때 자기를 얻는 것이다. 주님을 위해서 봉사할 때 하나님은 자기에게 필요한 모든 것을 주신다. 주님을 위해서 잃음으로써 얻는 것이 기독교에서 가르치는 진리이다. 포기함으로 얻는 것이다.

자기 십자가

신자는 자기 십자가를 지고 주님을 따라가야 한다. 여기서 자기 십자가는 주님의 십자가가 아니다. 하나님은 주님의 십자가를 통해서 인간을 구원하셨다. 십자가를 통해서 하나님의 지혜와 능력을 우리에게 알려주셨다. 주님은 고난을 통해서 순종을 배우셨다. 그래서 우리도 우리가 져야할 십자가를 질 때 하나님의 지혜와 능력을 체험할 수 있다. 신자는 각자 자기 십자가가 있다. 어떤 사람은 건강이 될 수 있다. 가정사가 될 수도 있다. 이런 십자가를 질 때 우리는 주님과 십자가를 통해서 교제를 나누게 되고 그 결과 우리는 고난의 의미를 알 수 있다. 주님이 십자가의 고난을 통해서 인간을 구원하셨다면 어찌 주님의 고난을 조금이라도 체험하지 않고 주님을 알 수 있겠는가? 여기서 중요한 것은 주님을 따라가기 위해 자기 십자가를 지는 것이다.

주님을 따라가는 생활

우리는 자기를 부인하고 자기 십자가를 지고 그리고 나서 주님을 따라갈 수 있다. 누구를 따라서 인생을 살아가시려는가? 나를 사랑하사 나를 위해서 죽으신 주님을 따라가시지 않으려는가? 인생은 누구를 따라 사느냐에 행복과 불행이 결정된다. 주님을 따라갈 때 비록 어려움은 있어도 그 길이 좁은 길이고 생명의 길이다.

주님은 여러분과 저를 사랑하사 우리를 위해서 대신 죽으신 주님이시다. 이제 주님께서 따라서 살기를 원하신다. 이것이 축복받는 신앙생활이기 때문이다. 주님을 따라가기 위해서는 자기를 부인해야 한다. 자기 십자가를 져야 한다. 이것은 주님의 명령이다.

19. 하나님께 마음을 쏟아붓는 한나의 기도 (삼상1:1~18)

성태하지 못한 한나

에브라임 산지 라마다임소빔에 엡브라임 사람 엘가나라 하는 자가 있으니 그는 여로함의 아들이요 엘리후의 손자요 도후의 증손이요 숩의 현손이었다. 그에게는 두 아내가 있으니 하나의 이름은 한나요 다른 하나의 이름은 브닌나이다. 한나라는 이름은 은총을 입었다는 말이며 브닌나라는 말은 붉은 진주 혹은 산호라는 이름이다. 이스라엘에서는 대게 남자의 이름은 종교적인 의미를 가지고 있으나 여자의 이름은 보석등 애정을 나타내는 뜻을 가지고 있다.

그런데 브닌나는 자식이 있으나 한나는 자식이 없었다. 뿐만 아니라 엘가나가 브닌나보다는 한나를 사랑하기 때문에 브닌나는 한나를 시기하고 자극하여 격동케 했다. 그리하여 한나는 몹시 슬픈 여자가 되었다. 한나의 슬픔은 이중적이다. 자식이 없는 슬픔이 있었다. 뿐만 아니라 브닌나의 시기와 남편의 동정심에서 오는 소외감이다. 이런 슬픔과 괴로움 속에서 살아가는 한나를 생각할 때 인간적으로 보면 동정심이 가기도 한다. 남으로부터 동정을 받는다는 것은 참으로 참기 어려운 슬픔이요 괴로움이다. 이런 가운데 남편 엘가나는 삼상 1:8에 보면 '그 남편 엘가나가 그에게 이르되 한나여 어찌하여 울며 어찌하여 먹지 아니하며 어찌하여 그대의 마음이 슬프뇨 내가 그대에게 열 아들보다 낫지 아니하뇨?' 물었다. 남편의 동정심은 한나를 더욱 슬프게 했을 것이다.

삼상 1:6을 보면 하나님께서 성태치 못하게 하셨다고 기록하고 있다. 그렇다. 이 세상에 일어나는 모든 것은 다 하나님의 선하신 뜻이 있다. 하나님의 선하신 섭리를 믿어야 한다. 하나님은 예수를 믿는 자에게 합력하여 선을 이루신다고 하셨다.

한나는 가족과 함께 매년 제를 올리러 하나님의 전에 갔다. 하나님 앞에 선 한나는 어떠했는가? 삼상 1:10절을 보자. '한나가 마음이 괴로워서 여호와께 기도하고 통곡하며 서원하여 가로되' 라고 기록하고 있다. 한나는 모든 것을 아시며 사랑하시는 하나님 앞에서 하염없이 흐르는 눈물을 흘릴 수밖에 없었다. 눈물을 흘리면서 하나님 앞에서 서원 기도를 했다.

여호와 앞에서

마음이 괴로운 한나는 어떻게 자기의 문제를 해결했는가? 세상적인 방법으로 해결했는가? 한나는 성경적인 방법으로 해결하고자 했다. 마음이 괴로워서 여호와께 기도하고 통곡했다. 그리고 서원했다. 서원은 하나님이 아들을 주시면 하나님께 드리겠다는 것이었다.

마음이 괴롭고 슬프고 원통한 한나는 기도했다. 삼상 1:15~16 말씀을 한 번 읽어 보자. "한나가 대답하여 가로되 나의 주여 그렇지 아니하나이다. 나는 마음이 슬픈 여 자라 포도주나 독주를 마신 것이 아니요 여호와 앞에 나의 심정을 통한 것 뿐이오니 당신의 여종을 악한 여자로 여기지 마옵소서 내가 지금까지 말한 것은 나의 원통함과 격동됨이 많음을 인함이라." 한나는 여호와 앞에서 자신의 심정을 통했다고 기록하고 있다. '통했다'는 말은 히브리어로 쇄파크라는 말로서 쏟아놓다는 의미이다. 한나는 여 호와 앞에서 자신의 마음을 쏟아 부었다고 말할 수 있다.

우리는 여호와 앞에서 마음을 토해내야 한다. 시편 62:8에보면 여호와를 순간순 간 의지하고 그 앞에 마음을 토하라고 했다. 그러면 하나님은 우리의 피난처가 되신다 고 했다. 우리가 먹은 것을 토해내면 더럽고 추하다. 일단 더러운 냄새가 나서, 누구라 도 보기도 싫어하고 치우기도 싫어한다. 그러나 우리가 여호와 앞에서 우리의 죄를 토 해내면 하나님은 당신의 은혜로 그 더럽고 냄새나는 죄를 깨끗하게 씻어주시고 용서 해 주신다. 새사람이 되게 하신다. 주님의 한량없는 은혜이다.

한나는 마음이 괴롭고 슬픈 여자였다. 그러나 그 슬픔과 괴로움을 인간적으로 해 결하지 않고 여호와 앞에서 마을을 쏟아 부었다. 그래서 하나님은 한나를 아름다운 여 자로 키우시고 한나의 유명한 시도 짓게 하셨다. 한나는 자기의 시에, 하나님은 죽이기 도 하시고 살리시기도 하시고 음부에 내리기도 하시고 올리기도 하시고 여호와는 가 난하게도 하시고 부하게도 하시고 낮추시기도 하시고 높이기도 하신다고 했다

2

소망의 거울

소망이란 무엇이길래 인간은 그렇게 원하는가? 에른스트 불로흐(Ernst Bloch)는 『희망의 원리』라는 대저에서 희망이란 "아직 이루어지 않은 무엇"(das noch nicht gewordene)이라고 정의했다. 희망이라는 과거지향적인 것도 현재적인 것도 아니다. 소망은 미래지향적이다. 따라서 인간의 존재의 본질은 과거에 있는 것도 현재에 있는 것도 아니라 미래에 있다. 과거는 지나가 버렸고 현재는 불안하고 미래는 오고 있다. 이것이 하나로 통합되지 않으면 없다. 하나로 통합시킨키는 것이 미래다. 미래가 나의 과거를 반성하게 하고 현재 나를 미래를 받아들이게 한다. 미래가 없으면 나는 없다. 희망이 없다. 오고 있는 미래가 나를 형성한다고 생각한다. 성경적으로 말하면 미래는 나의 모든 것을 결정하시는 하나님이시다.

시간적으로 보면 희망은 과거의 나를 되돌아보게 하여, 현재의 나를 규정하는 미래이다. 따라서 미래가 없다면 우리는 과거를 반성할 필요가 없으며, 현재의 삶도 방향을 잃고 파도에 떠밀려 헤매는 배와 같다.

소망의 근원과 대상

인간의 희망은 이루어질 수도 있고 이루어지지 않을 수도 있다. 다시 말하면 한계성을 가지고 있다. 그렇다면 희망의 근원은 어디에 있는가? 소망의 근거는 예수 그리스도의 부활에 뿌리 내리고 있다(벧전 1:3). 부활하신 예수 그리스도만이 죽음을 이기고 다시 살아나셨기 때문이다.

소망의 근거는 부활하신 예수 그리스도이시다. 만약 예수 그리스도가 부활하시지 않았다면 우리에겐 소망이 없다. 예수는 죽음으로 끝나버리기 때문이다. 그러나 예수는 성경대로 죽었다가 성경대로 삼일만에 부활하셨다. 부활하심으로 우리로 하여금 산 소망(the living hope)이 있게 하셨다. 산 소망은 살게 하는 소망이다. 얼마나 큰 소망인가? 신자는 살게 하는 산 소망이 있음으로 절망을 할 필요가 없다.

사실 여러분과 나는 본질상 진노의 자식이었다. 다시 말하면 소망이 없는 자였다. 그러나 하나님께서 우리를 사랑하사 그리스도를 십자가에 못 박히심으로서 우리 죄를 용서하시고 새사람으로 거듭나게 하셨다. 동시에 부활하심으로 말미암아 우리로 하여금 살게 하는 소망이 있는 자가 되게 하셨다. 진정 예수 그리스도는 우리를 살게 하는 소망(living hope) 이시다. 얼마나 놀라운 말씀인가? 살게 하는 소망 되시는 예수 그리스도가 계시기 때문에 우리는 어려운 세상에서 희망을 갖고 살 수 있다.

하나님은 우리의 소망의 대상이요, 하나님의 능력으로 부활하게 하신 예수 그리스도가 소망의 시작이요 근원이다.

01. 소망이 있는 삶

"덧없는 재물에 소망을 두지 말고 하나님께 소망을 두라" (딤전 6:17~19)

요즈음 시대를 말하여 황금만능 시대라고 한다. 말하자면 돈이면 모든 것을 소유할 수 있다는 말이다. 그래서 돈은 신이라고 한다. 공산주의 이론을 정립시킨 칼 막스라는 사람은 돈은 신이라고 했다. 돈은 악인을 선한 사람으로 만들고 선인을 악한 사람으로 만드는 신적인 힘을 가지고 있다는 말로 이해하고 싶다.

하나님은 어디 계신가? 라는 질문에 하나님은 돈 속에 존재한다고 말하는 사람도 있다고 한다. 그것뿐인가? 유전무죄, 무전유죄라는 말이 우리 사회에 만연되어 있다고 한다. 법 앞에 모두가 평등한데 돈만 있으면 죄인이 의로운 자가, 의로운 자가 죄인이 되는 세태를 비판하는 말이다. 따라서 모든 사람이 돈을 벌려고 한다.

성도 여러분, 어떻게 생각하는지? 오늘 말씀은 뭐라고 말하는가? 사도 바울은 그의 신앙의 아들 디모데에게 말한다. 부자이거나 부자가 되고 싶은 사람에게 말하라. 어떤 언어로 말하라고 하는가? 명령하라고 했다. 부자이거나 부자가 되고 싶은 사람은 교만하지 말고, 그리고 덧없는 재물에 소망을 두지 말고 하나님께 소망을 두고 살라고 명령했다. 이것은 단순히 디모데의 말이 아니라 하나님의 명령이다..

돈은 우리가 살아가는 데 수단이지 목적은 아니다. 우리가 돈을 많이 버는 것이 목적인가? 그것이 우리의 소망인가? 이렇게 사는 사람은 믿음에서 떠나게 한다고 말했다(딤전 6:6, 9). 돈을 사랑하는 것이 일만 악의 뿌리라고 했다. 돈에 대한 탐심을 가진 자는 결국은 유혹에 빠지고 주님을 떠나게 된다는 교훈을 깊이 받아들여야 한다(막 4:19). 돈을 사랑하는 마음에 사로잡히면 신앙은 자라지 않고 질식하게 되어 죽는다.

돈을 사랑하는 것은 돈의 노예가 된다는 말이다. 돈의 노예가 되지 말자. 돈을 다스리는 자가 되어야지 돈의 노예가 되면 죽는다. 유혹에 빠져서 결국은 신앙에서 떠나고 죽게 된다.

그러면 신자는 어떻게 살아야 하는가? 마가복음 4장에 나오는 씨뿌리는 비유에 의하면 가시밭에 뿌려진 씨는 자라기는 하지만 열매를 맺지 못한다. 그 이유가 무엇인가? 세상의 염려와 물질의 유혹 때문에 질식해서 죽어버리기 때문이다. 물질의 탐심은 결국 우리의 신앙을 질식시킨다.

모든 것을 넘치게 주어 누리게 하시는 하나님이시라고 했다. 물질은 하나님이 주시는 축복이다. 하나님께 우리의 소망을 두고 살면 하나님은 우리를 넘치게 축복하신다. 하나님의 축복을 누리며 살게 하신다. 그래야 마음에 행복감이 있다. 죽어라고 돈을 벌어서 사는 인생은 서글픈 삶이다. 우리의 인생을 돌이켜 생각해보자. 지금까지 인도하신 것이 물질인가, 아니면 축복으로 주신 물질을 사용하며 살게 하신 것인가? 하나님의 축복이다. 축복이 아니면 뼈빠지게 돈 벌어서 살고 남는 것은 후회인가 골병인가?

성도 여러분, 돈은 우리가 살아가는데 필요한 것이지만 돈은 신이 아니다. 돈의 노예가 되지 말자. 돈을 잘 쓸 수 있어야 한다. 어떻게 잘 쓰며 사는 것인가? 이에 대해서 어리석은 부자의 비유가 나온다. 재산 때문에 형제간에 문제가 생겨 예수님께 와서 재산을 나누라고 말씀해 주라고 할 때 예수님은 말했다. 탐심을 버려라. 참 인간의 가치는 돈을 얼마나 가졌느냐에 있지 않고 어떤 사람이 되느냐에 있다고 말씀하시면서 어리석은 부자의 비유를 말씀하셨다. 부자가 있는데 소출이 많아서 곳간을 더 크게 지어서 곡식을 다 쌓아 넣고 속으로 말하기를 여러 해 동안 쓸 곡식을 쌓아 놓았으니 쉬고 먹고 마시자라고 말했다. 부가 필요한 것은 먹고 마시고 쉬고 즐기기 위해서 부자가 되고자 한다. 이런 사람은 어리석은 부자다. 하나님이 그날 밤에 그 사람의 영혼을 거두어 가시면 이 재산이 누구의 것이냐고 반문하셨다. 이와 같은 자는 자기를 위해 재물을 쌓아 놓은 자이지 하나님께 대하여 부요한 자가 아니라고 말씀하셨다.

진정한 부자란 많이 가짐으로 부자가 아니라 줌으로써 부자가 되어야 한다. 누가복음 12:13~21, 딤전 6:18 말씀이다. "선을 행하고 착한 행동을 많이 하며, 아낌없이 베풀고 기꺼이 나누어 주게 하라. 그렇게 하여 그들이 장래에 자신들을 위하여 좋은 터를 쌓아 참된 생명을 얻게 하라." 우리는 우리의 물질을 나만을 위해가 아니라 주님의 선한 사업을 위해서 사용해야 한다. 전도를 위해, 선교를 위해 사용하는 것이 부자가 되는 것이다. 많이 벌어서 먹고 마시고 즐기는 데 사용하는 것이 아니라 주님을 위해 쓰자. 그리고 줌으로 부자가 되자. 이것이 진정한 부자가 되는 길이 아닌가?

02. 인생의 목적이신 예수 그리스도(빌 3:12~15)

인생의 목적은 예수 그리스도이다. 다시 말하면 신자는 어떤 목표를 향하여 달려가는 존재이다. 우리는 인생의 경주를 하고 있다. 왜 우리에게 목표가 필요한가? 이 세상에서 사는 우리는 시간의 지배를 받고 살고 있기 때문이다. 시간은 우리가 원하든 원하지 않든 상관없이 흘러간다. 그래서 시간은 인간을 덧없는 것에 빠지게 하는 것(distentio animi)라고 한다. 이런 세상에서 우리는 살고 있다. 시간은 우리를 덧없게 하므로 이런 세상에서 벗어나기 위해, 앞으로 나가게 하는 목표가 필요다. 우리의 목표(intentio animi)는 예수 그리스도이시다. 그래서 목표가 없을 때 우리는 갈팡질팡하게 된다.

예수는 믿는 자의 목표이다. 하나님은 예수님의 십자가를 통해 우리 죄를 용서하시고 하나님의 자녀로 양자 삼으시고 우리에게 소원을 두고 인도하신다. 우리는 각자가 인정하든 안 하든 간에 하나님이 부르신 사명이 있다. 우리는 이 부름의 상을 얻기 위해 있는 힘을 다해 인생의 경주를 해야 한다. 목표가 있다고 해서 순풍을 타고 가는 것이 아니라 우리의 인생의 경주를 방해하는 것이 있다. 우리의 과거이다. 과거는 우리를 괴롭게도 기쁘게도 한다. 그러나 우리가 기억하는 과거는 우리를 기쁘게 하기보다는 괴롭게 하는 과거가 대부분이다. 우리는 괴롭게 하는 과거를 지우려고 하지만 지을 수 있는 능력은 없다. 그렇지만 잊어버릴 수는 있다. 그러나 과거를 잊는 것은 미래(목표)가 있을 때만이 과거를 잊을 수 있다. 경주하는 사람에게 경주 외에 다른 생각이 있으면 앞으로 달려가기가 어렵다. 과거에 집착하게 만드는 것은 과거가 있기 때문이 아니라 미래가 없기 때문이다. 진정 죄로 얼룩진 과거를 잊어버리기 위해서는 반드시 다시 태어나야 한다. 그러나 한 번 어머니로부터 태어난 우리는 다시 태어나는 것은 불가능하다. 그래서 영적으로 다시 태어나야 한다. 다시 말하면 예수님을 그리스도로 믿음으로서 다시 태어나며, 다시 태어났기 때문에 과거가 깨끗하게 지워진다.

예수 그리스도는 우리를 다시 태어나게 하시는 분이시다. 이 예수가 우리의 목표가 될 때 우리는 죄로 얼룩진 과거를 잊어버리고 미래로 나아갈 수 있다. 이제는 우리의 목표가 되는 예수 그리스도의 사명을 가지고 희망찬 미래로 나아 갈 수 있다. 우리의 현재의 삶은 나의 삶이 아니라 희망에 찬 그리스도의 삶을 살아가게 된다. 예수 그리스도는 우리의 희망이시다.

03. 고난 중에 위로하신 하나님(고후 1:7~11)

나는 오늘 사도 바울이 고린도 교회와 아가야에 있는 모든 성도에게 보낸 편지를 소개하고자 한다. 오늘 편지를 보면 사도 바울이 고린도 교회 성도에 대한 깊은 사랑과 권면으로 꽉 차 있다. 편지의 주된 내용은 무엇인가?

고린도후서 1장 3~11절에 보면 '위로'라는 말이 무려 8번이나 반복된다. 그래서 편지의 주된 내용은 위로에 대해서 말하고 있다. 3절에 보면 "찬송하리로다"로 시작한다. 왜 우리가 찬송을 해야 하는가? 우리가 믿는 하나님은 우리 주 예수 그리스도의 하나님이시요, 자비의 아버지이시요, 모든 위로의 하나님이시기 때문이다. 여러분과 내가 믿는 하나님은 추상적인 하나님이 아니라 그리스도 예수의 아버지이시요, 자비와 위로의 하나님이시다.

왜 우리에게 위로와 자비의 하나님이 필요한가? 이 세상은 고난과 환난이 많기 때문이다. 예수 믿는 사람도 고난과 환난을 받고, 믿지 않는 사람도 고난과 환난을 당한다. 이런 세상에 사는 우리에게 필요한 것이 무엇인가? 하나님의 자비와 위로가 아니겠는가? 4절을 보자. 우리의 모든 환난 중에서 우리를 위로하사, 우리로 하여금 하나님께 받은 위로로써 모든 환난 중에 있는 자들을 위로하게 하려고 편지를 쓰고 있다. 우리 주 예수 그리스도의 아버지 하나님은 환난 중에 있는 우리와 함께하시고 위로하여 주시는 분이시다.

여기서 '위로'라는 말은 희랍어 파라클레시스($παράκλησις$)로서, 성령을 가리키는 '보혜사와 같은 어근을 가진 이 단어는 '곁으로 불러' 보살피시고 권면하시는 성령의 자상하시고 부드러운 성품을 잘 말해주고 있다. 하나님은 우리를 위로하시는 분이다. 하나님은 어떻게 우리를 위로하시는가?

위로는 함께하심이다

하나님은 고난 중에서 함께하심으로 위로하신다. 우리가 어려울 때 누군가가 함께 있다는 것은 큰 위로가 아닐 수 없다. 고난 중에 있는 사람을 위로하는 것은 말을 하는 것이 아니라 함께 있는 것이다.

위로는 예수 그리스도를 기억나게 하는 것이다

진정한 위로는 인간의 위로가 아니라 예수 그리스도를 기억나게 하는 것이다. 예수를 기억나게 하는 것은 예수님의 사죄의 은혜를 기억나게 하는 것이다. 바로 내가 죄인인 것을 아는 것이다. 여기서 중요한 것은 우리가 죄인으로 발견되는 것은 우리가 죄를 지음으로 죄인으로 발견되어지는 것이 아니라 예수 그리스도의 죄 사함의 은혜를 깨달을 때 가지는 하나님의 앞에서의 자기의식이다. 여기서 우리는 진정한 위로를 받을 수 있고 마음에 평안을 가질 수 있다. 예수님은 우리 구주이시고 진정으로 우리와 함께 하시기 위해서 오신 임마누엘 하나님이시기 때문이다.

체휼하시는 하나님이시다(히 4:15)

"체휼"이라는 말은 다소 이해하기에 어려운 말이다. 원문에는 쉼파테오($συμπαθέω$)라는 말로써 '함께 아파하다'는 말로서, 주님은 우리의 아픔과 환난 속에 함께 하시고 함께 아파하시는 분이다. 그래서 위로라는 깊은 의미는 함께 아파하는 것이다. 슬픈 자와 아파하는 자와 함께 슬퍼하고 아파하는 것이라고 말할 수 있다. 그런데 우리는 슬프고 환난 가운데 있는 자와 함께 아파하고 슬퍼하기에는 한계성을 가지고 있다.

주님은 우리와 함께 아파하시고 슬퍼하신다. 그분은 우리를 사랑하사 대신 죽으신 분이시기 때문이다. 따라서 우리가 환난 중에 있을 때 주님은 당신의 말씀을 통해서 우리와 함께 아파하시고 위로해 주신다. 뿐만 아니라 우리로 하여금 환난 중에 있는 다른 사람을 위로하게 하신다. 우리가 환난 가운데서 위로를 받을 뿐만 아니라 고난 가운데 있는 다른 사람을 위로하기 위해서는, 함께 아파하시고 슬퍼하시는 주님을 깊이 배워야 할 것이다. 고난을 받지 않고 어떻게 그런 자를 위로할 수 있는가?

사도 바울에 의하면(5절) 우리 신자는 그리스도의 고난에 동참하는 사람이 되어야 한다. 다시 말하면, 그리스도 예수를 위해서 고난을 받아야 한다. 그래야 그리스도를 통해서 오는 넘치는 위로를 받을 수 있다. 그리스도를 위한 고난을 통해서 우리는 주님을 더욱 깊게 이해하고 주님의 사랑을 더 깊이 이해할 수 있다.

하나님이 우리에게 고난을 주시는 것은 9절에 보면, 고난을 통해서 우리가 자기 자신을 의지 않고 부활하신 하나님만을 의지하는 신앙의 소유자가 되도록 하시기 위해서이다. 하나님은 우리가 어떤 환난과 고난 가운데 있다고 하더라도 건지시는 자비와 위로의 하나님이시다.

폴 틸리히에게 임한 위로의 하나님

함께 아파하는 것이 얼마나 중요한가를 20세기 위대한 신학자 폴 틸리히가 미국에서 겪었던 이야기를 소개하고자 한다. 이 이야기는 실존주의 유명한 상담학자인 롤로 메이가 미국 유니온 신학교에 다니고 있을 때, 희틀러 정권하에서 추방당한 독일의 신학자 폴 틸리히가 교수로 부임해왔을 때의 이야기이다. 틸리히는 당시에 철학과 신학, 심리학에 세계적인 권위를 가졌던 학자였다. 그런 교수에게도 약점과 상처가 있었다. 그는 영어에 익숙지 않아 독일어 엑센트가 튀어나오고 우스꽝스러운 영어 발음 때문에 학생들에게서 웃음이 시간 내내 나와서 강의하기가 어려울 정도였다. 이런 일이 계속되자 틸리히 교수는 강의에 자신감이 잃어갔으며 그는 사랑하는 조국에서 추방당한 고독과 아픔으로 가득 찼던 상황에서, 설상가상으로 학생들의 비웃음을 견딜 수 없었다. 그리하여 좌절과 절망 속에서 강의 시간에 들어가는 것이 도살장으로 끌려가는 소 같은 심정이었다고 한다. 그 사이에 그 마음에는 병이 깊어만 갔다. 이때 하나님은 이

병든 틸리히를 롤로 메이가 보게 하셨으며 그는 카드에 다음과 같은 글을 적어서 틸리히의 우체통에 넣었다.

"선생님, 힘을 내세요. 우리가 웃는 것은 선생님의 발음 때문이지 강의 때문이 아닙니다. 선생님의 강의는 너무 훌륭합니다. 그러니 우리가 웃더라도 힘을 내십시오. 우리는 선생님을 존경하고 사랑합니다. 롤로 메이 드림."[1]

그날 저녁 카드를 다 읽은 틸리히는 감동에 젖어서 눈물을 펑펑 쏟으며 통곡했다고 한다. 그리고 노트에 이렇게 썼다고 한다.

"한 사람이 한 사람의 아픔을 알아 주는 것도 이렇게 놀라운데, 죄인된 인류의 아픔을 치유하러 오신 주님의 역사는 얼마나 놀라운가?" 위로는 말을 많이 하는 것이 아니라 아픈 사람과 함께 아파하고 동참하는 것이다. 우리는 위로의 하나님을 소망하며 살아야 한다.

04. 사도 바울의 간절한 소망 (빌 1:20~21)

사도 바울은 로마 옥중에서 빌립보에 있는 교인들과 감독 그리고 집사님들에게 보낸 편지를 보냈다. 편지란 공적인 편지도 있고 사적인 편지도 있다. 오늘 편지는 교인들에게 보낸 편지이기 때문에 공적인 성격도 있지만 사도 바울의 편지 내용과 언어를 볼 때 인격적이고 사랑이 담겨 있음을 볼 수 있다. 빌립보서 1장 8절에 보면 사도 바울은 빌립보 교인들을 그리스도의 마음으로 사모한다고 고백했다. 사도 바울의 사모하는 마음이 독자 여러분에게도 성령님을 통해서 여러분에게 전해지기를 간절히 기도한다.

오늘 말씀에 의하면 사도 바울의 간절한 기대와 소망이 무엇인가? 사도 바울의 고

---

1   정태기, 『내면 세계의 치유』(서울:규장, 2005), 88~89.

백을 한번 들어보자.

"나의 간절한 기대와 소망을 따라 아무 일에든지 부끄럽게 되지 아니하고 오직 전과 같이 이제도 온전히 담대하여 살든지 죽든지 내 몸에서 그리스도가 존귀히 되게하려 하나니"

참으로 놀라운 말씀이다. 사도 바울은 아무 일에든지 부끄럽지 않게 살기를 원했다. 독자 여러분이 잘 아는 윤동주 시인도 그의 『하늘과 바람과 별』이라는 서시에서 "죽는 날까지 하늘을 우러러 한 점 부끄럼이 없기를, 잎새에 이는 바람에도 나는 괴로와 했다"라고 그의 간절한 소망을 고백했다. 그러나 바울의 소망은 그리스도가 자기의 몸을 통해서 존귀히 되게 하는 것이라고 했다. 여기서 몸은 희랍어로 사르스가 아니라 소마로 쓰여졌다. 바울의 서신에 보면 사르스는 우리의 죄악 된 몸을 말할 때 주로 쓰며 소마는 성화된 신자의 삶을 말할 때 쓴다고 한다. 이렇게 보면 우리의 성화된 삶을 통하여 그리스도를 영화롭게 하는 것이라고 볼 수 있다. 그리스도를 영화롭게 하는 생활을 하는 것이 사도 바울의 간절한 소망이었다. 본문 말씀에 의하면 사도 바울은 변화된 이후에 그렇게 살아왔고 앞으로도 그렇게 사는 것이 자신의 간절한 소망이라고 했다. 뿐만 아니라 그리스도를 영화롭게 하는 생활은 적당히 하는 것이 아니라 죽든지 살든지 영화롭게 해야 한다. 온전히 담대하게 해야 한다. 여기에 사도 바울의 위대성이 있다. 사도 바울은 자기의 삶을 통해서 그리스도를 영화롭게 했다.

살든지 죽든지 그리스도를 위하여

사도 바울의 생애를 보면 그는 살든지 죽든지 그리스도의 영광을 위해서 살았다. 그는 그리스도를 위해서 죽을 정도로 매도 맞았다. 쇠고랑도 찼다. 옥에도 갇혔다. 결국 순교했다. 참으로 그의 일생은 주님을 위해서 살든지 죽든지 산 하나님의 위대한 종이었다.

살든지 죽든지 그리스도를 위해서 살려면 죽음의 문제를 극복해야 한다. 어떻게 죽음의 문제를 극복할 수 있는가? 사도 바울은 어떻게 극복했는가? 빌 1:21절 말씀을 읽어보자. '이는 내게 사는 것이 그리스도니 죽는 것도 유익함이라' 이 말씀을 두 가지 의미로 생각해 볼 수 있다. 첫째, 우리를 살게 하는 분이 그리스도이시다. 그리스도는 죽음을 이기시고 부활의 첫 열매가 되신 분이시다. 우리를 살게 하시는 분은 그리스도 이시다. 그리스도는 부활이요 생명이시다. 그래서 그를 믿는 자는 죽어도 산다고 하셨다. 무릇 살아서 믿는 자는 영원히 죽지 않는다고 하셨다(요 11:25). 사도 바울도 갈라디아서 2장 19~20절에 보면 우리는 그리스도와 함께 십자가에 못박혔으니 이제 내가 산 것이 아니요 오직 그리스도가 내 안에 사신다고 했다. 둘째, 신자는 우리의 삶을 사는 것이 아니라 그리스도의 삶을 사는 것이다. 그리스도의 삶을 사는 자는 죽음도 의미가 있다. 세상에서 죽음을 극복하는 것은 죽음을 받아들이는 것이라고 한다. 그리스도가 우리를 살리시는 분이시기 때문에 그를 위해서 살 때 즉 그리스도의 삶을 삶으로 죽음을 극복하는 것이다. 극복할 뿐만 아니라 영생을 얻는다. 우리는 죽든지 살든지 그리스도를 위해서 사는 것이 우리의 소망이 되어야 한다.

05. 여호와를 앙망하는 자의 삶

"너희는 모르느냐? 듣지 못하였느냐? 여호와께서는 영원하신 하나님이시요 땅의 끝까지 창조하신 분이시다. 힘이 솟구쳐 피곤을 모르시고 슬기가 무궁하신 분이시다. 힘이 빠진 사람에게 힘을 주시고 기진한 사람에게 기력을 주시는 분이시다. 청년도 힘이 빠져 허덕이겠고 장정들도 비틀거리겠지만 여호와를 믿고 바라는 사람은 새 힘이 솟아나리라 날개쳐 솟아오르는 독수리처럼 아무리 뛰어도 고단치 아니하고 아무리 걸어도 지치지 아니하리라." (사 40:27~31)

바빌론 포로로부터 해방된 이스라엘 백성들에게 소망의 메시지가 필요했다. 하나님은 희망에 넘치는 말씀을 주셨다. 말씀의 핵심은 여호와를 앙망하는 자는 새 힘을 받아서 산다고 말씀하셨다. 여기서 '앙망'하는 자란 여호와를 기다린다는 말씀이다. 다시 말하면 하나님께 희망을 두고 기다리는 자에겐 새 힘을 가지고 살 수 있다는 말씀이다.

이스라엘 백성들도 포로 생활에서 지치고 힘이 빠져 그로기 상태에 있었다. 그래서 이렇게 말했다. 여호와께서는 나의 고생 같은 것은 안중에도 없으신다. 이스라엘 백성들뿐만 아니라 우리의 삶 가운데서도 하나님께 불평할 때가 있을 것이다. 주님의 일을 열심히 하려고 하는데 주님께서 나의 고생과 어려움에 대해서 관심도 없으신 것처럼 보일 때가 있다. 그러나 하나님은 그러하신 분이 아니다. 이사야 40장 28~29절을 읽어보자.

여호와를 기다리는 자

아주 놀라운 하나님의 말씀이다. 여기서 아주 중요한 말씀은 여호와를 기다리는 자란 말이다. '기다리는 자'는 기다림의 대상을 신뢰할 수 있기 때문에 기다릴 수 있다. 희망이란 기다림이다. 왜 우리는 기다릴 수 있는가? 분명히 이 희망한 것이 이루어지리라고 확신하기 때문이다.

하나님은 약속을 반드시 이루시는 분이다

그래서 우리는 어려울지라도 기다릴 수 있다. 여호와를 기다리는 자는 희망이 있는 자요, 새 힘을 받아서 살 수 있다. 인생길을 가다 보면 힘이 빠지고 지칠 때가 있다. 그러나 실망하지 말자! 바로 이때가 새 힘을 받아 살 때이기 때문이다. 독자 여러분의 바라는 것이 무엇인가? 희망이 있는 자는 새 힘을 받아서 살 수 있다. 희망이 있는 자는 미래가 있는 자이다. 그러면 소망은 어떻게 잉태되는가?

06. 소망은 고난을 통해서 잉태된다

"소망이 우리를 부끄럽게 하지 아니함은 우리에게 주신 성령으로 말미암아 하나님

의 사랑이 부은 바 됨이라" (롬 5:1~5)

로마서 5:1에 보면, 우리가 믿음으로 의롭게 되었음으로 두 가지 축복을 누리게 되었다. 첫째, 예수 그리스도의 은혜로 하나님과 화평을 누리게 되었다. 둘째, 우리는 환난 중에서도 기뻐하니, 환난은 인내를, 인내는 연단을, 연단은 소망을 이루는 줄 알게 되었다. 여기서 다루고자 하는 것은 두 번째 축복이다. 다시 말하면, 왜 우리는 환난 중에서 기뻐할 수 있는가? 왜 우리는 이 험악한 세상에서 기쁘게 살 수 있는가? 왜 우리는 어려움 속에서도 기쁘게 살 수 있는가? 그것은 소망 때문이다.

어떻게 소망이 생기는 것인가? 소망은 자연적으로 생기는 것이 아니라 환난이 소망을 잉태한다. 여기에는 단계가 있다. 어떻게 인내가 생기는가? 환난이 인내를 잉태한다. 인내는 연단(endurance)을 낳는다. 연단은 인내하는 사람이 되게 한다. 따라서 인내하는 사람은 마침내 소망을 가지게 된다. 여기서 보면 중요한 것은 소망이란 처음부터 생기는 것이 아니라 마지막에 이루어진다는 것이다. 소망을 갖기 위해서는 환난과 인내와 연단이 필요하다는 것이다. 이에 대한 확신은 성령을 통해서 하나님의 사랑이 우리 마음에 부어짐으로 확신할 수 있다.

환난이 소망을 잉태한다는 말은 대단히 중요하다. 이 말을 뒤집으면 환난이 없는 자에겐 소망도 없다는 말이다. 가령 보다 나은 사회 혹은 국가를 소망하는 것은, 사회 혹은 국가가 어렵기 때문이다. 그래서 진정 소망이 있는 자는 기쁨 가운데 있는 자가 아니라 환난 가운데 있는 자이다. 보자. 인간의 삶에는 언제나 어려움이 있다. 가정에 대한 어려움, 건강의 어려움, 자녀의 어려움, 직장에서의 어려움, 국가의 경제적 어려움 등등 수없이 많다. 이런 어려움이 소망을 잉태한다는 것은 우리에게 시사하는 바가 크다. 그래서 어려움 가운데 잉태된 소망이 태어나서 자라기 위해서는 인내도, 연단도 필요하다. 그러면 소망은 어떻게 이루어지는가?

사랑은 소망을 이루게 한다

환난은 소망을 잉태하며, 동시에 소망이 환난 가운데서 인내하게 하고 연단을 통해서 소망을 가진 사람으로 되게 한다. 그러나 더 중요한 것은, 우리가 어려움 가운데서도 기쁨으로 살고 있는 것은 하나님의 사랑이 성령을 통해 우리 마음에 부어져서 굳건한 소망을 갖도록 하기 때문이다. 우리가 어려움에 있을 때 원망하지 말아야 한다. 어려움은 소망을 잉태하고, 소망이 이루어지게 하는 것이 하나님의 사랑이기 때문이다.

따라서 우리의 어려움은 하나님이 우리를 미워하시기 때문이 아니라 하나님의 사랑 때문임을 알아야 한다. 우리가 어려움 가운데 있는 것은, 환난이 소망을 잉태하여 소망이 이루어지게 하시려는 하나님의 배려요 사랑임을 깊이 받아들이자. 하나님의 사랑은 우리가 환난 가운데서 소망을 포기하지 않고 지탱하게 해 주고, 이루게 하는 하나님의 힘이다. 그렇다. 환난은 소망을 잉태하고, 하나님의 사랑은 인내하게 하고, 연단시켜서 소망을 이루게 한다.

하나님의 사랑은 자연적으로 우리 마음에 부어지는 것이 아니라 성령을 통하여 우리 마음에 부어져서 소망이 부끄럽지 않게 한다. 그렇지 않으면 우리는 환난 가운데서 인내하거나 연단을 받을 수 없다. 성령을 통해 부어진 하나님의 사랑이 우리가 환난을 이기게 하고 소망이 이루어지게 한다.

하나님이 우리에게 살게 하는 소망이시다. 하나님은 우리의 미래이시다. 따라서 소망은 자연적으로 생기는 것이 아니라 고난이나 환난을 통해서 잉태된다. 예수 그리스도는 부활하심으로 우리에게 영생에 대한 소망을 주셨다. 예수 그리스도는 산 소망이 되시며 희망의 근거이다. 그래서 우리는 이 어려운 현실을 부활의 소망 가운데서 바라보아야 한다. 그리할 때, 어려운 현실에서 다시 일어서서 앞을 향하여 순례자로서 길을 갈 수 있다.

그러면 소망을 이루게 하는 것이 무엇인가? 그것이 하나님의 사랑이다. 신자는 거룩한 나그네이다. 주님께서 거듭나게 하셨기 때문이다. 우리는 하나님의 은혜로 산 소망이 있는 자이다. 뿐만 아니라 하늘나라의 상속자가 된다. 다시 말하면, 하늘나라는 우리의 영원한 소망이다. 그래서 험하고 어려운 이 세상을 거룩한 나그네로서, 이 세상 것에 너무 집착하지 말고, 희망을 가지고 기쁨을 가지고 살아야 한다.

"수고하고 무거운 짐 진 자들아, 모두 내게 오너라. 그리하면 내가 너희를 쉬게 할 것이다. 나는 마음이 온유하고 겸손하니, 내 멍에를 메고 내게 배워라. 그러면 너희 영혼에 쉼을 얻을 것이다. 내 멍에는 편하고 내 짐은 가볍다." *(마 11:28-30)*

이 말씀은 이 세상에서 지치고 힘든 자들에게 진정한 위로의 말씀이다. 위로의 하나님께서, 거룩한 나그네로서 천성을 향해 순례의 길을 가고 있는 모든 성도들과 함께 하시고, 어려움을 당할 때 위로의 하나님을 믿고 살기를 원하신다.

사랑하는 독자 여러분, 여러분이 어떤 환난과 고난 가운데 있을지라도 환난에서 건져주시고 위로하여 주시기를 예수 그리스도의 이름으로 기도한다. 또 그리스도의 고난에 동참함으로써 넘치는 위로를 받고, 다른 사람도 위로하는 독자 여러분이 되기를 기도한다. 진정한 위로는 하나님이 우리와 함께하시고 아파하시는 데 있다.

사랑하는 독자 여러분, 여러분의 간절한 소망은 무엇인가? 사도 바울의 간절한 소망은 살든지 죽든지 자신의 삶을 통해서 그리스도가 존귀히 여김을 받도록 하는 것이었다. 즉, 그리스도의 삶을 사는 것이었다. 이 소망이 여러분과 나의 소망이 되기를 간절히 기도하자. 그래서 독자 여러분과 내가 우리의 삶을 사는 것이 아니라 그리스도의 삶을 사는 신자가 될 수 있기를 서로 기도하자.

소망의 본질

"찬송하리로다. 우리 주 예수 그리스도의 아버지 하나님이 그 많으신 긍휼대로 예수 그리스도의 죽은 자 가운데 거듭나게 하사 산 소망이 있게 하시며 썩지 않고 더럽지 않고 쇠하지 아니하는 기업을 잇게 하시나니 곧 너희를 위하여 하늘에 간직한 것이라."(베드로전서 1장 3~4)

베드로전서는 사도 베드로가 박해로 말미암아 여러 곳으로 흩어져 나그네로서 살고 있는 거룩한 성도들에게 주신 편지이다. 베드로전서 1장 3~4절에서 베드로는 하나님을 찬송하자고 권면하고 있다. 박해 때문에 흩어져서 어렵게 살고 있는 성도들에게 찬양을 하자고 하는 것은 얼른 설득이 가지 않는다. 이들이 박해를 받는 이유는 예수 그리스도를 믿기 때문이다. 그런데도 왜 우리가 하나님께 찬송을 드려야 하는가?

소망의 본질로서 예수 그리스도의 부활

희망의 근원은 하나님이시다. 하나님이 십자가에 죽으신 예수 그리스도를 성령을 통해서 다시 살리셨다. 그래서 소망의 본질은 예수 그리스도의 부활에 있다. 부활이 없다면 모든 것은 죽음으로 다 끝나버린다. 모든 것은 헛되고 헛되게 된다.

그러나 절망이 변하여 희망을 갖게 되는 것은 인간의 능력의 가능성에 있는 것이 아니라 예수 그리스도의 부활에 있다. 예수 그리스도가 부활하심으로 말미암아 우리에게 산 소망이 있게 하셨다. 성도의 희망은 확실하며 영원하다. 절망은 없다. 부활하신 예수를 그리스도로 믿고 살면 우리는 하나님의 나라에서 주님과 함께 영원히 살 것이다. 이것이 우리가 받을 기업이다(벧전 1:3).

소망의 본질로서 역설적인 믿음: 바랄 수 없는 것을 바라고 믿는 소망

"아브라함이 바랄 수 없는 중에 바라고 믿었으니 이는 네 후손이 이같으리라 하신

인간의 희망은 가능성이 없으면 그것은 바랄 수 없다. 이것은 이성에 기초한 희망에 대한 이해이다. 그러나 사도 바울에 의하면 신자의 소망은 역설적 희망(hope against hope)으로 말한다(롬4:18). 신자의 소망은 바랄 수 없는 중에 바라고 믿는 희망이다. 어떻게 바랄 수 없는 것을 바라고 믿을 수 있는가? 이것이 역설적인 희망이다.

기독교에서 말하는 소망이란 인간에게 기초한 소망이 아니다. 인간의 소망은 이루어질 수도 있고 안 이루어질 수도 있다. 그러나 기독교적인 소망의 근원은 인간이 아니라 예수 그리스도의 부활에 기초하고 있다. 다시 말하면 예수님은 죽었다가 다시 사신 분이다. 예수님은 산 소망이 되며 죽지 않는 희망이 된다. 이 소망은 우리를 살게 하는 소망이며, 우리를 죽음에 이르게 하는 병은 절망이지만 깊이 보면, 절망이란 살게 하는 소망이 되시는 하나님을 믿지 못하는 데서 오는 것이다.

우리를 거듭나게 하시고 산 소망이 있게 하시는 분은 우리 주 예수 그리스도 아버지 하나님이시다. 이 하나님이 우리의 산 소망이 되신다. 그래서 예수를 믿을 때 죽음에 이르게 하는 절망이 변하여 살게 하는 희망이 된다. 절망을 통하여 우리의 믿음이 한 단계 업그레이드된다. 이와 같이 절망이란 양면성을 가지고 있다. 믿음으로 극복하면 신앙이 업그레이드되지만 믿음으로 해결하지 않으면 우리를 죽음으로 몰고 간다.[2]

---

2 절망은 깊이 보면 정신의 병(sickness of spirit)입니다. 그래서 절망이란 살 수도 없고 죽을 수도 없는 그런 상태를 의미합니다. 누가 정신의 병을 고칠 수 있습니까? 영혼의 의사이신 예수 그리스도 만이 고칠수 있습니다.

3

사랑의 거울

01. 사랑의 시초

"사랑이 무엇인가?"라는 질문은 인류가 태어나면서부터 오늘에 이르기까지 인류를 고민하게 했던 질문이다. 이 질문은 아리스토텔레스의 삼단논법으로도 해결할 수 없는 문제이다. 이 말은 사랑을 논리적으로 말한다고 해도 사랑이 무엇인가를 분명히 알 수 없다는 말이다. 또한 이 질문은 형이상학적인 질문도 아니다. 왜냐하면 "사랑이 무엇인가"라는 질문은 사랑하다가 상처를 받았다거나 사랑이 바닥났을 때 삶 속에서 나오는 질문이기 때문이다.

사랑이 무엇인가를 알기 위해 먼저 사전적인 의미부터 살펴보자. 웹스터 영한사전 (Webster's English~Korean Dictionary)에서는 사랑을 애정, 좋아함, 연애, 자비라고 정의한다. 하지만 이렇게 정의를 내렸다고 해서 우리가 사랑의 의미를 알 수 있는 것은 아니다. 사랑은 단순히 정의를 통해서 알려지는 개념이 아니기 때문이다.

우리는 안더스 나이그린(Anders Nygren)의 위대한 저서 『아가페와 에로스』라는 책을 읽으면 아가페와 에로스 사랑에 대해서 많은 지식을 얻을 수 있다. 이 책은 사랑에 대한 고전적인 연구로서 사랑의 모티브(motive)를 탐구하여 사랑을 세 가지 구분하고 있다. 첫째는 아가페로서 무조건적인 하나님의 사랑을 말하며 기독교적인 사랑이다. 둘째는 율법적인 사랑으로서 무엇을 성취함으로써 하나님을 사랑하려는 자세로서 유대인들의 사랑을 말하며, 셋째는 에로스인데 이는 영원을 향하여 타오르는 사랑으로서 희랍사상이 이에 속한다.[1] 그런데 문제는 사랑에 대한 사전적인 정의를 알고, 사랑에 대한 고전을 읽었다고 해서 사랑을 깊이 이해했느냐 하는 것이다. 사실인즉 그렇지가 않다. 왜 그런가? 사랑은 사랑에 대한 정의를 내리거나 책을 많이 읽어서 알 수 있는 이론적인 개념이 아니라 삶의 개념이기 때문이다. 그래서 성경에서도 말과 혀로 사랑하지 말고 행함과 진실함으로 하라고 기록하지 않았던가(요일 3:19)? 이 점에서 본다면 사랑을 이해하기 위한 다른 길이 있다는 것을 짐작할 수 있다. 이 길이 언어의 사용

---

1   Anders Nygren, Agape & Eros, trans. Philip S. Watson(Chicago: The University of Chicago Press, 1982), XV~XXV.

(사랑의 문법)을 보는 것이다. 따라서 기독교적인 관점에서 사랑의 의미는 성경에 기록된 '사랑'이라는 언어의 사용을 보는 것이다. 언어의 의미는 그 사용이 결정하는 하기 때문이다.[2]

사랑의 근원

우리는 가끔 '사랑은 어디에?'라는 질문을 할 때가 있다. 이 질문은 장소적인 개념이 아니다. 사랑하는 사람들이 사랑 때문에 상처를 받거나 사랑의 진실성이 문제가 될 때 나오는 질문이라고 할 수 있다. 즉 이 질문은 장소적인 개념이라기보다는 사랑의 출처를 묻는 질문이라고 할 수 있다. 도대체 사랑의 근원은 어디에 있는가?

사도 요한은 하나님이 사랑(God is love)이라고 했다(요 4:8). 이것은 놀라운 하나님의 말씀이요 하늘에서 찬란하게 울려퍼지는 하나님 자신의 자기 소개이다. 이 말씀은 하나님을 아는 길을 제시한다. 하나님이 사랑이 아니시라면 우리가 어떻게 사랑을 알 수 있다는 말인가? 알 수 없다. 그래서 키르케고르는 하나님의 사랑을 이렇게 기도로 찬양했다.

"우리가 당신을 잊어버린다면, 어떻게 사랑을 옳게 논할 수 있겠습니까? 하늘과 땅에 있는 모든 사랑의 원천이신 사랑의 하나님이시여, 아무것도 아끼지 않으시고 사랑 때문에 모든 것을 주시는 당신, 당신께서는 사랑이십니다. 그러므로 무릇 사랑하는 자는 오로지 당신 안에 있음으로 해서만 사랑하는 자가 될 수 있습니다! 우리가 당신을 잊어버린다면 어떻게 사랑을 옳게 논할 수 있겠습니까? 사랑이 무엇인가를 밝혀주신 당신, 우리들의 구주이시고 속죄주이신 당신, 당신께서는 우리 모두를 위하여 당신 자신을 주셨습니다. 우리가 당신을 잊어버린다면, 어떻게 사랑을 옳게 논할 수 있겠습니까? 사랑의 성령이신 당신, 당신께서는 자신이 사랑을 받는 것처럼 남을 사랑하고 이웃을 자기 자신처럼 사랑을 깨우쳐 주시고, 저 사랑의 희생을 깨우쳐 주시는 분이십니

---

2   여기서 언어논리라는 말은 20세기 혁명적인 언어철학자인 루두위그 비트겐슈타인(Ludwig Wittgenstein)의 문법이라는 개념이다. 문법(grammar)이란 언어의 사용을 지배하는 룰(rule)로서 언어의 사용을 봄으로써 그 언어의 의미를 알 수 있다는 통찰력이다.

다! 오오, 영원한 사랑이시여, 아니 계신 곳이 없으신 당신, 당신께서는 당신을 부르는 곳에서는 어디에서나 증언하여 주시고, 또 이제 여기서 사랑에 관하여, 사랑의 역사(役事)에 관하여 언급할 때도 중인이 되어주십니다. 이 세상에서도 인간의 언어로써 각별히, 그러면서도 좁은 의미에서 사랑의 행실(行實)이라고 부르는 것들이 약간 있기는 합니다만, 하늘에서는 사랑의 행실이 아닌 것이면 미쁘게 여겨지는 행실이란 하나도 없습니다. 그러므로 사랑은 자신을 부인함에 있어서 성실하고, 사랑 그 자체에 못 이겨서 행하고 또 바로 그런 까닭으로 어떤 공적도 주장하지 않은 것입니다."[3]

　그렇다. 하나님은 사랑이시다. 하나님은 당신의 사랑을 통해서 우리에게 사랑이 무엇인가를 보여주셨다. 이 말은 사랑의 근원을 이해하는 데 아주 중요한 말이다. 하나님은 사랑이시기 때문에 사랑은 인간으로부터 오는 것이 아니라 하나님으로 온다. 사랑의 근원이 하나님이시다. 바로 이 때문에 사랑은 영원하며 무조건적이다. 하나님의 사랑을 덧입을 때 신자는 영원히 사랑할 수 있다. 하나님의 사랑을 덧입은 삶 가운데서 '영원히 사랑' 한다는 말을 할 수 있게 된다. 이처럼 '영원히 사랑한다.'라는 말은 유한한 우리 인간이 사용할 수 없는 말이다. 만일 이 말을 사용한다면 그것은 상대방을 잡아매고자 하는 하나의 빈말이 되고 말 것이다. 참 사랑은 인간에게서 나오는 감정이 아니다. 그렇다고 사랑에는 감정이 전혀 필요 없다는 말은 더 더욱 아니다. 왜냐하면 사랑의 관계에 있어서 감정 역시 아주 중요한 요소이기 때문이다. 그럼에도 불구하고 참 사랑은 내게서 나오는 것이 아니라 하나님으로부터 오는 것이다. 사도 요한은 우리가 하나님을 사랑한 것이 아니라 하나님이 우리를 사랑하셨다고 했다(요일 4:10). 그렇다. 우리가 하나님을 사랑한 것이 아니다. 하나님이 우리를 먼저 사랑하셔서 우리에게 참 사랑을 보여주신 것이다. 그렇지 않았다면 우리는 참 사랑을 알 수 없다.

　하나님이 사랑이시기 때문에 사랑을 알 수 있고 사랑이시기 때문에 사랑이 중요하다. 아우구스티누스는 사랑의 중요성을 다음과 같이 감동적으로 말했다.

3　쇠얀 키르케고르, 『사랑의 역사』(다산글방, 2005), 기도.

"오직 사랑만이 하나님의 자녀와 악마의 자식을 구별해줍니다. 모두가 다 그리스도의 십자성호를 긋고, 올린다 할지도 모두가 "아멘" 하고 대답하고, '할렐루야'를 노래한다고 할지라도, 또 모두가 다 세례를 받고, 교회에 다니고, 성전을 지어올린다 할지라도, 하나님의 자녀와 악마의 자식을 구별하는 것은 오직 하나, 사랑뿐입니다. 사랑이 있는 사람은 하나님에게서 태어난 사람이고 사랑이 없는 사람은 하나님에게서 태어난 사람이 아닙니다. 사랑이야말로 위대한 표지요, 위대한 식별입니다. 그대, 원하는 것 다 가지십시오. 그러나 이것 하나를 지니지 못한다면, 그대에게 아무 소용없습니다. 그러나 다른 것은 가지고 있지 사도는 "남을 사랑하는 사람은 율법을 완성한 것입니다(롬 13:8)."사랑은 율법의 완성입니다"(롬 13:10)라고 말합니다. 복음서에서 말하는 장사꾼이 찾는 진주가 바로 이 사랑이라고 저는 생각합니다. 그는 값진 진주를 하나 발견하자, 가진 것을 모두 팔아 그것을 샀습니다(마13:40 참조). 이 값진 진주가 바로 사랑입니다. 사랑 없이는 그대 지니고 있는 모든 것이 그대에게 아무 소용 없습니다. 그러나 그대, 이 사랑 하나만 가진다면, 그것으로 넉넉합니다."[4]

그렇다. 하나님의 사랑이란 이토록 중요하다. 그러나 인간의 사랑이란 정도의 차이가 있지만 야속한(이기적인) 사랑이다. 우리는 야속한(이기적인) 존재이기 때문이다.[5] 하루에도 열두 번, 아니 천번이고 만번이고 변하는 것이 인간의 마음이다. 이런 인간이 어떻게 영원히 사랑한다는 말을 입에 담을 수 있겠는가? 만약 사용한다면 그것은 자기모순이 아닐 수 없다.

사랑의 본질
인간의 사랑은 정도의 차이는 있지만 감정(느낌)에 기초한 것으로 야속한 것이다.

4   아우구스티누스, 『요한 서간 강해』, 최익철 옮김(분도출판사, 2011), 14~15. 교부문헌총서 19
5   야속하다는 언어를 오늘을 사는 사람들이 잘 모른다는 사실을 나중에 알게 되었습니다. 언어는 문화의 소산이기 때문에 그 시대가 지나면 언어는 사라지는 것인가 봅니다. 오늘날의 어떤 언어로 대치시킬 것인가에 대해서 고민하고 있습니다. 이기적이라는 언어로 대치시킬 수 있을지 모르겠습니다. 여기서 야속하다는 말은 인간의 타고난 것 인간의 본성, 즉 이기적인 본성을 의미한다고 할 수 있습니다.

인간의 사랑을 에로스라고 하는데 에로스적인 사랑은 상대방에게서 내게 없는 무엇인가 좋아하는 점을 발견했을 때 싹이 튼다고 한다. 무엇인가 매력을 끌게 하는 것은 결핍된 다른 '나' 이다. 즉 인간은 내게 결핍된 것을 소유하려고 한다. 이것은 자연적인 인간의 욕구라고 생각된다. 이처럼 인간의 사랑은 소유에 기초하고 있다. 내게 결핍된 것을 소유하고자 하는 욕망이 사랑의 극치이다. 이것이 인간의 사랑의 본질이다. 다시 말하면 인간 사랑의 본질은 소유이다. 이 때문에 인간은 좋은 꽃, 나무, 집, 물건, 사람을 자기 것으로 만들고자 하는 것이 아닌가? 그러나 우리는 서로를 공유할 수는 없는 것일까?

그러나 참 사랑은 인간으로부터 오는 것이 아니라 하나님으로부터 오는 것이라고 살펴봤다. 인간은 하나님 사랑의 본질을 알 수 없다. 그래서 하나님께서 보여주셨다. 요한일서 4장 9절에 보면 "하나님의 사랑이 이렇게 나타난 바 되었으니"라고 말하고 있다. 이 말은 하나님의 사랑이 계시되었다는 의미이다. 다시 말하면 계시되었다는 말이다. 여기서 중요한 것은 우리가 어떨 때 보여준다는 말을 사용하는 가이다. 잘 모를 때 '보여주다'는 말을 사용한다. 기독교에서의 사랑은 말로 하는 것이 아니라 행동으로 보여주는 것이다. "우리가 아직 죄인 되었을 때에 그리스도께서 우리를 위하여 죽으심으로 하나님께서 우리에게 대한 자기의 사랑을 확증하셨느니라(롬 5:8)." 여기서도 중요한 말은 "확증"하였다는 말이다. 하나님은 사랑을 말로 하지 않고 예수님을 십자가에 못박히게 하심으로 우리를 사랑하신다는 것을 증명하셨다. 이 놀라운 사랑은 어디에 나타났는가?

"사랑은 여기 있으니 우리가 하나님을 사랑한 것이 아니요 오직 하나님이 우리를 사랑하사 우리 죄를 위하여 화목제물로 그 아들을 보내셨음이라(요일 4:10)." 하나님 사랑의 본질은 죄로 말미암아 막힌 담을 허시기 위하여 예수 그리스도를 화목제물로 주신 것에서 보여졌다. 요한일서 4장 10절 말씀을 통해서 기독교 사랑의 본질을 네 가지로 살펴볼 수 있다.

십자가의 계시

하나님의 사랑은 예수님의 십자가를 통해서 계시되었다. 하나님의 사랑이 십자가를 통해서 계시되었다는 사실은 많은 것을 시사해 준다. 십자가가 고통과 희생을 의미한다면 참 사랑에는 아픔과 희생이 있어야 하는 것이다. 만약에 하나님의 사랑이 코미디언을 통해서 나타났다고 한다면 우리는 무엇을 연상할 수 있겠는가?

사죄를 통한 계시

죄를 용서하는 십자가의 사랑은 죽을 수밖에 없는 인간의 죄를 용서하는 사랑이다. 차 속에서 남이 내 발을 밟았을 때 그 사람을 용서하는 것은 어렵지 않다. 미안합니다 하면 되니까. 그러나 가슴에 못을 박은 사람이나 인생을 망친 사람을 용서한다는 것은 결코 쉬운 일이 아니다. 인간 스스로의 힘으로 불가능한 일이다. 만약에 인간이 그런 용서를 할 수 있다면 예수님께서 십자가에 죽으심으로 우리 죄를 용서했다는 말에 별다른 의미가 없을 것이다. 주님의 참 사랑은 사죄의 은총 가운데 보여졌다. 그래서 인간이 예수님의 사랑을 덧입지 않고서는 참 신자가 된다는 것은 어렵다고 생각한다. 손양원 목사님이 자기 아들을 죽인 사람을 용서하고 자신의 아들로 삼을 수 있었던 것도 그가 예수 그리스도의 사죄의 사랑을 덧입었기 때문에 가능했을 것이다. 용서하는 사랑 가운데서 하나님 사랑의 본질을 볼 수 있다.

공의와 사랑

예수님이 십자가에 보여준 사랑은 죄를 미워하시는 하나님의 공의와 죄인을 사랑하셔서 예수님을 십자가에 못 박은 하나님의 사랑이 함께 내리는 사랑이라고 볼 수 있다. 즉 참 사랑에는 공의와 사랑이 함께 있다.

화목제물을 통해서

하나님의 사랑은 화목제물 가운데 보여졌다. 화목제물이란 화목케 하는 제물이다. 예수님은 죄로 말미암아 하나님과 원수가 된 우리와 하나님 사이에 막힌 담을 허시고 하나님의 자녀가 되게 하는 화목제물이 되셨다. 그렇다면 우리도 이 세상에서 화목케 하는 삶 가운데서 하나님 사랑의 본질을 이해할 수 있다고 볼 수 있다. 화목케 하는 삶을 살면 화목케 하는 사람이 되는 것이다.

사랑은 나에게서 오는 것이 아니라 하나님으로부터 온다. 하나님의 사랑의 본질은 예수 그리스도의 십자가의 용서의 죄 사함에 있다. 신자는 이 사랑을 덧입어 화해를 위한 오늘의 화목제물에서 나 자신을 발견해야 하지 않을까?

사랑에 기초한 삶

하나님은 참 사랑을 십자가를 통해서 보여주셨다. 그래서 사도 요한은 우리 신자는 '말과 혀로'(요일 3:18) 사랑하는 것이 아니라 '행함과 진실함'(요일 3:18)으로 사랑하라고 권면했다. 말과 혀라는 언어의 뉘앙스는 얼마나 야속한 인간의 사랑을 적절하게 표현한 말인지 모른다. 그러나 무엇이 행함과 진실한 사랑인가? 바로 보여주는 사랑이다. 이 사랑은 하나님께서 십자가를 통해서 보여준 사랑을 덧입은 후, 삶 속에서 우리가 실천해야 할 거짓 없는 사랑이다. 여기서 사랑을 덧입는다는 말은 아주 중요한 의미를 가지고 있다. 사랑을 덧입지 않고는 우리가 '낮엔 해처럼 밤엔 달처럼 그렇게 살 순 없을까'라는 복음성가의 가사를 우리의 삶으로 만들 수 없다. 우리는 한편으로는 빛과 소금의 삶을 살고 싶지만, 다른 한편으로는 연약하고 죄악 된 양면성을 가진 존재이기 때문이다. 그래서 우리는 매 순간마다 있는 모습 그대로 주님께 나아가 무릎 꿇고 회개하고 주님의 사랑을 덧입기를 기도해야 한다. 이런 과정 속에서 우리는 행함과 진실함으로 사랑할 수 있는 신자로 성숙해간다.

예수님은 십계명을 두 가지로 요약하셨다. '네 마음을 다하고 목숨을 다하고 힘을 다하고 뜻을 다하여 주 너의 하나님을 사랑하라 또한 네 이웃을 네 몸과 같이 사랑하라.'(눅 10:27) 예수님은 '하지 말라'는 부정으로 되어 있는 십계명을 '사랑하라'는 긍정으로 바꾸셨다. 이러한 예수님의 명령은 성령님을 통해 우리 마음에 새겨지게 되었으며, 신자를 하나님께 꼭 붙어 있게 하는 사랑의 끈이 되었다.

인간의 참 행복은 오직 한 분이신 하나님을 마음과 목숨을 다하여 사랑하는 것이다. 그리고 하나님께서 예수님의 십자가를 통해서 보여준 사랑을 덧입고 도움이 필요한 이웃을 사랑하고 돕는 것이다. 이것이 또 율법을 완성해 가는 길이다. 다시 말하면 '사랑의 빚'을 서로 지는 생활이다(롬 13:8). 사랑의 빚이라는 말은 참으로 아름다운 말이다. 이 세상의 어느 누구도 빚지기를 좋아하는 사람은 없을 것이다. 즉 '빚'이라는 언어는 모든 사람이 다 싫어하는 말이고 얽메이게 한다. 그런데 주님이 죄악 된 인간을 구원하심으로써 이 빚이라는 언어를 가장 아름다운 언어로 만드신 것이다. 이것이 주님의 지혜요 능력이 아닐 수 없다.

사랑으로 표현되는 믿음

사도 바울은 사랑으로 표현되는 믿음으로 이렇게 말했다. "예수 그리스도 안에서는 무 할례나 할례가 효력이 없되 사랑으로써 역사하는 믿음뿐이다(갈5:5~6)." 예수를 그리스도로 믿고 구원 받은 신자는 믿음의 생활을 해야 한다. 그 믿음의 생활이 무엇인가? 사랑으로 역사 하는 믿음이라고 했다. 여기서 중요한 말은 '사랑으로 역사 하는 믿음'이라는 말이다. 다른 번역본에는 사랑으로 표현되는 믿음이라고 번역했다. 좋은 번역이라고 생각한다. 진정한 신앙은 사랑으로 표현되는 믿음의 삶을 통해서 보여져야 한다. 여기서 사랑이라는 말은 하나님의 사랑을 묘사하는 아가페로 기록되어 있다. 그렇다고 한다면 진정한 신앙생활이란 하나님의 사랑으로 표현되는 믿음이다.

'사랑으로 표현되는 믿음'이라는 말을 한번 묵상해 보기 바란다. 신자의 믿음은 사랑으로 표현되어야 한다는 의미로 이해하고 싶다. 좀 더 자세하게 말하면 첫째, 신자는 믿음이 있다고 해서 함부로 말을 해서도 안된다. 사랑은 온유한 것이기 때문이다. 온유한 말을 쓰지 않고 말을 함부로 하면 말로 상처를 주기 쉽다. 둘째, 신자는 하나님의 사랑을 우리의 삶을 통해 재현하는 생활을 해야 한다. 주님은 벌레만도 못한 우리를 위해 당신의 독생자를 십자가 위에서 죽게 하심으로써 우리를 구원하시고, 당신의 사랑을 확증하셨다(롬 5:8). 우리는 이 사랑을 성령을 통해 덧입고 서로 용서해야 한다. 허물을 덮어주어야 한다. 사랑할 수 없는 사람도 사랑해야 한다. 성경은 원수까지도 사랑하라고 말씀하신다(마 5:44).

셋째, "사랑으로 표현되는 믿음"이라는 말은, 신앙을 가진 자 가운데 사랑으로 표출되지 않는 믿음이 있을 수 있음을 암시한다. 세상에는 말로만 표현되는 믿음이 있다. 말과 혀로 사랑하는 그런 믿음을 가진 자도 있다. 그러나 사도 요한은 말과 혀로 사랑하는 것은 참된 사랑이 아니라고 말했다(요일 3:19). 말로만 믿음의 삶을 산다면, 말쟁이 신자가 되는 것이다.

넷째, 사랑으로 표현되는 믿음은 '청결한 마음'과 '선한 양심', 그리고 '거짓 없는 믿음'에서 나오는 사랑이어야 한다(딤전 1:5). 성도가 서로 사랑하는 것은 중요하다. 그러나 사람을 속이기 위해 사랑하는 척해서는 안 된다. 그런 사람은 목자의 탈을 쓴 늑대와 같다. 이것이야말로 적그리스도 아닌가?

사랑은 무엇인가? 하나님은 사랑이시다. 우리가 사랑을 알 수 있는 이유는 하나님 때문이다. 믿음, 소망, 사랑 중에 그중의 제일은 사랑이다. 참된 사랑은 단순한 감정이나 느낌이 아니라, '사죄의 용서'에 있다. 이것이 사랑의 본질이다.

참된 신자의 생활은 믿음으로 살아가는 삶이다. 그러나 그 믿음은 사랑으로 표현되어야 한다. 믿음이 지식으로만 표현된다면, 그런 믿음은 설득력이 없다. 사랑의 수고가 없는 믿음은 야고보 사도의 말처럼 죽은 믿음이다. 우리가 이 세상을 살아가며 사랑으로 표현된 언어를 사용하자. 상처를 주지 말고, 기쁨을 선사하자. 사랑으로 표현된 삶을 통해 이 땅에서 신자로서 그리스도의 향기를 발하자. 오늘날의 모든 교회가 주님을 전파하고 서로 사랑하기 위해서 사랑의 수고를 감당하는 교회로 오늘보다는 더욱 더 성장해가는 교회가 될 수 있기를 기도하자.

02. 사랑은?(고전 13:1~8)

사랑이라는 말처럼 인간을 감동시키는 언어가 없을 것이다. 사랑이라는 말을 들을 때 여러분의 가슴이 뛰지 않는지? 사랑이라는 말을 들을 때 가슴이 뛰지 않는다고 한다면 아직 사랑이라는 말을 이해하지 못한 사람이라고 말한다면 지나친 말일까?

사랑의 절대성

사도 바울에 의하면 인간이 방언과 천사의 말을 하더라도 사랑이 없으면 울리는 꽹과리가 되어버린다고 했다(13:1). 고전 13:2에서는 예언하는 능력이 있어 모든 비밀과 산을 옮길만한 믿음이 있어도 사랑이 없으면 나는 아무것도 아니라고 했다. 우리의 모든 것으로 구제하고 내 몸을 불살라 없앤다고 하더라도 사랑이 없으면 내게는 아무 유익이 없다고 했다. 여기서 중요한 것은 사랑이 없으면 모든 인간의 행위는 그것이 무엇이던 간에 의미가 없으며 우리의 존재 의미도 없다는 데 있다. 인간이란 의미를 찾으며 살고 있는데 인간의 먹고 마시며 시집가고 장가가고 믿는 것이 아무런 의미가 없다면 참으로 그 인생은 슬픈 인생이 아닌가?

참 사랑은?

참 사랑은 오래참는 것이다. 참는다는 말은 성질내다와 상반되는 말이지만 서로 같이 대비되는 말이다. 성질이 날 때 참는 것이 참으로 사랑하는 것이다.

참 사랑은 온유한 자가 되는 것이다.

참으로 사랑한다는 것은 온유한 사람이 되는 것이다. 부드러운 언어를 사용하는 사람이 온유한 사랑을 하는 자이다.

참으로 사랑하는 것은 시기하지 않는 것이다

시기는 내가 없는 것을 상대방이 가지고 있을 때 시기가 생긴다고 한다. 서로 나눌 수 있으면 시기와 질투도 없어지는 것이 아닐까?

참 사랑은 자랑하지 않는 것이다

참 사랑은 예수를 자랑하는 것이다. 그러면 자랑하고 하는 욕망에서 벗어날 수 있지 않을까?

참 사랑은 교만하지 않는 것이다

교만은 하나님이 가장 싫어하시는 것이다. 그래서 교만은 패망의 선봉이라고 했다 (잠16:18). 하나님 앞에서 겸손한 자는 교만하지 않는다.

무례히 행치 아니하는 것이다

무례히 행하는 것은 상대방을 배려하지 않는 것이다. 함부로 상대방을 대하는 것이다.

참 사랑은 자기 유익을 구하지 않는 것이다

인간은 근본적으로 이기적인 존재인데 자기 유익을 구하지 않은 것은 어쩌면 불가능한지도 모른다. 상대방의 이익이 나의 유익이 될 때 우리는 자기 유익을 구하지 않은 것이 아닌가 생각해본다. 다시 말하면 공동이익이 될 때 자기유익을 구하지 않게 될 것이다.

참 사랑은 성내지 않는 것이다

성내지 않는 것은 참는 것과 일맥상통한다. 살다보면 분이 날 때가 있다. 그 때 하나님의 말씀이 기억나도록 해야한다. 그러면 참을 수 있을 것이다.

참 사랑은 악한 것을 생각하지 않는 것이다

악한 것을 생각하지 않으려면 선을 것을 생각해야 한다. 그러면 악한 생각을 물리칠 수 있을 것이다. 육신의 생각은 사망이지만 영의 생각은 생명과 평안이라고 했다(롬 8:6).

참 사랑은 불의를 기뻐하지 않는 것이다

불의를 기뻐하지 않고 살려면 진리와 함께 기뻐하는 삶을 살아야 한다.

참 사랑은 진리와 함께 기뻐하는 것이다

이 말은 앞의 말과 대비되는 말이다. 진리와 함께 기뻐하면 불의를 기뻐하지 않게 된다. 진리와 함께 기뻐하려면 진리의 말씀에 대한 깨달음을 가져야 한다. 그것이 기쁨을 주기 때문이다. 그렇게 하려면 진리의 말씀인 하나님의 말씀을 순종하면서 살아야 한다.

참 사랑은 모든 것을 참는 것이다

참 사랑은 모든 것을 참는 것이다. 앞에서 사랑은 오래 참는 것과 연결된다. 물론 오래 참는 것과 모든 것을 참는 것은 차이가 있다. 오래 참는 것은 견디는 것을 강조하지만 모든 것은 말 그대로 모든 것을 견디는 것이다.

참 사랑은 모든 것을 믿는 것이다

믿음이 신뢰라고 한다면 모든 것에 대해서 신뢰하는 것이다. 신뢰는 하나님의 말씀에 대한 전적인 신뢰이다. 하나님의 말씀은 절대무오하고 진리이기 때문이다.

참 사랑은 모든 것을 바라는 것이다

바란다는 말은 소망을 말한다. 하나님의 약속의 말씀은 분명히 이루진다. 그래서 약속을 믿고 이루어질 것을 소망하면서 신자는 거룩한 나그네로서 살아가는 것이다. 사랑은 '모든 것을 참으며 모든 것을 믿으며 모든 것을 바라며 모든 것을 견디느니라'(고전 13:7 It always prorects, always trusts, always hopes, always persevere). 참으로 사랑은 기적을 낳는다. 어떻게 모든 것을 참으며 믿으며 바라며 견딜 수 있는가? 사랑은 그러한 사람으로 만든다고 했다.

신자는 사랑하는 사람이 되기 위해서 하나님 사랑을 덧입어야 한다. 어떻게 사랑을 덧입을 수 있는가? 하나님 사랑이 성령의 역사를 통해 우리 마음에 부어져야 하는 것이다(롬 5:5).

사도 바울에 의하면 사랑은 하나님이 우리에게 주신 가장 큰 은사이다. 가장 큰 은사를 사모하라고 했다(고전12:31). 이 은사를 사모하고 성령을 통해서 덧입을 때 우리는 사랑하는 사람이 된다. 덕을 세우는 사람이 된다. 기적을 낳게 된다. 사랑의 은사를 사모하자. 그리고 하나님이 우리에게 제시한 사랑의 인격을 닮아 사랑하는 사람이 되기를 서로 기도하자.

03. 서로 사랑의 빚을 지고 살자

"서로 사랑하는 것 외에는 아무에게 빚도 지지 말라. 남을 사랑하는 자는 율법을 성취하였다" (롬13:8)

빚이라는 말을 보자. 결코 아름다운 언어가 아니다. 인간이 싫어하는 말이다. 그러나 사랑의 빚은 정말로 아름다운 말이다. 사랑 때문이다. 사랑 때문에 빚이라는 언어가 우리에게 충격과 도전을 주는 새로운 말이 된다. 여기서 사랑은 하나님이 예수 그리스도를 통해서 보여준 아가페 사랑을 의미한다. 다시 말하면 그리스도 예수 때문에 빚이라는 부담스러운 말이 아름다운 감동을 주는 언어로 변화된다. 이것이 복음이다.

남을 사랑하는 자는 율법을 다 이루었다

로마서 13장 8절을 보자. '남을 사랑하는 자는 율법을 다 이루었느니라.' 또 하나의 충격적인 말씀이다. 누가 율법을 다 이룰 수 있는가? 도저히 불가능한 일이다. 하지만 내 이웃을 사랑하는 삶은 율법을 다 이루는 것이다. 그럼 내 이웃이란 누구인가? 선한 사마리아 사람의 비유에 의하면 이웃이란 도움이 필요한 자이다. 그러므로 내 이웃을 사랑하는 삶은 도움이 필요한 자를 그리스도의 사랑으로 돕는 생활이다.

네 이웃을 네 몸과 같이 사랑하자

로마서 13장 9절을 보면 '간음하지 말라, 살인하지 말라, 도둑질하지 말라, 탐내지 말라 한 것과 다른 계명이 있을지라도 네 이웃을 네 몸과 같이 사랑하라는 말씀 가운데 요약되어 있다.'고 했다. 이 세상에서 마음으로 간음하지 않은 사람이 있을까? 아마 없을 것이다. 어떤 유대인은 여자를 보지 않기 위해서 얼굴을 가리고 다니다가 벽에 부딪혀 얼굴이 피투성이가 되었다고 한다. 이런 사람은 오늘 말씀을 깊이 새겨들어야 한다. 간음하지 않기 위해 얼굴을 가리고 다닐 필요가 없다. 하나님은 우리에게 보라고 눈을 주셨기 때문이다. 하나님께서 주신 사랑을 덧입은 눈으로 사람을 본다면 모두 하나님의 공주요 왕자로 보일 것이다. 우리에게 필요한 것은 하나님 안에서 형제자매로 보고 서로 열심히 뜨겁게 사랑의 빚을 지고 사는 것이다. 간음이나 탐심을 제거하려 한다고 그것들이 없어지는 것이 아니다. 적극적으로 사랑하면 없어지는 것이다. 마찬가지로 도둑질을 막으려면 감옥을 많이 짓는 것보다는 가난한 사람에게 베푸는 삶을 살게 되면 도둑질하는 자를 적게 만들지 않을까? 그러면 그 사람도 변하여 주는 삶을 살게 되지 않을까?

사랑은 이웃에게 악을 행하지 않는다

십계명에는 하지 말라는 형태로 되어 있다. 그러나 주님은 사랑하라는 형태로 바꾸셨다(마 22:37~40). 하나님 사랑과 이웃 사랑으로 요약하셨다. 그리고 두 계명이 온 율법과 선지자의 강령이라고 하셨다. 여기서 우리는 어떻게 살아야 하는가를 배울 수 있다. 우리는 하나님을 사랑하고 이웃을 사랑하며 살아야 한다. 참으로 놀라운 말씀이다. 독자, 여러분, 여러분은 사랑하면서 살고 싶지 않은가? 우리 학교에서 기독교 아동과 졸업발표 작품 전시회에서 인형극을 했는데 그 대사 중에 한마디가 마음에 와 닿았다. "꼬마 돼지도 사랑하니까 가슴이 두근거린다."고 했다. 하물며 하나님의 형상으로 지음 받은 우리이겠는가? 오늘날 교회가 적극적으로 하나님을 사랑하고 이웃을 사랑하는 공동체가 되기를 기도하자. 즉 서로 허물은 덮어주고 좋은 점은 칭찬하는 그런 공동체가 되기를 기도하자. 내 교회가 그런 교회가 되도록 기도하자.

사랑이 있는 곳에는 악이 존재하지 않는다. 사랑이 있는 곳에는 시기 질투가 없다. 사랑이 있는 곳에서는 미움이 없다. 사랑이 있는 곳에서는 다툼이 없다. 따라서 하나님 안에서 뜨겁게 사랑하자. 그러면 우리는 율법을 완성하며 사는 것이다. 하나님이 우리에게 지킬 수 없는 율법을 주신 것이 아니다. 하지만 이것은 우리 능력으로 지키는 것이 아니라 하나님의 사랑이 성령님을 통해서 우리 마음에 부어질 때 우리는 율법을 지킬 수 있다(롬 5:5). 율법은 우리에게 부담을 주는 것이 아니라 우리로 하여금 하나님의 뜻을 이 세상에서 드러내는 빛의 역할을 하게 하는 영원한 의의 규범이다.

예수 그리스도가 우리를 사랑하신 것처럼, 또 성경이 말하고 있는 것처럼 우리 모두 서로 사랑의 빚을 지고 살자. 서로 사랑의 빚을 지자. 내가 이 글을 쓸 수 있는 것도 다른 사람들의 사랑 덕분이다. 서로 시기하고 질투하면 어떻게 살 수 있겠는가? 이 세상에 허물이 없는 사람이 있을까? 그러므로 허물을 덮어주는 사랑의 빚을 서로지자. 우리가 남의 허물을 덮어주지 않으면 남도 우리의 허물을 드러낼 것이다. 그러므로 서로의 짐을 져주고 서로를 위해서 기도해 주자. 이런 삶 가운데서 신자는 성숙한 신자가 되어 갈 것이다.

사랑은 말과 혀로 하는 것이 아니라 행함과 진실함으로 해야 한다

이 말씀의 뜻이 무엇인가? 사랑은 이론이 아니라는 말이다. 만약 사랑이 이론이라고 한다면 사랑에 관한 명작을 읽거나 강의를 듣거나 영화를 보면 사랑을 마스터할 수 있을 것이다. 사랑의 고전인 섹스피어의 『로미오와 줄리엣』을 읽거나 영화를 본다고 해서 사랑을 이해할 수 있는가? 나의 저서 『고전속에 비친 하나님과 나』에서 사랑장이라고 하는 고린도전서 13장과 키르케고르의 위대한 저서 『사랑의 역사』에 대해서 글을 썼다. 그런데도 사랑이 무엇이냐고 물으면 말로는 대답을 잘 하는데 가슴에 와 닿지 않는다. 사랑을 이론으로만 알고 있기 때문에 그런 것이다. 이론은 이론일 뿐 삶이 아니다. 아무리 사랑에 대한 책을 몇 백권 저술한다 해도 마음에 감동을 줄 수 없다. 바다를 먹물로 삼고 하늘을 두루마리로 삼아도 다 쓸 수 없는 하나님의 사랑을 종이쪽지 몇 장에 쓸 수 있는가? 말과 혀라는 언어를 보자. 얼마나 입에 바른 소리인가. 만약에 말과 행동이 다른 사랑은 이론적인 사랑이요 말과 혀로 하는 사랑이다. .

　사랑은 하나님의 선물이다. 고린도전서 12:31에 보면 사랑은 모든 은사 가운데 가장 큰 은사라고 했다. 하나님이 우리에게 주시는 선물 가운데 가장 큰 선물이다. 가장 간절하게 사모하는 마음으로 구해야 할 선물이라고 했다. 하나님은 선물을 나의 유익을 위해서 쓰라고 주시는 것이 아니다. 그것을 가지고 복음을 전하기 위해서, 남을 위해서, 가족을 위해서, 사회를 위해서 쓰라고 주신 것이다. 하나님의 영광을 위해서 사랑을 실천하고 살라고 주신 것이다. 오늘 사모하는 마음으로 하나님이 주시는 사랑을 성령을 통해서 덧입기를 기도하자. 그러면 사랑은 무엇인가?

사랑은 행함으로 하는 것이다

　이 말의 뜻이 무엇인가? 사랑은 행동(action)이라는 말이다. 너무도 쉬운 말이다. 초등학생들도 읽을 수 있다. 그렇다고 해서 사랑을 이해할 수 있는가? 아니다. 그런데 왜 우리는 이 말을 잘 이해하지 못하는가? 사랑은 행동으로 보여주어야 하기 때문이다. 고린도전서 13:5에 의하면 사랑은 자기유익을 구치 않는다고 했다. 자기만 위해 사는 사람은 사랑을 이해할 수 없다. 그 사랑은 자기만을 위해서 하는 사랑, 즉 이기적인 사랑이기 때문이다. 이런 사람은 사랑에 대해서 ABC도 모르는 사람이다.

　사랑하는 독자 여러분, 눈물과 나눔으로 사랑을 배우자. 사랑은 자기가 독차지하는 소유의 개념이 아니라 자기를 부인함으로 배워하는 행동이다.

사랑은 진실함으로 하는 것이다

　진실하다는 것은 있는 그대로 영접하고 비교하지 않고 사랑하는 것이다. 비교하게 되면 사랑에 금이 가게 된다. 진실이 없는 인간관계, 진실이 없는 가정, 진실이 없는 교회, 진실이 없는 공동체, 진실이 없는 국가는 오래 가지 못한다. 아무리 깊은 사랑의 관계라고 해도 진실성이 무너지면 그 관계는 한 순간에 무너지고 마는 것이다. 그런데 문제는 타락 이후 인간은 진실하지 못한 존재가 되었다. 그래서 진실하지 못함을 회개하는 사람이 진실한 사람이다. 우리가 하나님 앞에서 진실하지 못함을 회개할 때 우리는 진실한 사람이 되어가고 진실한 사랑을 할 수 있다. 진실함이라는 언어의 힘은 가히 핵폭탄과 같다. 이 언어가 진실성을 잃을 때 어떤 관계도 순식간에 허물어져 버리기 때문이다. 그러나 인간의 관계가 진실할 때 다시 어떤 관계도 다시 회복될 수 있다. 독자 여러분, 진실함이라는 사랑의 언어를 삶에서 배우자. 그러면 우리는 진실한 신자가 될 수 있다.

독자 여러분, 속을 썩이는 남편이 있는가? 아내가 있는가? 자식이 있는가? 부모가 있는가? 불평하거나 원망하지 말고 오히려 하나님의 사랑을 베푸는 기회로 생각하자. 그러면 하나님의 사랑을 이론으로 배우지 않고 실천하며 배우는 기회가 될 것이다. 그렇게 함으로써 여러분과 나는 진실로 사랑하는 사람이 될 것이다.

04. 주님을 사랑하는 삶(눅 7:36~50)

누가 사도는 신자가 된다는 것은 주님을 사랑하는 것임을 가르쳐주고 있다. 어떻게? 죄 많은 한 여인의 이야기를 통해서이다. 찬송가 511장의 가사처럼 내 구주 예수를 더욱 사랑하는 신자가 될 수 있기를 서로 기도하자.

한 죄인인 여인
바리새인 시몬이 예수님을 식사에 초대했다. 주님은 그 집에 들어가서 식사를 하기 시작할 때였다. 그 때 그 동네에 죄인인 한 여인이 있었다. 그녀는 주님이 바리새인 시몬의 집에 초대함을 받은 줄 알고 향유를 담은 옥합을 가지고 왔다.

유대인들의 습관에 의하면 낮은 의자에 비스듬히 누워 왼손으로 머리를 받치고 식사한다고 한다. 아마 독자 여러분은 로마를 주제로 한 영화에서 그런 장면을 보셨을 것으로 믿는다. 그래서 한 죄인인 여인은 예수님의 발에 접근하기가 쉬웠을 것이다. 그녀는 주님의 발곁에 서서 울며 눈물로 발을 적시며, 자기 머리털로 주님의 발을 씻고 그 발에 입맞추고 향유를 부었다.

주님께 향유를 부은 여인의 모습은 한폭의 그림처럼 아름답게 보인다. 이 여인이 아름다워서가 아니라 주님께 모든 것을 바치는 여인이었기 때문이다. 울고 있는 여인이 계획을 하고 와서 그렇게 한 것은 아니라고 생각된다. 여인의 모든 것을 아시고 자비스러운 주님의 발 앞에 선 여인은 걷잡을 수 없이 흐르는 눈물을 어찌할 수 없었을 것이다. 주님의 사랑과 자비를 아는 사람은 주님 앞에서 울 수 밖에 없을 것이다.

눈물이란 귀하고 진실한 것이다. 왜냐하면 눈물이란 말로 표현할 수 없는 인간의 희로애락이 눈물로 표현되기 때문이다. 이런 점에서 본다면 예수님 앞에서 울고 서있는 여인의 울음은 무엇을 의미하는 것일까? 아무 말도 없이 울고만 서있는 여인은 얼마나 죄가 많은 여인이었는가를 알 수 있다.

바리새인 시몬의 반응

시몬 바리새인은 이 사실을 보고 마음으로 투덜거렸다. 예수님이 선지자라면 이 여인이 얼마나 큰 죄인인지를 알았을 것인데 하면서 몹시 못 마땅히 여겼다. 이것을 아신 주님은 시몬에게 비유로 가르치셨다. 참으로 온유하시고 오래 참으시는 구주가 되심을 알 수 있다.

예수님의 비유

빚진 두 사람이 있었는데 한 사람은 오백 데나리온의 빚을 지고 다른 사람은 오십 데나리온의 빚을 졌는데 둘다 빚을 갚을 수 없어서 다 탕감해 주었다. 이 둘 중에 어느 누가 더 사랑겠느냐고 주님은 바리새인 시몬에게 물었다. 시몬이 대답하여 가라사대 많이 탕감을 받은 자이다라고 말했다. 주님도 시몬의 말에 동의하셨다.

예수님은 한 죄인은 여자를 보시며 시몬아 이 여자를 보느냐? 너는 내게 발 씻을 물도 주지 아니하였는데 이 여인은 눈물로 내 발을 적시고 머리털로 씻었으며 너는 네게 입마추지 아니하였는데 그녀는 내 발에 입맞추기를 그치지 아니했으며 너는 내 머리에 감람유도 바르지 아니하였는데 이 여인은 향유로 내발에 부었느니라. '이러므로 내가 네게 이르노니 저의 많은 죄가 사하여졌도다 이는 저의 사랑함이 많음이라 사함을 받은 일이 적은 자는 적게 사랑하느니라 이에 여자에게 이르시되 네 죄 사함을 얻었느니라 하시니'(눅7:47~48).

예수님의 교훈

본문의 포인트는 7장 47~48절에 있다고 본다. 이 본문을 통해 몇 가지 중요한 교훈을 배울 수 있다.

죄인인 한 여자

예수님을 찾아온 한 여인은 죄인이었다. 무슨 죄인지는 모르지만 동네 사람이 다 알 정도이고 보면 멸시천대와 모욕을 몹시도 당했던 여인이었음에 틀림이 없는 것 같다. 이 여인은 예수님 발 앞에서 울고 있었다. 아마 걷잡을 수 없는 눈물인 것 같다. 눈물이란 아무 때나 나오는 것이 아니고 보면 말로 할 수 없는 많은 죄를 지은 여인이었는지도 모르겠다. 예수님의 자비만을 바라보며 걷잡을 수 없이 흐르는 눈물이 주님의 발에 흐르기 시작했다. 발을 씻을 정도의 눈물은 회개의 눈물로 침상을 적셨다는 다윗의 고백을 방불케 한다.

우리아의 아내 바세바를 범하고 탄로가 날까봐 충성스러운 우리아 장군을 최전방에 보내어 돌로 맞아죽게 한 사실을 나단 선지가 다윗에게 말하자 다윗은 눈물로써 회개했다. 눈물로 침상을 적시었다고 시편에서 고백했다. 하나님이 원하시는 제사는 통회하는 마음이라고 고백했다. 하나님이 원하시는 제사는 통회하는 마음이다. 죄지은 자에게 필요한 것은 회개 외에 다른 길이 없다. 회개는 말로 하는 것이 아니라 마음으로 한다고 요엘 선지자는 말했다. 옷을 찢지 말고 마음을 찢으라고 했다(욜2:12).

본문에 나온 여인도 말로 회개하지 않고 눈물로 회개했다. 아무 말없이 걷잡을 수 없이 흐르는 눈물이 예수님의 발을 적시었다. 여인은 눈물로서 회개하고 주님에 대한 사랑을 말과 혀로 하지 않고 행함과 진실함으로 사랑을 표현했다고 볼 수 있다. 머리털로 주님의 발을 씻고 그 발에 입맞추고 비싼 향유를 부었다. 이것은 말로 표현할 수 없는 사랑의 표현이 아니고 무엇이겠는가? 그 여인은 주님께 모든 것을 바쳤다.

눈물로 회개하는 여인의 죄를 주님은 사하여 주셨다. 회개하면 누구든 죄사함을 받을 수 있다. 회개는 진실하고 마음을 찢는 회개이어야 하는 것이다. 눈물로 주님의 마음을 적시는 회개이어야 하는 것이다.

주님의 안목

주님은 여인의 행위를 믿음에서 나온 사랑의 표현으로 보았다. 예수께서 여자에게 이르시되 네 믿음이 너를 구원하였으니 평안히 가라(눅7:50)라고 말씀하셨다. 이점에서 본다면 여인의 행위는 믿음에서 나온 사랑의 표현이라고 볼 수 있다. 다시 말하면 사랑으로 표현되는 믿음이다. 우리는 주님에 대한 사랑의 표현이 있어야한다. 시편 18편 1절에 보면 '나의 힘이되신 여호와여 내가 주를 사랑하나이다.' 죄 많은 여인은 주님께 옥합을 깨뜨려 주님의 발에 부었다. 옥합은 여인의 모든 것이라고 볼 수 있다. 주님은 우리를 위해서 목숨을 주셨는데 우리는 주님을 위해서 무엇을 드려야 하는 것일까? 그것은 요한복음 21장에 보면 베드로의 사랑 고백을 들은 주님은 뭐라고 베드로에게 말했는가? 네 양을 먹이라고 했다. 주님의 양을 치는 것이다. 우리가 주님을 사랑하지 못하고서 어떻게 주님의 양을 먹일 수 있겠는가? 주님에 대한 신자 사랑의 표현은 전도와 봉사로 표현되어야 한다.

사함을 적게 받는 사람은 적게 사랑한다

이 말씀에 의하면 주님에 대한 사랑을 측정할 수 있다. 적게 사함을 받은 사람은 적게 주님을 사랑한다. 많이 죄 사함을 받는 자는 많이 주님을 사랑한다. 그렇다. 우리 신앙의 여정에 있어서 주님의 일에 소극적인 사람은 주님을 적게 사랑하는 자이다. 주님의 말씀을 얼마만큼 순종하는가에 따라서 주님에 대한 사랑을 측정할 수가 있다. 적게 사함 받는 신자는 적게 주님을 사랑한다.

이 시간 주님에 대한 우리의 사랑을 측정해보라! 적게 사랑한다면, 한 죄인 여인처럼 눈물의 회개가 있어야할 것이다. 여인이 옥합을 깨뜨려 예수님의 발에 부어버린 것처럼 우리의 몸과 마음을 주님께 부어버리자. 참 신자가 되는 것은 구주 예수를 더욱 더욱 사랑하는 것이다. 주님을 더욱, 오늘보다는 내일, 내일보다는 모레, 더욱 사랑하는 신자가 되자. 내 구주 예수를 더욱 사랑하자(찬311). 계명에도 하나님을 사랑하되 목숨을 다하고 뜻을 다하고 성품을 다하여 사랑하라 하셨다.

우리는 갚을 수 없는 빚 때문에 죽어야 할 사람이었다. 그러나 주님은 우리 대신에 십자가에 죽으셨다. 그리하여 우리 죄를 사하여 주셨다. 새 삶을 주셨다. 우리 몸을 산 제사로 바치지 못할 때 주님의 한없는 은혜를 값싼 것으로 여기는 배은 망덕한 신자가 되는 것이다. 다시금 주님 앞에 무릎을 꿇고 마음을 찢는 회개를 하자. 주님은 다시 용서해 주시고 주님을 사랑하도록 도와주실 것이다. 아이삭 와트는 주님의 십자가의 은혜를 다음과 같이 찬양했다. 주 달려 죽은 십자가에서 '1.주 달려 죽은 십자가 우리가 생각할 때에 세상에 속한 욕심을 헛된 줄 알고 버리네 2. 죽으신 구주밖에는 자랑을 말게 하소서 보혈의 공로 힘입어서 교만한 마음을 버리네 3. 못 박힌 손 발 보오니 자비 나타내셨네 가시로 만든 면류관 우리를 위해 쓰셨네 4. 온 세상 만물 가져도 주 은혜 못다 갚겠네 놀라운 사랑 받은 나 몸으로 제물 삼겠네' 아이삭 와트의 찬송이 우리의 찬송이 되게 하시고 그의 고백이 우리의 고백이 되기를 우리 다같이 기도하자. 주님은 말씀에 귀를 기울이자: 적게 사함받는 사람은 적게 사랑하느니라.

05. 오직 사랑으로 서로 종노릇하라

"형제들아 너희가 자유를 위하여 부르심을 입었으나 그러나 그 자유로 육체의 기회를 삼지말고 오직 사랑으로 서로 종노릇 하라"(갈 5:13)

나는 당시에 28세라는 아주 늦은 나이에 군대에 들어가 많은 고생을 했다. 나는 광주에 있는 31사 훈련소에서 10주간 병영훈련을 받은 적이 있다. 나에게 익숙하지 못한 선착순이라는 기합, 총을 잘 쏘지 못한 이유로 받는 기합을 많이 받았다. 체벌이다. 4월 중순 더운 날씨인데 점심 먹고 군가를 부르는데 소리가 작다해서 체벌을 받고, 매일 점호를 취해 총기를 검사하고 옷가지를 잘 정돈했는지 검사해서 잘해도 체벌, 못해도 체벌을 받으니, 자유가 얼마나 소중한지 아주 실감 있게 체험했다. 이렇게 군대생활을 3년 한다고 생각하니 아찔한 생각이 들었다. 10주간 훈련을 받고 부대 배치를 받기 전에 외박을 나왔는데 병영을 벗어나서 걸어가는데 참으로 날아가는 기분이었다. 자유라는 것이 이렇게 인간을 기분 좋게 하는가를 새삼 깨닫게 되었다.

인간은 자유스러운 사람이 되기를 원한다. "자유가 아니면 죽음을 달라"(Give me liberty, or give me death)라는 구호를 들었을 것이다. 인간은 죽기를 싫어한다. 그런데도 자유를 갖기 위해 죽고자 한다. 인간에게 필요한 것은 자유이다. 이처럼 자유란 인간이 살아가는데 필수 불가결한 것이다. 그런데 우리는 자유라는 개념을 무한정한 자유, 하고 싶은 대로 하고 사는 것이, 자유라고 생각하는 사람이 있다. 그러나 참 자유란 그런 것이 아니다.

한때 인기리에 방영되었던 사극의 내용을 생각해 보자. 세상에서 최고 권력을 가진 왕이라고 해서 무한정한 자유를 누리던가? 무한정한 자유 대신에 왕의 눈물이 있다. 이것은 최고의 권력을 휘두르는 왕도 자유의 한계가 있다는 것을 시사하지 않는가?

자유라는 개념 속에는 의무라는 개념도 함께 있다. 무엇을 해야 자유를 누릴 수 있다. 의무가 없는 자유는 없다. 이것이 세상에서 말하는 자유의 개념이다. 그렇다면 성경에서는 뭐라고 말하고 있는가? 오늘 말씀 13절을 보자. 우리는 자유를 위하여 부르심을 입었다고 하였다. 그렇다. 사도 바울에 의하면 인간은 죄의 노예가 되었다. 그래서 죄를 짓고 살 수 밖에 없다. 죄를 지면 그것으로 끝나는 것이 아니라 양심의 가책 속에서 불안과 공포 가운데 살게 된다. 죄를 지으면 결국 죽게 되는 것이다. 죄의 삯은 사망이라고 했기 때문이다(롬 6:25). 여기서 '삯'이라는 언어를 생각해보자. 그 대가를 치른다는 것이다. 정말 무서운 것이다. 그러나 하나님은 예수 그리스도를 통해서 우리를 죄로부터 자유를 주셨다. 그래서 자유는 하나님의 선물이다. 참 자유는 하나님으로부터 오는 것이다. 하나님은 엄청난 대가를 지불하시고 우리에게 자유를 선물로 주셨다. 그래서 우리는 이제 율법 아래 사는 것이 아니라 은혜 가운데 사는 것이다. 은혜 가운데 살 때 진정한 자유가 있다. 은혜 가운데서는 우리가 하는 것이 없고 하나님이 다 해주시기 때문이다. 그래서 죄의 대가를 받기 전에 빨리 회개하고 하나님께로 돌아와야 한다. 율법 하에서는 자유가 없다. 율법은 우리로 하여금 무엇을 하도록 강요하며, 동시에 우리의 죄를 깨닫게 하기 때문이다.

하나님이 우리에게 자유를 주시는 것은 다시 과거 생활로 되돌아가서 죄 지으며 살도록 주신 것이 아니다. 그래서 자유로 육체의 기회를 삼지 말라고 하였다. 그러면 어떻게 우리는 살아야 하는가?

육체의 소욕을 위해서 살아서는 안된다

하나님이 선물로 주신 자유로 육체의 소욕을 위해서 살아서는 안된다. 갈라디아서 5:17절을 보자. 육체의 소욕은 성령을 거스르고 성령의 소욕은 육체를 거스르나니 둘이 서로 대적함으로 너희의 원하는 것을 하지 못하게 한다고 했다. 죄악된 정욕대로 살면 우리가 원하는 것을 이룰 수 없다고 했다. 육체의 일은 무엇인가? '음행과 더러운 것과 호색과 우상숭배와 술수와 원수 맺는 것과 분쟁과 시기와 분냄과 당짓는 것과 분리함과 이단과 투기와 술취함과 방탕함과 또 그와 같은 것들이라 이런 일을 하는 자는 하나님 나라를 유업으로 받지 못한다고 말씀하고 있다.'(갈5:19~22)

오직 사랑으로 서로 종노릇하자

참 자유인은 사랑으로 서로 종노릇하면서 살아야 한다. 인간은 누군가가 자기의 노예가 되기를 원한다. 인간은 어떻게 노예를 만드는가? 무력으로 노예를 만든다. 돈으로 사서 노예를 만든다. 살기 위해서 노예가 되는 경우도 있다. 그러나 성경은 사랑으로 서로 노예가 되라고 말씀하고 있다. 여기서 사랑이라는 말은 아가페라는 말이다. 그래서 하나님의 사랑을 덧입어서 서로 섬겨야 하는 것이다. 서로가 종이 되기 때문에 평등한 것이다. 이것은 명령형으로 되어 있다. 그래서 반드시 실천해야 하는 것이다. 우리가 자유를 정욕의 도구로 쓰지 않기 위해서는 서로 사랑으로 종노릇해야 한다. 여기에 참 자유 함이 있다. 사랑 안에서 서로 종노릇을 하면 기쁨이 넘친다. 사랑이 서로가 종이 아니라 동등하게 만들기 때문이다.

교회에서도 우리는 서로 사랑으로 종노릇을 해야한다. 그래야 서로 벽이 없어지는 것이다. 신분의 벽, 지역의 벽, 나이의 벽이 없어진다. 그래서 우리가 애찬(아가페 식사)을 나눌 때 끼리끼리 먹는 것보다는 모르는 사람이 서로 나눔으로 사귀는 애찬이 되기를 기자. 허물은 서로 덮어주고, 서로를 위해서 기도하며, 서로 돕고, 좋은 것은 서로 칭찬 해주는 교회가 되어야 한다. 그래야 은혜가 충만한 교회가 되는 것이다.

가정에서도 서로 사랑으로 종노릇을 해야한다. 부부는 사랑이 없으면 서로 남남 이 된다. 그러나 사랑 안에서 서로 종노릇 하면 둘이 하나로 연합되어서 화평과 은혜가 넘치는 가정이 된다. 서로 지배하려고 하면 화평이 없다. 서로 섬기려할 때 화평이 있는 것이다. 우리는 가정문제에서 저 사람이 잘못해서라고 생각하기보다는 내가 사랑 안 에서 종노릇을 못하기 때문이 아닌지를 숙고를 해야 할 것이다. 그래야 문제의 해결점 을 찾을 수 있을 것이다. 내가 감당할 수 있다면 상대방이 내 말을 안 들어준다고 해도 문제가 되지 않는다. 사회에서도 마찬가지이다. 서로 지배하려고 하면 화평이 깨지는 것 이다. 위대한 자는 지배하는 자가 아니라 섬기는 자가 되어야 한다고 주님이 말씀하셨 다(막10:45).

하나님은 예수 그리스도를 통해서 우리를 죄로부터 자유롭게 하셨다. 그래서 신자 는 참 자유인이다. 이제 우리는 하나님이 예수 그리스도를 통해서 주신 참 자유를 정 욕을 위해서 써서는 안된다. 그렇게 되면 참 자유인으로서 살 수 없다. 우리가 원하는 것도 이룰 수 없다. 우리는 오직 사랑으로 서로 종노릇하면서 살아야한다. 종이라는 말은 좋은 말은 아니지만 하나님의 사랑을 덧입을 때 서로 종노릇이라는 말은 얼마나 아름다운지 모른다. 사랑으로 서롤 종노릇하여서 참 자유를 누리며 하나님의 나라를 확장해 가자. 오늘의 교회가 그런 교회가 되고 우리 가정이 이런 가정이, 사회가 그런 사회가 되도록 두 손 모아 기도하자. 아멘!

06. 네가 나를 사랑하느냐?

"요한의 아들 시몬아 네가 이 사람들보다 나를 더 사랑하느냐 하시니 이르되 주님 그러하외다" (요 21:15~17)

주님은 신자로부터 사랑고백을 원하신다

우리도 인간관계에서 사랑의 고백을 듣기를 원한다. 이 고백은 서로의 관계성을 유지하고 사는데 아주 중요한 역할을 하기 때문이다. 그래서 시편 18:1에에 보면 다윗도 '나의 힘이 되신 여호와여 내가 주님을 사랑합니다.' 라고 고백했다. 나는 예수님이 베드로에게 사랑 고백을 하도록 질문하신 이유가 무엇일까? 를 몇 번이고 생각해봤다. 주님이 베드로가 주님을 배반한 후에 찾아가셔서 질문하셨기 때문이다. 과연 베드로는 왜 주님을 배반했을까? 표면적으로는 자신의 생명의 위협이 다가오기 때문에 살기 위해서 그랬다고 볼 수 있다. 그렇다면 주님을 위해서 순교한 사람은 왜 생명의 위협을 무릅쓰고도 배반하지 않고 죽었을까? 사랑할 때 인간은 배반하지 않는다

이러한 점에서 볼 때 베드로가 예수님을 배반한 근본 이유는 단순히 자신이 살기 위해서 그랬다고 볼 수 있지만 보다 더 근본적인 이유는 예수님이 베드로에게 한 질문에서 볼 수 있을 것이다. 죽음을 이길 수 있는 힘은 베드로에게서 나오는 것이 아니라 그리스도 예수의 사랑(아가페)에서 나오기 때문이다. 요한복음 21:19절에서 결국 베드로는 주님을 위해서 나중에 순교할 것을 말씀하셨다. '네가 나를 사랑하느냐'? 라는 질문에서 주님을 사랑하는 것은 주님을 위해서 순교하는 것이다. 나는 한국 순교역사에서 순교한 사람의 대부분은 평신도였다고 들었다. 그들이 순교한 이유는 복잡한 신학도 철학이 아니라 주님은 나를 위해서 죽으셨는데 어떻게 그분을 배반할 수 있는가? 이었다고 들었다. 주님을 사랑하지 못하면 주님을 결국 배반할 수밖에 없다. 이 시간 우리는 주님이 베드로에게 하신 질문, '네가 나를 사랑하느냐'? 라는 질문에 우리는 어떻게 대답할 것인가를 생각해 볼 수 있기를 바란다.

내 양을 치라

또 하나의 중요한 교훈은 주님이 베드로에게 사랑을 고백하도록 하신 것은 주님이 사랑이 필요해서가 아니라 우리 주님을 사랑하지 못하고서는 주님의 어린양을 돌볼 수가 없기 때문일 것이다. 주님을 사랑하지 못하고서 어떻게 주님의 양을 칠 수 있는가? 가령 자식이 있는 남자와 한 여자가 결혼했다고 하자. 그 여자가 남편을 사랑하지 못할 때 자기가 낳지 않은 남편의 자식을 어떻게 키울 수 있는가? 없다. 키운다고 해도 형식적인 것이 될 것이다. 주님의 사랑, 아가페가 없을 때 주님의 양을 도울 수 없다. 주님을 사랑할 때 주님의 양은 나의 양이 되는 것이다.[6]

정리하면 주님은 우리를 죽기까지 사랑하셨다. 배반한 베드로를 그가 절망가운데 있을 때 찾아가셔서 그가 필요한 모든 것을 주셨다. 그리고 사랑고백하기를 원하셨다. 그것은 주님을 사랑해야 주님의 양을 칠 수 있기 때문이다. 이 시간도 주님께서 우리를 사랑하신다. 그리고 우리가 절망가운데 있을 때, 목회에서 피곤하여 지쳐 있을 때, 우리가 세상일에 지쳐있을 때, 찾아오셔서 질문하신다. "이들보다 더 네가 나를 사랑하느냐?" 주여, 주님은 저의 모든 것을 다 아십니다. 제게 당신의 사랑(아가페)을 성령을 통하여 덧입혀 주시옵소서. 제가 당신의 양을 치겠습니다. 주님을 더욱 더 사랑하겠습니다.

07. 사랑은 어디에?

"사랑은 여기 있으니 우리가 하나님을 사랑한 것이 아니요 오직 하나님이 우리를 사랑하사 우리 죄를 위하여 화목제로 그 아들을 보내셨음이라."(요일 4:10)

---

6   나는 한 전도사님이 노인의 기저귀를 갈아주면서도 냄새가 나지 않는다는 말을 들은 적이 있습니다. 왜 냄새가 나지 않을까요? 그것은 사랑 때문이라고 했습니다. 어머니가 자식의 기저귀를 갈아주면서 냄새가 나지 않은 것과 같습니다. 사랑은 모든 것을 견디게 하기 때문입니다. 사실 나는 미국에서 양로원에서 일한 적이 있습니다. 새벽부터 가서 노인들의 기저귀를 갈았는데 그 땐 냄새를 잘 모르고 갈았습니다. 그것은 노인을 사랑해서가 아니라 먹고 살아야 하기 때문이었습니다. 그러나 성령을 통해서 주님의 아가페 사랑이 나의 마음에 부어질 때 할 수 있다고 믿습니다. 아가페 사랑은 모든 것을 가능하게 하기 때문입니다.

사도 바울은 믿음 소망 사랑 이 세 가지는 항상 있어야 하지만 그 중에 사랑은 제일이라고 했다(고전 13:13). 그렇다. 우리에게 믿음이 항상 있어야 하며, 소망이 항상 있어야 하며, 사랑이 항상 있어야 한다. 그러나 그 중에서도 사랑은 제일이다. 이런 점에서 볼 때 사랑이 얼마나 중요한 가를 알 수 있다. 그렇다면 도대체 사랑은 어디에 있는 것인가?

우리가 하나님을 사랑한 것이 아니라 하나님이 우리를 사랑했다. 우리가 하나님을 사랑한 것이 아니다. 하나님이 우리를 사랑하셨다. 지금도 하나님을 우리를 사랑하신다. 앞으로도 사랑하실 것이다. 그래서 하나님은 사랑이시다(요일 4:8).

하나님은 사랑이시다

우리는 사실 사랑이 무엇인지 잘 모른다. 하나님이 먼저 우리를 사랑하사 사랑이 무엇인가를 가르쳐 주셨다. 요한일서 4:8에 의하면 '하나님은 사랑'(ο θεοσ αγαπη εστιν)이라고 하였다. 그리고 7절에 보면 사랑은 하나님으로부터 온다고 했다. 사랑은 나에게서 생겨나는 것이 아니다. 참 사랑은 하나님으로부터 온다. 인간으로부터 나오는 사랑은 야속한 사랑이다. 야속한 사랑은 인간의 매력에서 싹이 튼다고 한다. 그런데 매력은 나에게 결핍된 것이다. 그래서 우리가 내가 좋아하는 사람을 보면 나에게서 결핍된 것임을 발견하게 될 것이다. 결핍된 나이기 때문에 내 것으로 만들어야 한다. 그래서 인간의 사랑은 소유에 있다.

사랑은 하나님으로부터 온다

오늘날에도 많은 사람이 사랑이 자신에게서 생겨난다고 믿고 있다. 내게서 나오는 사랑은 야속한 것이다. 그 야속한 사랑으로 사랑하려고 하니까 야속한 사랑이 되는 것이다. 그렇다면 참 사랑은 어디에 있는 것인가? 참 사랑은 여기에 있다.

화목제물을 통해서 계시되었다

하나님이 우리를 사랑하사 우리 죄를 위하여 예수 그리스도를 화목제로 세우신 것을 통해서 참 사랑이 계시되었다고 말하고 있다. 하나님은 죄악 된 우리를 사랑하사 당신의 독생자를 십자가에 피흘려 죽게 하심으로 우리를 죄를 용서해 주셨다. 다시 말하면 하나님의 진실 된 사랑은 십자가를 통해서 보여준 사죄의 사랑이다. 이 사죄의 사랑이 사랑의 본질이다. 와우! 놀라운 사랑이다. 이 사랑을 찬송가 기자는 하늘을 두루마리로 삼고 바다를 먹물로 삼아도 다 표현할 수 없다고 했다.

십자가의 사랑은 아픔을 감당하는 사랑이다. 사랑하기 위해서 아픔을 당하는 사랑이다. 사랑하기 위해서 오래 참는 사랑이다. 사랑하기 위해서 허물을 덮어주는 사랑이다. 하나님의 참 사랑은 우리 죄를 용서해주신 사랑이다. 사죄의 은혜보다 더 큰 사랑은 없다. 그래서 우리도 용서의 사랑을 해야 한다. 그러나 용서란 쉬운 것이 아니다. 우리에게 상처를 주거나 배신을 하거나 시기 질투를 하는 사람을 용서하기란 정말 어려운 일이다.

용서란 내가 하는 것이 아니라 하나님이 먼저 우리를 죄를 용서한 것 같이 우리도 하나님의 용서의 사랑을 덧입어서 사랑해야 한다. 하나님의 용서의 사랑을 덧입지 않고서는 우리는 용서의 사랑을 하기가 불가능하다. 그래서 로마서 5:5에서는 성령을 통하여 하나님의 사랑이 우리 마음에 부어진다고 했다. 그렇다. 하나님의 사랑이 성령을 통하여 우리 마음에 부어질 때 우리는 하나님의 사죄의 사랑을 덧입으며 원수도 사랑할 수 있다.

로마서 8:38~39에 보면 '사망이나 생명이나 천사들이나 권세자들이나 현재 일이나 장래 일이나 능력이나 높음이나 깊음이나 다른 아무 피조물이라도 우리를 우리 주 예수 그리스도 안에 있는 하나님의 사랑에서 끊을 수 없다' 고 했다. 하나님의 사랑을 덧입은 우리는 하나님을 목숨을 다하여 섬길 수 있다. 기적을 체험할 수 있다. 참 사랑은 어디에 있는가? 참 사랑은 예수 그리스도의 십자가에 계시된 용서의 사랑 속에 있다. 이것이 사랑의 본질이다. 참 사랑은 나에게서 생겨나는 것이 아니라 십자가를 통해서 계시된 사죄의 사랑 가운데 있다. 이 사랑을 성령을 통하여 덧입지 못할 때 우리는 시기와 질투에 빠지며 사람을 죽이기까지도 한다. 인간의 근본 문제인 죄는 처벌해서 없어지는 것이 아니라 용서를 통해서 지워진다. 이 아가페 사랑을 실천할 때 하나님은 우리로 하여금 당신의 기적을 보게 하신다.

08. 사랑이 없으면(고전 13:1~3)

고전 13장은 사랑의 장이라고 한다. 그러나 고전 13장은 사랑에 대한 정의가 아니라 사랑한다고 하는 것이 무엇인가를 말해준다. 오늘 말씀 (고전 13:1~3)을 통해서 사랑이 없으면 우리는 아무것도 아니며 우리 인생의 의미가 없다는 의미를 살펴보자.

고전 12:31에서 사도 바울은 성령의 은사 이야기를 하면서 성령의 은사 중에 가장 크고 우리가 간절하게 사모해야 할 은사는 병 고치는 은사나 방언의 은사가 아니라 사랑의 은사라고 말씀하고 있다. 사랑하는 독자, 여러분, 우리 모두가 사랑의 은사를 간절히 사모할 수 있기를 기도한다.

사랑이 없으면 꽹과리가 된다

고전 13:1절에서 내가 사람의 방언과 천사의 말을 하더라도 내게 사랑이 없으면 우리는 시끄럽게 소리 나는 징이나 울리는 꽹과리가 될 뿐이다 라고 말하고 있다. 우리는 방언을 하기를 원하고 천사의 말이 무엇인지는 모르지만 천사의 말을 하기를 원한다. 천사의 말이란 악마의 말과 반대되는 말이라고 할 수 있다. 그러나 사랑이 없으면 듣기 싫은 소리일 뿐이라고 말씀하고 있다. 다시 말하면 모든 사람에게 귀찮은 존재가 되는 것이다.

사랑이 없으면 아무것도 아니다

고전 13:2절에서는 내가 예언하는 은사를 가지고 있고, 모든 비밀과 모든 지식을 알고 또 산을 울릴 만한 모든 믿음을 가지고 있다 하더라도 내게 사랑이 없으면 나는 아무것도 아니라고(I am nothing) 했다. 우리는 예언의 은사를 가지고 하나님의 말씀을 잘 풀기를 원한다. 그리고 하나님의 비밀한 지식을 갖고자 원하기도 한다. 뿐만 아니라 산을 옮길만한 믿음을 가지기를 원한다. 이 모든 것은 하나님의 놀라운 능력이기 때문이다. 그러나 사랑이 없으면 나는 아무것도 아니라는 말이다. 참으로 놀라운 말씀이며 충격적인 말씀이다. 여기서 '아무것도 아니라는 말'은 나에게 의미가 없다는 말도 된다. 우리는 누구를 막론하고 인생의 의미를 찾으며 살고 있다. 우리의 삶에 의미가 없을 때 우리는 절망하고 급기야는 자살을 하기도 한다. 살아야할 의미가 없기 때문이다. 유명 인사들이 자살한 것도 다 따지고 보면 자기 자신을 감당하기가 어렵기 때문이었을 것이다. 다시 말하면 삶의 의미가 소진되었기 때문일 것이다. 뿐만 아니라 전도서 1:2에 보면 '모든 것이 헛되고 헛되며 헛되고 헛되니 모든 것이 헛되다'고 했다. 왜 그런가? 인간은 의미를 찾는 존재이기 때문이다. 인생의 의미가 없으면 이 세상이 헛되며 나의 삶도 헛되며 나의 하는 일도 헛되는 것이다. 무엇이 없으면 나의 인생이 헛되는 것인가? 고전 13장 2절을 한 번 더 읽어 보자. '내가 예언하는 은사를 가지고 있고, 모든 비밀과 모든 지식을 알고 또 산을 울릴 만한 모든 믿음을 가지고 있다 하더라도 내게 사랑이 없으면 나는 아무것도 아니다.' 라고 했다. 무엇이 없으면 인생이 헛되는가? 사랑이 없으면 우리의 인생이 헛되다는 것이다. 여기서 사랑은 에로스의 사랑이 아니라 아가페로서 하나님의 사랑을 말한다. 여기서 우리는 깊이 배워야할 교훈은 하나님의 사랑을 우리가 소유하지 못하면 우리의 인생은 헛되며, 인생의 의미가 없다는 말이다.

사랑이 없으면 아무 유익이 없다

고전 13장 3절을 보자. '내가 내게 있는 모든 것으로 구제하고 또 내가 자랑하려고 내 몸을 내어준다고 하더라도 내게 사랑이 없으면 내게 아무 유익이 없다'고 했다(It profits me nothing). 우리는 자랑하기를 좋아한다. 그래서 열심히 일하고 몸을 불사르기도 한다. 그러나 사랑이 없으면 나에겐 아무 유익이 없다고 했다. '유익이 없다'는 말은 가치가 없다는 의미도 된다. 그래서 아무리 열심히 일해도 그 일을 해야하는 가치가 없다는 것이다.

고대 그리스 사상에는 세 가지의 사랑이 있다고 한다. 친구간의 사랑을 필로스라고 하며, 부모 자식 간의 사랑을 스톨게, 남녀 간의 사랑을 에로스라고 한다. 말씀과 연계해서 중요한 것은 에로스 사랑이다. 에로스의 사랑은 천상을 향하여 나는 독수리처럼 열정적이고 그리고 이 사랑의 본질은 결핍이기 때문에 결핍을 채우기 위한 불타는 욕구요 굶주림이라고 한다. 우리의 욕구나 굶주림은 늘 찾아오는 것이기 때문에 채우면 또 다른 욕구가 생겨 죽을 때까지 없어지지 않은 욕망이라고 한다. 그래서 이 사랑은 조건적이고 자기를 위해서 하는 사랑이라고 한다. 우리는 어떤 사람도 에로스의 사랑에서 자유로울 수 없다. 죽음으로 끝나야 하기 때문이다. 많은 사람이 신자를 포함해서 에로스의 사랑을 기반으로 하여 하나님을 사랑하고 친구를 사랑한다고 한다. 그래서 인간의 사랑은 야속한(이기적인) 것이다. 그러나 이런 사랑으로 사랑한다면 그것은 소리 나는 꽹과리요, 의미가 없으며, 가치가 없는 내가 혹은 우리가 된다. 그렇다면 우리는 어떤 사랑을 사모해야하는가? 하나님의 사랑, 무조건적인 사랑, 아가페 사랑을 간절히 사모해야 한다. 아가페의 사랑은 내게 없는 것이다. 내개서 생겨나는 사랑이 아니다. 내게서 생겨나는 사랑은 에로스의 사랑이다. 요한 1서 4:8에도 보면 아가페 사랑은 하나님으로부터 온다고 했다. 아주 중요한 말씀이다. 의미 있는 인생을 살기를 원하는가? 가치 있는 인생을 살기를 원하는가? 그것이 무엇인가? 하나님의 사랑, 아가페를 덧입고 사는 삶이 의미 있는 인생이다. 그렇다면 아가페 사랑과 에로스 사랑은 같은 것인가? 결코 같지 않다. 우리는 사랑하면 대개 에로스 사랑을 의미한다. 그리고 남녀 간의 사랑을 의미한다. 또한 우리는 아가페 사랑이 내게 있는 것으로 착각하는 때도 있다. 아가페 사랑은 내게 있는 것이 아니기 때문에 성령을 통해서 아가페의 사랑을 덧입어야 한다. 요일 4:8에 보면 아가페 사랑은 내게 있는 것이 아니라 하나님으로부터 오는 것이다. 그리고 로마서 5장 5절: 보면 하나님이 성령을 통해서 당신의 사랑을 우리에게 부어주신다고 했다. 이 사랑이 어떤 사랑인가? '사랑은 오래 참고, 사랑은 온유하며, 시기하는 자가 되지 아니하며, 사랑은 자랑하지 않으며 교만하지 않으며 무례히 행치 아니하며, 자기 유익을 구치 아니하며, 성내지 않으며, 악한 것을 생각하지 않으며 불의를 기뻐하지 않으며 진리와 함께 기뻐하고 모든 것을 참으며, 모든 것을 믿으며 모든 것을 바라며 모든 것을 견딘다. 이렇게 사는 것이 아가페 사랑을 실천하는 것이다. 이런 삶이 없을 때 우리의 인생은 의미가 없으며 가치가 없는 사람이 되는 것이다. 이렇게 사는 것은 우리의 욕심에 기초한 에로스의 사랑이 아니라 하나님이 예수 그리스도의 십자가를 통해서 보여준 아가페의 사랑이다.

09. 나의 힘이 되신 여호와여, 내가 주님을 사랑합니다

"여호와의 종 다윗의 시, 영장으로 한 노래, 여호와께서 그 모든 원수와 사울의 손에서 구원하신 날에 다윗이 이 노래의 말 여호와께 아뢰어 가로되"(시편 18편 부제)

시편은 찬양(Tehillim)이라는 말로서 하나님께서 베풀어주신 은혜를 찬양하는 찬송이요, 시요, 신앙 고백이라고 할 수 있다. 그래서 시편은 믿음의 선진들의 진솔한 신앙 고백이라고 할 수 있다. 선진들의 신앙을 통해서 믿음의 지혜를 배울 수 있다.

시편 18장의 부제목에 의하면 다윗이 이 시를 쓰게 된 동기를 기록하고 있다. '여호와의 종 다윗의 시, 영장으로 한 노래, 여호와께서 그 모든 원수와 사울의 손에서 구원하신 날에 다윗이 이 노래의 말 여호와께 아뢰어 가로되' 라고 기록하고 있다.

이 시는 다윗이 어떤 신앙의 사람인가를 잘 말해주고 있다. 다윗은 여호와 하나님의 종이었다. 다윗은 왜 시편 18편을 지었는가? 여호와 하나님께서 다윗을 그 모든 원수와 사울의 손에서 구원하신 날에라고 기록하고 있다. 다윗은 시를 짓기 위해서 살았던 사람이 아니었다. 여호와의 종으로서 여호와의 법도를 따라서 백성을 다스리고 가르치는 하나님의 종이었다. 하나님의 종으로 살아야 하기 때문에 원수가 많았다. 많은 시련과 아픔이 있었다. 그래서 다윗의 시는 세상의 사람들의 시와는 질이 다른 시라고 할 수 있다. 여기서 다윗이 '원수'라고 말한 것은 다윗이 다른 사람과 인간관계를 잘 못 가졌기 때문에 원수가 생긴 것이 아니라 여호와의 종으로서 살아야 하는 신앙의 여정에서 오는 원수를 의미한다. 하나님의 대적자를 말한다.

시편에 보면 '원수'라는 말이 많이 나온다. 여기서 원수라는 말은 개인적인 국가적인 원수도 있지만 인간관계가 아닌 하나님과 우리 관계를 단절시키려고 하는 원수도 많이 있다. 본문에서 원수 중의 한 사람은 사울 왕이었다. 사울 왕은 다윗을 참으로 사랑했다. 다윗은 수금을 잘 탈 뿐만 아니라 용맹한 장수요 하나님의 법도를 따라서 살려고 하는 신앙의 사람이었기 대문이다. 그의 사위였다. 그러나 다윗의 인기가 사울보다 상승하자 사울은 자신의 왕위가 위태롭게 될 것 같아 다윗을 죽이고자 온갖 수단과 방법을 가리지 아니했다. 성경의 기록에 의하면 다윗을 옛날식으로 말하자면 쥐를 잡듯이 다윗을 잡아 죽이고자 했다. 인간의 시기와 질투란 이토록 무서운 것이다. 시기 질투는 걷잡을 수 없이 타오는 불길 같다고 했다(아가8:6). 시기와 질투가 무서운 것은 그것이 인간을 파멸로 이끌기 때문이다.

다윗을 가장 두렵게 한 것은 죽음에 대한 불안이었다. 그래서 다윗은 '사망의 줄이 나를 얽고 불의 창수가 나를 두렵게 하였으며 음부의 줄이 나를 두르고 사망의 올무가 내게 이르렀도다.'(18:4)라고 고백했다. 우리를 두렵게 하는 환난이나 시기나 질투가 있다. 그러나 이런 것이 두려운 것은 인간을 결국 파멸이나 죽음으로 몰아넣기 때문이다. 그렇다. 다윗을 두렵게 한 것은 죽음에 대한 두려움이었다. 죽음은 사망이며, 인간의 마지막 원수이다(고전 15:53). 그래서 사망은 싸워서 승리를 해야 하는 것이다. 그러나 우리는 연약해서 사망을 이길 수 없다. 주님이 십자가에 죽으시고 부활하심으로 죽음을 이기셨다. 주님은 나사로의 죽음을 통해서 죽음은 인생의 마지막이 아니라 새로운 인생의 시작이라고 하셨다. 부활 신앙을 가진 자에겐 죽음은 잠자는 것과 같다.

덴마크의 위대한 기독교 사상가, 쇠얀 키르케고르도 『죽음에 이르게 하는 병』은 암 같은 불치병이 아니라 절망이라고 했다. 절망은 육신의 병이 아니라 정신의 병이다. 그래서 무서운 병이 되는 것이다. 그러나 우리는 절망으로부터 자유를 누릴 수 있다. 어떻게? 산 소망되시는 주님을 믿을 때 죽음에 이르게 하는 병으로부터 살게 하는 소망을 주셔서 벗어날 수 있다.

절망은 죽음에 대한 두려움이 아니라 죽음에 이르게 하는 병이다. 헤겔처럼 죽음은 인간 유한성의 극치가 아니라 무한성의 시작이다. 우리는 죽음을 통해서 불멸의 몸을 입게 된다. 그래서 죽음은 마지막이 아니라 영원으로 가는 하나의 과정이다. 그래서 죽으면 없어지는 것이 아니라 불멸의 몸으로 변화되어 영원토록 사는 것이다.

여호와의 종, 다윗은 이러한 원수에서 구원하신 여호와 하나님을 찬양했다. 시로서 자신의 신앙을 고백했다. 뭐라고 고백했는가 '나의 힘이 되신 여호와여, 내가 주님을 사랑합니다'(18:1) 누가 나를 어려움에서 일으켜 세우는 힘인가? 돈인가? 지식인가? 권력인가?

여호와 하나님은 우리의 힘이 되시는 하나님이시다. 여기서 '힘'이라는 히브리어 헤제크(חזק)로서 하자크의 동사의 명사형으로서 굳세게 하다, 견고케 하다, 담대하게 하다의 명사형이다. 그래서 힘이라는 말은 환난의 날에 우리의 의지를 견고케 하시는 하나님을 의미한다(18:18). 환난을 찬양으로 바꾸시는 여호와 하나님의 힘이다. 절망이 변하여 산 소망되게 하시는 하나님의 힘을 말한다.

본문에서 사랑이라는 말은 히브리어 라함(רחם 칼, 미완료형)으로서 원래 탯줄이라는 말에서 유래된 것으로 연결시키는 끈이라는 말이라고 한다. 그래서 사랑은 여호와 하나님께 우리 자신을 동여매는 줄이다. 그래서 우리가 여호와를 사랑한다는 것은 한편으로는 우리의 힘이 되시고, 반석이 되시고, 피할 바위가 되시며, 구원이 되시며 방패가 되시는 여호와 하나님이 붙들겠다는 신앙의 고백이라고 할 수 있다. 주님, 당신의 사랑의 줄로 우리를 잡아매소서.

다윗의 사랑 고백을 다시 한 번 들어 보자. '나의 힘이 되신 여호와여 내가 주를 사랑(רחם) 합니다.'(시편 18:1) 여기서 히브리어 사랑이라는 말은 어머니의 자궁을 의미한다고 앞에서 말했다. 어린애가 어머니의 자궁을 벗어나서 살수 없는 것처럼 다윗은 주님을 사랑하지 않고는 살 수 없음을 고백하고 있다. 동시에 어머니의 자궁처럼 하나님의 보호하심이 없으면 살 수 없는 하나님의 사랑을 깊이 체험했음을 고백하고 있다. 다윗은 사울이 자기를 시기하여 얼마나 죽이려고 몸부림쳤는가를 잘 이해하고 있다. 그럼에도 불구하고 하나님이 보호하시고 도와주셔서 사울의 손에서 벗어난 것은 하나님의 사랑이었음을 동시에 고백하고 있다. 따라서 다윗은 주님을 사랑하지 않으면 살 수 없음을 '나의 힘이 되신 여호와여 주를 사랑합니다' 라고 고백한 것이다. 다윗의 하나님에 대한 사랑고백을 어떻게 생각하는가? 감동이 우러나오는가? 만약에 감동이 오지 않는다면 과연 우리는 하나님을 사랑하는 자 일까? 하나님을 말과 혀로 사랑하는 자가 아닌가?

우리는 다윗의 신앙고백을 통해서 두 가지 중요한 신앙의 진수를 배울 수 있다.

신앙은 고백으로 표현되어진다

신앙은 무엇을 많이 하겠다는 것이 아니라 우리 주님께 대한 사랑 고백이라고 말할 수 있다. 그러기 때문에 주님을 믿는 신앙은 부담이 아니라 기쁨이요 이 험한 세상에서 우리를 인도하시고 보호하셔서 생명 길로 인도하시는 여호와 하나님을 신뢰 하는 것이다.

하나님도 우리의 사랑을 고백받기를 원하신다

그렇지 아니하면 왜 다윗이 사랑 고백을 했겠는가? 이 주님을 어찌 찬양하지 않을 수 있는가? 여호와 하나님을 우리가 사랑할 때 하나님은 모든 것을 우리에게 이루어 주실 것이다.

신명기 10:12에 보면 '이스라엘아 네 하나님 여호와께서 네게 요구하시는 것이 무엇이냐? 곧 네 하나님 여호와를 경외하여 그 모든 도를 행하고 그를 사랑하며 마음을 다하고 성품을 다하여 네 하나님 여호와를 섬기' 라고 하였다. 그렇다. 우리는 하나님을 경외함으로 말씀에 순종해야 한다. 또한 여호와 하나님을 사랑으로 섬겨야 하는 것이다.

하나님이 우리에게 요구하시는 것이 무엇인가? 물질인가? 아니다. 주님은 우리에게 사랑을 요구하신다. 이 험한 세상 살면서 우리는 하나님께 사랑 고백을 해야 한다. 부부간에 사랑고백이 없을 때 그 관계가 소원해지는 것처럼 우리가 하나님을 사랑하지 못할 때 하나님과의 관계성도 멀어지게 된다. 그래서 사랑의 반대는 증오가 아니라 단절이라고 한다. 우리는 하나님을 사랑하기를 원한다. 그러나 이 세상에서 살다보면 환난, 절망, 시기 질투 때문에 하나님과 우리가 사이가 단절될 때가 있다. 이런 때 우리는 하나님의 사랑이 우리 마음에 성령님을 통해서 부어지도록 기도해야 할 것이다. 그리하면 하나님의 사랑이 우리 마음에 부어져 하나님을 사랑하고 이웃을 사랑하게 할 것이다. 이 세상에서 가장 큰 문제는 우리가 하나님을 사랑하지 못할 때 가장 슬플 때이다. 왜냐하면 하나님을 사랑하는 자에게는 모든 것이 합력하여 선을 이루기 때문이다(롬8:28).

　　정리하면, 다윗이 자신의 사랑을 고백한 것은 하나님의 놀라운 사랑을 체험한 후에 사랑 고백을 했다. 신앙은 하나님의 사랑 체험에서 우러나온다. 우리는 하나님의 사랑을 고난과 어려움 속에서 체험할 수 있다. 따라서 다윗은 환난의 날에 자신의 신앙을 이렇게 고백했다. '나의 힘이 되신 여호와여 내가 주님을 사랑합니다.' 이 다윗의 고백이 여러분과 나의 고백이 될 수 있기를 기도하자. 매일 매일 하나님께 사랑 고백을 드릴 수 있기를 기도하자. 성경에 보면 하나님께 사랑을 고백한 주님의 종이 그리 많지 않다. 아브라함은 하나님께 자신의 믿음을 고백했다. 그러나 다윗은 사랑을 하나님께 고백했다. 그의 아들 솔로몬은 수많은 여성편력이 있었지만 하나님께 사랑을 고백하지 아니했다. 아가서에서 사랑이라는 언어가 그렇게 많이 나오지만 그의 사랑의 표현은 지극히 감각적이고 선정적이다. 그러나 다윗의 사랑의 언어는 깊이가 있으며 진실하다. 다윗은 회개를 해도 침상을 눈물로 적시었지만 솔로몬이 회개 눈물을 흘리면서 했다는 이야기를 성경에서 읽어 본적이 없는 것 같다. 이것은 무엇을 말해주는가? 두 사람의 다른 신앙생활을 볼 수 있다. 많은 사람은 솔로몬의 부귀영화와 지혜를 원한다. 그러나 솔로몬의 부귀영화는 들에 핀 꽃 한 송이만도 못하다고 주님이 말씀하셨다. 신앙의 역사에서 누가 더 존경을 받는가? 솔로몬인가? 아니다. 다윗이다. 하나님 앞에서 깊은 회개와 하나님께 대한 사랑 고백이 없는 신앙이 과연 올바른 신앙이라고 생각할 수 있을까? 하나님께 사랑을 고백하지 못한 사람은 하나님을 잘 모르는 자이다. 하나님은 사랑이시기 때문이다(요일 4:8). 나도 옛날에는 솔로몬의 부귀영화가 아름답게 보였다. 그러나 지금 와서 생각해보면 그런 신앙은 하나님을 경외하는 신앙이라기 보다는 세속적인 신앙이 아닌가 하는 의심이 들게 한다. 다윗처럼 '하나님을 사랑하지 않고서는 살 수 없습니다. 나의 힘이 되신 주님, 내가 주님을 사랑합니다. 그리고 회개합니다. 나의 죄를 용서하여 주십시오'라고 고백하고 싶다.

10. 하나님을 아는 것은 나는 고멜이라는 것을 아는 것이다

"나는 인애를 원하고 제사를 원치 아니하며 번제보다 하나님을 아는 것을 원하노라" "우리가 여호와를 알자 힘써 알자" (호세아 6: 3, 6)

내가 예일대학 신학대학원(STM)에서 공부할 때 예일 한인교회에서 전도사로 봉사했다. 그 때에 장년성경공부를 인도할 기회가 있었다. 호세아서 1장을 공부했는데 공부가 끝나고 나서 한 장로님이 나에게 말했다. 어떻게 하나님이 호세아에게 창녀와 결혼하라고 할 수 있는가? 어디에 그런 하나님이 있는가? 다시는 그런 성경공부를 하지 말라는 경고를 들은 경험이 있다. 그런데 호세아서에 보면 분명 하나님은 호세아에게 고멜과 결혼하라고 명령했다. 그 뒤로 늘 이 말씀이 내 마음 속에서 맴돌았고 그래서 묵상하기 시작했다.

학자들 간에도 호세아가 창녀인 고멜과 결혼이야기는 비유라고 하는 사람도 있고 역사적인 사실이라고 하는 사람도 있다. 나는 오늘 호세아의 결혼 이야기가 비유냐 사실이냐를 논박하고 싶지 않다. 다만 호세아와 고멜의 결혼 이야기를 통해서 여호와 하나님은 어떤 분이신가? 과연 호세아 선지자는 누구인가를 생각하는 가운데 하나님이 주신 은혜를 나누고자 독자 여러분과 같이 나누고 싶다.

역사적인 입장에서 보면 이스라엘은 남쪽 유다와 북쪽 이스라엘로 둘로 나누어져 있었다. 호세아는 이스라엘의 북 왕국에서 태어나서 정치적으로 지극히 혼란스럽고 사회적으로 어두운 시대에 살았던 선지자였다. 여로보암 왕 2세 때 조금 부흥이 있었으나 그 뒤 25년 동안에 여섯 왕이 등극했으나 그중에 4명은 암살당할 정도로 극도로 나라가 혼란스럽고 종교적으로 바알 신(땅을 비옥하게 하여 많은 소출을 얻게 하는 신)을 음란하게 섬겼던 시대였다. 이런 시대를 배경하고 여호와의 말씀이 브리엘의 아들 호세아에게 임했다. 여기서 호세아라는 이름은 구원이라는 의미가 있다. 여호수아도 호세아이며 이스라엘의 최후의 왕도 호세아 왕(왕하 15:30)이다. 예수님의 이름도 음역으로 호세아(구원)이라는 의미를 가지고 있다. '너는 가서 음란한 여자와 음란한 자녀들을 취하라'라고 여호와 하나님이 말씀하셨다. 그 이유는 북왕국 뿐만 아니라 유다 왕국의 백성들이 여호와를 배반하고 음란하게 이방 신을 섬겼기 때문이었다(호 1:1).

결혼 이야기는 모든 사람을 기쁘게 하는데 호세와아 고멜의 결혼 이야기는 어떻게 보면 말도 해서는 안 되는 부끄러운 이야기이다. 하나님이 디블라임의 딸 음란한 고멜과 결혼하여 음란한 자식들을 낳으라고 하셨기 때문이었다. 호세아는 아무 말 없이 고멜과 결혼하여 아들을 낳게 되었다. 여호와께서 아들의 이름을 '이스르엘'이라 부르라 하셨다. 이름이란 중요한데 이스르엘이란 말은 멸망 받을 자식이란 의미를 가지고 있다(왕하 9~10). 지어서는 안 될 이름이다. 그러나 하나님의 말씀대로 호세아는 그렇게 자신의 아들 이름을 하나님이 말씀하신대로 그렇게 지었다.

그후 또 고멜이 잉태하여 딸을 낳으매 그 이름을 '로 루하마' 라고 부르라고 하셨다. 히브리어로 '로'는 부정을 의미하며 '루하마'는 사랑하다는 의미를 가지고 있어서 사랑받지 못할 여자 혹은 천덕꾸러기라고 번역하는 사람도 있다. 여러분 딸의 이름을 이렇게 누가 짓겠는가? 고멜이 로루하마를 젖 뗀 후에 또 잉태하여 아들을 낳으매 그 이름을 '로암미'라고 부르라고 하셨다. 로 암미는 (로는 부정이요 암미는 백성) 내 백성이 아니다. 즉 내 자식이 아니다. 버린 받은 자식이라고 번역할 수 있다. 그런데 결혼한 남편 호세아가 있는데도 호세아 3장 1~2절에 보면 고멜은 또 다른 남자와 살고 있었는데 여호와 하나님은 돈으로 다시 고멜을 사서 데려와서 하나님이 이스라엘을 사랑하셨던 것처럼 사랑하며 신실하게 살라고 하셨다. 어찌 보면 호세아는 남자도 아니고 사람도 아닌 것 같다. 한번 생각해 보자. 결혼한 여자가 다른 남자와 자고 있다고 생각을 한번 해보자. 이것은 정말 살인이 날 수 있는 상황 아닌가? 이 정도 되면 포기해야할 것 아니겠는가? TV에 보면 치터스(cheaters)라는 프로그램이 있다. 남녀 관계에 있어서 서로 정직하지 못한 것을 행할 때 치터스에 의뢰해서 몰래카메라로 현장을 찍어서 의뢰한 자에게 보여주고 현장을 덮치게 한다. 그런데 현장을 가기 전에는 조용한 사람도 현장을 목격할 때 미쳐버리는 것을 봤다. 그런데도 호세아는 묵묵부답이었다. 호세아는 대단한 사람이다. 과연 선지자라고 불리울 수 있다. 우리는 호세아와 고멜의 결혼 이야기를 통해서 몇 가지 중요한 신앙의 교훈을 배울 수 있다.

호세아와 고멜의 결혼 이야기는 여호와 하나님과 이스라엘 백성의 관계를 비유적으로 말하고 있다. 여호와 하나님은 이스라엘 백성들이 이집트에서 노예로서 고통과 슬픔 가운데서 희망이 없이 절망 가운데 살아가고 있었을 때 아브라함과 언약한대로 모세를 통해서 이집트의 노예에로부터 해방시켜서 하나님의 자녀로 삼으시고 시내산에서 하나님의 백성으로서 지켜야 할 계명을 주셨다. 이것이 십계명이다. 말하자면 여화와 하나님은 이스라엘 백성을 신부로 맞이하신 것과 같다. 그런데 이스라엘 백성은 하나님을 떠나서 이방신을 섬겼다. 사사기에 보면 음란하게 섬겼다고 했다. 이것은 배신이요 음행을 저지른 것이다. 배신은 가장 아픈 것이라고 한다. 처녀가 처녀성을 잃은 것과 같을 것이다. 호세아서 1장에서 2장에 보면 이것을 본 하나님은 분노하셨다. 호세아의 아들과 딸 이름을 저주의 아들 딸들의 이름을 짓게 하실 정도로 분노하셨다. 그러나 하나님은 분노하시는 하나님이시지만 긍휼히 여기시는 하나님이시기도하다.

여호와 하나님은 호세아와 음란한 고멜과의 결혼의 문제를 간단하게 처리 할 수 있다. 파혼이다. 고멜은 약속을 어겼기 때문에 자동적으로 결혼은 파기되는 것이다. 하나님이 진노로 당장 그들을 다 쓸어버릴 수도 있으셨다. 그럼에도 불구하고 호세아와 고멜의 결혼이야기를 통해서 하나님의 변함없는 구속의 사랑을 보여주셨다. 놀라운 하나님의 사랑이 아닌가? 하나님의 사랑은 사죄의 은혜이다. 성 아우구스티누스는 하나님의 사죄의 은혜를 이렇게 고백했다.

"금수가 아닌 인간에게는 펠라기우스가 말하는 심리적. 중립적 자유 선택이 있을 뿐 아니라 훌륭한 지성도 있지만, 영혼의 성결 문제에 있어서는 그가 말하는 인간 고유의 행선 능력이라 하는 것은 공상에 불과하고, 인간이 타고 난 것은 깊고 깊은 죄성이다. 이 죄 많고 보잘 것 없는 것은 인간을 하나님께서 간섭하시지 않는 것이 아니라, 도리어 깊은 사랑과 순전한 은혜로 그리스도에게 인도하여 그를 믿게 하시며, 성령을 주셔서 병든 그 영혼을 치유하여 하나님과 이웃을 사랑하게 만드시며, 성결 생활에서 진지하게 지도하신다. 그러나 완전히 죄 없이 산 사람은 예수 그리스도 뿐이었고, 저의 죄를 사하옵소서라고 매일 진심으로 기도하는 사람일수록 완전 상태를 향하여 참으로 전진하는 것이다. 죄성을 타고나는 인간은 처음부터 끝까지 오직 하나님의 은혜로 믿음과 사랑과 성결과 소망을 얻는 것이다."[7]

성 아우구스티누스에 의하면 사죄의 은혜의 고백이 기독교 신앙이라고 강조했다. 오직 사죄의 은혜만이 인간을 구원할 수 있다. 사죄의 은혜를 이해하는 사람이 진정으로 성화된 신자가 되고자 하는 것이다. 그래서 성화되어가는 신앙은 사죄의 은혜에서 시작되고 이 은혜가 신자의 믿음을, 소망을 사랑을 자라게 한다. 사랑의 본질은 사죄의 은혜 가운데 있다.

11. 오라 우리가 여호와께로 돌아가자(호6:1)

여호와 하나님이라고 말씀하고 있다. 여호와 하나님은 이스라엘 백성이 영원히 잊지 않아야 할 이름이다(출3:15). 구속의 하나님이시다. 왜 그런가? 찢으시나 도로 낫게 하신(치유/회복) 하나님이시기 때문이다. 우리를 치시나 싸매주시는 하나님이시기 때문이다. 상한 갈대를 꺾지 않으시고 꺼져가는 불도 끄지 않으시는 분이 여호와 하나님이시다.

고멜과 호세아가 난 자식들의 이름을 보자. 멸망의 자식, 천덕꾸러기, 버린 자식이다. 그러나 여호와 하나님은 천덕꾸러기를 사랑받는 자로, 버린 자식을 친자식으로 변화시켜주신다고 약속하셨다(호 2:23). 여기서 '돌아가자' 라는 말은 회개(되돌아가다/슈브) 하라는 말이다. 호세아 5:15절에 보면 하나님은 회개할 때까지 기다리신다고 하셨다. 놀라운 하나님 여호와의 사랑이다. 하나님이 기다리시고 치유 해주시고 상처를 싸매주시기 때문에 우리는 여호와께로 돌아갈 수 있다. 회개할 수 있다. 사랑하는 성도여 여호와께로 돌아가자. 그분은 죄를 깨닫게 하시고 회개할 때까지 기다리시는 여호

7   아우구스티누스, 『아우구스티누스의 은혜론』, 김종흡역 생명의말씀사, 1990. 역자서문

와 하나님이시다. 죄를 미워하시나 회개한 죄인을 사랑하시는 분이시다.

하나님은 우리를 사랑하시기 때문에 징계하시는 분이시다

여호와 하나님이 이스라엘 백성을 고난 받게 하시는 것은 그들이 미워서가 아니라 죄를 깨닫게 하셔서 거룩한 하나님의 백성이 되시기를 원하시기 때문이다. 히브리서 12:8에 보면 징계는 다 받는 것이거늘 너희에게 없으면 사생자요 참 아들이 아니다라고 하셨다. 하나님의 거룩한 백성이 되도록 하시기 위하여 하나님은 우리를 징계, 즉 어려움을 당하게 하신 것이다. 부모가 자식을 사랑하기 때문에 혼내는 것과 같다. 우리가 당하는 고난은 하나님이 우리를 사랑하신다는 반증이다. 호세아 5:13에 보면 하나님은 우리 죄를 깨닫게 하기 위해서 고난받게 하신다.

우리는 고멜이다

나는 호세아와 고멜의 결혼 이야기를 통해서 한 가지 이해할 수 없었던 것이 있었다. 그것은 호세아의 고멜에 대한 태도였다. 여호와 하나님이 음란한 여인 고멜과 결혼하라고 했을 때 호세아는 아무 말 없이 순종했다. 더욱 놀라운 것은 고멜이 집을 나가 다른 남자와 사는 것을 알고도 고멜을 다시 찾아가서 데려오는 것을 보며 이해가 어려웠다. 호세아는 남자도 아니다. 어째서 여호와 하나님께 말 한마디도 없이 그랬을까? 아마 이렇게도 말할 있었을 것이다. '하나님 너무하십니다. 바람난 여자를 데려다가 다시 살라고요? 어떻게 그렇게 할 수 있습니까?' 독자 여러분은 이해가 되시는지요? 여러분이 호세아의 입장이라면 여러분은 어떻게 하시겠는가요?

곰곰이 생각하는 가운데 한 가지 진리를 깨닫게 되었다. 내가 중국에서 간이식 수술을 하고 회복중에 있을 때였다. 그 때 하나님이 나에게 깨달음을 주셨다. 호세아가 배반한 고멜을 다시 데려와서 사랑하며 살 수 있었던 것은 다음과 같은 안목을 가졌기 때문이었을 것이다. 그래 '나도 고멜이야,' '너와 똑같은 사람이야' 라고 스스로 속에서 말했을 것 같았다. 그러하지 아니했으면 배신하고 다른 남자와 사는 여자를 용납할 수 있겠는가? 다시 데려올 수 있겠는가? 사랑할 수 있었겠는가? 결코 있을 수 없을 것이다.

히틀러가 유대인 6백만 명을 죽일 때 그 이유는 단순했다고 한다. 게르만 민족은 유대인과는 서로 '다르다'는 데서 출발했다고 한다. '다르다'고 생각할 때 우리는 다른 사람을 용납할 수도 용서할 수도 없다. 우리는 하나님 앞에서 다 고멜이다. 고멜이 아니라면 우린 다른 사람을 용납하거나 용서할 수 없다. 주님과 관계가 없다. 여호와 하나님의 놀라운 사랑-헤세드-한결같은 사랑을 이해할 수 없다. 여기서 우리는 배반한 이스라엘을 사랑하시는 깊디깊은 하나님의 사랑을 배울 수 있다.

여호와 하나님은 나 같은 죄인, 고멜인 나를 구원하시기 위해서 이 땅에 인간을 입고 오셨다. 그리고 나를 대신해서 십자가에 피 흘려 죽으셨다. 주님은 나를 사랑하사 나를 대신 해서 죽으셨다. 그리고 나의 죄를 사하셨다(갈2:20). 이 놀라운 여호와 하나님의 사랑을 사도 바울은 이렇게 고백했다. '이제는 내가 산 것이 아니요 오직 내 안에 그리스도께서 사신 것이라 이제 내가 육체가운데 사는 것은 나를 사랑하사 나를 위하여 자기 몸을 버리신 하나님의 아들을 믿는 믿음 안에서 사는 것이라'(갈 2:20). 그렇다. 주님은 고멜과 같은 나를 사랑하셨다. 그래서 나를 대신해서 죽으셨다. 주님은 항상 우리를 대신해서 도와주시기를 원하신다. 그러니 우리에겐 세상이 험해도 문제가 없다. 문제는 이 주님을 모르는 것이 문제이다. 우리는 하나님의 사랑에 대한 우리의 무지를 회개해야 할 것이다. 이것이 여호와께로 돌아가자는 말이다. 여호와께로 돌아가자. 우리가 어떤 사람일지라도 여호께로 돌아가면 여호와는 찢으시나 싸메주신다. 그리고 이 하나님의 사랑(자비의 사랑)을 힘써 배우자.

호세아서에서 하나님의 사랑을 말할 때 '라함'이라는 자비의 사랑이라는 말을 사용하고 있다. 자비라는 말은 우리가 아무것도 할 수 없을 때 우리가 구하는 마지막 말이다. 나는 어느 영화에서 판사가 죄인에게 사형선고를 내리고 나서 하나님의 자비가 함께 하기를 바란다고 말하는 장면을 목격했다. 그래 사형선고를 받고 죽어야할 인간에게 필요한 것이 무엇이란 말인가? 하나님의 자비만을 바랄 뿐이다. 고멜 같은 나에게 필요한 것이 무엇인가? 사죄의 사랑이다. 하나님의 자비에 기초한 용서만이 고멜을 살릴 수 있다.

호세아는 말한다. 오라 우리가 여호와께로 돌아가자 라고 말하고 있다. 이 말은 고멜 같은 나를 사랑하사 나를 위해서 대신 죽으신 주님의 간절한 초청이다. 수고하고 무거운 짐진자들아 다 네게로 오라. 네가 너를 쉬게 하리라(마11:28). 독자, 여러분, 여호와께로 돌아가자. 우리 주님은 우리를 찢으시나 도로 낫게 하시며 우리를 치셨으나 싸매어 주시는 분이시다. 상한 갈대를 꺾지 아니 하시며 꺼져가는 불도 끄지 아니하신다. 천덕꾸러기를 사랑받는 자로, 버린 자식을 친자식으로 만드시며, 멸망할 자식을 구원하시는 여호와 하나님이시다. 회개할 때까지 기다리시는 분이시다. 변함없이 사랑해주시는 하나님이시다. 선한 자에게나 악한 자에게 동시에 햇빛을 비추시고 비를 내리시는 분이시다. 독자, 여러분, 이 여호와 하나님께로 돌아가자. 이 분만이 우리 상처를 싸매주시고 이 분만이 우리를 불안과 염려로부터 해방시키시는 분이시다. 이 분만이 우리의 과거를 묻지 아니하시고 우리 죄를 기억하지 아니하시는 분이시다. 이 하나님 안에서만 우리는 자유함을 가지고 살 수 있다. 아멘! 할렐루야.

사랑하는 여러분, 호세아가 권면한 대로 여호와 하나님을 힘써 알자. 여기서 안다는 말은 '야다'라는 말로 깊이 체험하자는 말이다. 하나님은 우리 고난과 험난한 세상 가운데서 우리를 구원하실 분이시다. 고멜과 같은 나를 사랑하사 죽으신 우리 주 예수 그리스도를 힘써 체험하자. 그러면 하나님을 아는 것은 무엇인가?

호세아에 의하면 내가 고멜이라는 것을 아는 것이 하나님을 아는 것이다. 이것이 여호와를 아는 것이다. 이 여호와 하나님을 힘써 알 수 있기를 기도하자. 신약에서 우리는 하나님 앞에서 죄인으로 고백한다. 이것이 하나님 앞에서 양심의 가책(guilty consciousness)이 아니라 죄의식(sin~consciousness/하나님 앞에서 나의 의식)이다.

정리하면 호세아의 결혼 이야기는 나로하여금 다음과 같은 눈물의 고백을 하게 했다.

"사랑하는 주님, 이제야 내가 하나님 앞에서 고멜임을 알게 되었습니다. 너무 감사합니다. 만약 내가 고멜이 아니라면 나는 주님과 아무런 관계가 없는 자임을 알게 되었습니다, 주님과 관계를 가졌을지라도 나와 주님의 관계는 사랑의 관계가 아니라 도덕적이거나 율법적인 관계입니다. 양심의 가책으로 끝나버리거나 아니면 위선자가 되었을 것입니다. 주님, 내가 고멜임을 고백할 때만이, 내가 주님 앞에서 고멜로 발견되어질 때만이, 나는 주님의 은혜를 아는 자임을 깨닫게 되었습니다. 주님의 사랑을 아는 자임을 알게 되었습니다. 이것이 내가 주님 앞에서 죄인임을 아는 것이 아닐는지요?

독자 여러분, 누가 고멜을 성자로 만들 수 있겠습니까? 도덕이 아니면 율법인가요? 아닙니다. 도덕은 고멜을 인간이 아니라 짐승이라고 할 것입니다. 그러면 율법은요? 돌로 맞아 죽어야 할 자로 정죄할 것입니다. 그러나 하나님은 사랑하는 자라고 하셨습니다(호2:12). 어떻게 그렇게 변화시키셨습니까? 용서의 사랑을 통해서 그렇게 만드셨습니다. 따라서 하나님의 사랑의 본질은 사죄의 용서에 있습니다. 이것이 복음입니다."

주님, 이제 내가 복음이 무엇인가를 알게 되었습니다. 복음은 도덕이나 율법과 다른 것을 알게 되었습니다. 주님의 자비에게 기초한 사죄의 사랑이 복음입니다. 이것이 은혜입니다. 날마다 내가 주님 앞에서 고멜로 발견되어지기를 원합니다. 이 깨달음은 내가 연구를 통해서나 율법이나 도덕이 가르쳐 준 것이 아니라 주님의 자비스러운 사랑이 알게 해주심을 깊이 인정합니다. 복음을 알게 하신 여호와 하나님께 감사를 드리며 나는 우리가 고멜로 발견되어질 때만이 우리 모두가 하나님 앞에서 평등하고 서로가 다르지 아니함을 인정합니다. 이 복음이 사도 바울이 고백했던(행20:24) 하나님의 은혜의 복음인줄로 믿습니다. 이것이 보여주신 소망의 거울이요, 주님의 자비스러운 사랑의 거울인줄로 믿습니다. 주님, 이 사랑의 줄에 매이기를 기도합니다. 주님 감사합니다. 이 사랑의 본질을 보여주는 거울이 믿음의 거울이요, 소망의 거울이요, 사랑의 거울임을 고백합니다. 사랑이 메말라 없을 때마다 이 거울을 보게하소서. 주 예수 이름으로 기도 드립니다. 할렐루야, 아멘!

나오는 말

세 가지 색깔의 거울: 믿음, 소망, 사랑

성경의 텍스트를 기초로 하여 나는 믿음, 소망, 사랑에 대해 서술했다. 이 글을 쓰는 동안 성령의 내적 조명을 구했고, 가능한 한 평이한 일상 언어를 사용하고자 애썼다. 일상 언어야말로 누구나 소통할 수 있기 때문이다.

사도 바울은 믿음, 소망, 사랑은 신자에게 항상 있어야 할 것이라고 했다. 이것 없이는 신앙생활을 할 수 없기 때문일 것이다. 그중에서도 제일은 사랑이라고 했다. 이는 사랑만이 가장 중요하다는 뜻이 아니라, 사랑이 없으면 믿음도 소망도 더는 기독교적인 것이 아니기 때문이다. 사랑 없는 믿음은 거짓된 믿음이며, 사랑 없는 소망은 허황된 희망이다. 다시 말해, 하나님은 사랑이시다(요일 4:8). 그러므로 사랑 없는 믿음은 하나님 없는 믿음이며, 이단적 신앙과 다를 바 없다. 사랑 없는 소망은 하나님 없는 소망, 곧 세속적 희망이다. 사랑이 기초가 될 때 비로소 기독교의 모든 교리는 의미를 지니고 우리의 신앙은 자라게 된다. 이 점에서 사랑이 제일이라고 말할 수 있다.

본질적으로 믿음은 예수 그리스도의 약속의 말씀에 기초한다. 성령께서 우리 지성에 계시하시고 마음에 인치신 약속의 말씀이기에 믿음은 확실하다. 소망은 예수 그리스도의 부활에 기초하며, 이로써 신자는 죽음을 넘어선 생명의 희망을 품게 된다. 사랑의 근원은 인간이 아니라 하나님이시다. 하나님께서는 예수 그리스도의 십자가를 통해 당신의 사죄의 사랑을 우리에게 보여주셨고, 우리는 그 사랑의 빚을 지고 살아간다.

그런데도 왜 우리는 하나님을 사랑하면서도 그분의 사랑 안에 오래 머물지 못하는가? 이 질문에 몸부림쳤던 이가 바로 성 아우구스티누스다. 그는 『고백록』에서 이렇게 말했다.

"이상한 일! 나는 어느덧 당신을 사랑하고 있었습니다. 당신 대신 꼭두각시를 사랑하는 것은 아니었습니다. 그러나 내 하나님을 누리는 기쁨이 오래가지 못하였으니, 당신의 아름다움에 마음이 쏠렸다가도 모르는 사이에 내 무게로 인해 당신에게서 미끄러져 나오고, 동시에 비명을 지르며 낮은 데로 떨어지는 것이었습니다. 그 무게란 육욕의 버릇(pondus hoc consuetudo carnalis)이옵니다."[8]

여기서 아주 중요한 고백은 우리 자신의 정욕의 습관(버릇) 때문에 하나님을 오래 사랑하지 못한다는 말이다. 우리는 어떤 버릇이 생기느냐에 따라서 신앙의 질이 달라짐을 깊이 받아들이고 살아야하겠다. 정욕의 버릇이 생기면 주님을 사랑하기가 매우 어렵다. 정욕적(sinful desire)으로 하나님을 사랑하기 때문이다. 여기서 정욕적 사랑이란 하나님 사랑이 아니라 세상에 있는 것을 사랑하는 것이다. 세상 것을 사랑하면 세상 것이 우리를 하나님으로부터 끌어내리기 때문이다. 그렇다면 우리는 어떻게 정욕의 버릇을 고칠 수 있을까?

사도 바울은 "너희가 육체를 따라 살면 반드시 죽을 것이나 성령으로 몸의 행실을 죽이면 살 것이다(롬 8:13)." 우리는 정과 욕을 성령을 통해서 죽여야 살 수 있다. 육적인 생각을 영적인 생각으로 바꿔야 한다. 육적인 생각은 사망에 이르게 하지만 영적인 생각은 생명과 평화로 인도하기 때문이다(롬 8:6). 여기서 중요한 것은 영적인 생각을 하면 육적인 생각은 없어지는 것이다. 그래서 신자는 적극적으로 영적인 생각을 해야 한다. 그것은 스스로 되는 것이 아니라 하나님의 말씀을 묵상해야 한다. 묵상도 스스로 되는 것이 아니라 묵상하는 즐거움을 맛보아야 되는 것이다. 영적인 생각을 하는 것이 우리의 습관이 되어야 한다. 습관이 되려면 지속적인 묵상이 있어야 한다. "내가 얼마나 주님의 법을 사랑하는지요. 내가 온종일 그것을 묵상하고 있습니다(시119:97)" 얼마나 주님을 사랑하는 척도는 묵상의 깊이와 같다. 묵상을 적게하면 그만큼 주님을 사랑하는 것이다.

성 아우구스티누스는 사랑을 정화(purgatio)시키는 노하우를 이렇게 권면한다.

---

8   St. Augustine, 『고백록』(confessions), 7.17.23.

"그대의 사랑을 정화시키십시오. 도랑으로 흘러들어 가는 물을 정원으로 돌리십시오. 세상을 향해 지녀온 그대의 사랑을 세상의 창조주를 향하여 돌리십시오… 사랑하십시오. 그러나 무엇을 사랑하는지 조심하십시오. 하나님에 대한 사랑, 이웃에 대한 사랑은 참된 사랑이지만, 세상을 사랑하는 것은 탐욕(cupiditas)이라 합니다. 탐욕은 누르고(refrenetur) 사랑은 일깨우십시오(excitetur)."[9]

나는 이 저술을 허락하신 하나님께 감사와 찬양을 드린다. 글을 쓰는 것은 나에게 곧 삶이요, 생명이기 때문이다. 글을 쓰고 설교하는 한, 나는 살아 있으며 나의 삶은 지속된다. 그러나 이것이 없다면 우리는 살아 있는 존재가 아니다. 살아 있다고 해도, 사실은 죽어 있는 자가 될 것이다.

짧지 않은 인생을 되돌아볼 때, 우리는 모두 파란만장한 삶을 살아왔을 것이다. 슬픔도, 기쁨도 있었고, 눈물도, 분노도 있었으며, 수치심도, 양심의 가책도 있었다. 사랑도 있었고, 행복도 있었다. 그러나 우리가 고멜로서 하나님 앞에 발견되는 일은 너무나 드물었을 것이다.

신앙의 깊이란, 사죄의 은혜에 깊이 뿌리내리고 자라날 때 비로소 가능하다. 그러므로 우리의 신앙이 예수 그리스도의 사랑에 뿌리를 내리고 터가 굳어져서, 그리스도 예수의 사랑의 넓이와 길이와 높이와 깊이가 어떠한지를 깨달아, 지식을 초월하는 그리스도의 사랑을 알고, 하나님의 모든 충만하심으로 충만하기를 함께 기도하자(엡 3:18-19).

회개란 얼마나 아름답고 감동적인 언어인가? 그래서 호세아가 "오라 우리가 여호와께로 돌아가자. 힘써 여호와를 알자"라고 외치고 있다. 하나님께로 돌아가는 생활이 신앙생활이다. 우리는 고멜을 사랑하시는 하나님 앞에서 사랑의 의미와 은혜의 개념을 깨닫게 되었다. 자비에 기초한 용서의 사랑이 하나님의 사랑이다. 이 하나님의 사랑과 은혜가 오늘의 나를 만드셨다. 여기서 중요한 언어는 자비와 사랑이다. 구약에 사

---

9   『시편상해』(Enarrationes in Psalmos), 31.2.5.

랑이라는 말이 여러 가지로 나오지만 하나님이 이스라엘을 사랑하는 언어는 '라함'으로써 자비의 사랑이다. 도저히 사랑할 수 없는 사람을 사랑하는 사랑이다. 자비의 사랑은 무조건 용서하는 사랑이다. 우리는 이것이 복음이라고 말하고 싶다. 우리를 우리되게 만드는 것은 지식이 아니라 하나님의 사랑이요 은혜이다. 하나님의 한결같으시며 자비로운 사랑과 은혜가 아니고서는 누가 무엇으로 어떻게 고멜을 거룩한 여인으로 만들겠는가? 아가서에 나오는 아름답고 청순한 술람미 같은 여인으로 변화시킬 수 있겠는가? 없다. 자비로운 하나님의 사랑 외에는.

호세아의 하나님은 고멜의 과거를 묻지 아니하셨다. 묻지도 아니하실 뿐만 아니라 성령으로 그녀를 거듭나게 하사 고멜로서 자신의 과거를 지워주셨으며, 왕의 사랑을 받는 술람미 여인으로 빚으셨다. 그렇지 아니하면 그녀는 자신의 과거를 짓밟으며 원망과 운명이라는 굴레를 쓰고 일생을 저주하며 살았을 것이다. 고멜을 하나님의 공주로 만드신 것은 하나님의 은혜요 사랑이다. 하나님의 예정과 선하신 섭리가 아니면 이해할 수 없는 운명 같은 나의 인생을 비관하지 않고 지금까지 살게 하시고 오늘이 있게 하신 하나님께 나의 사랑을 진심으로 고백하고 싶다.

"나의 힘이 되신 여호와시여, 내가 주님을 사랑합니다. 여호와는 나의 반석이시고, 나의 산성이시며, 나의 구원이시고, 내 하나님은 내가 피할 나의 바위이시며, 나의 방패이시고, 나의 구원의 뿔이시며, 나의 피난처이십니다(시18:1~2)."

나는 저술하고, 가르치고, 설교하는 일에 나의 생명을 아낌없이 소진시키며 살다가 주님이 부르실 때 감사함으로 우리의 영원한 고향, 주님이 계신 천국으로 돌아가 주님과 함께 찬양하며 영원히 살고 싶다. 이것이 나의 믿음이요, 소망이요, 사랑이다. 하나님과 너와 나를 보게 하신 거울이, 믿음, 소망, 사랑이다. 거울이 보게하신 너와 나의 본 모습이요, 너와 나의 고백이다.

사랑하는 독자 여러분, 이제 우리는 모든 근심 걱정, 염려, 불안을 주님께 송두리째 맡기며, 남은 생애를 주님의 신실하신 약속의 말씀을 믿고, 영원토록 살게 하시는 육체의 부활을 소망하며, 다시 오실 주님의 사랑을 실천하며 살자. 이것이 우리에게 항상 있어야 할 것이다. 이것이 하나님이 우리에게 보여주신 믿음, 소망, 사랑이라는 거울이다. 하나님께 영광을 돌리자.

하나님, 예수님, 성령님이 한 분이신 삼위일체 하나님이신 것처럼 믿음, 소망 사랑의 거울은 세 개의 거울이지만 삼위일체적으로 보면 사랑이라는 거울 안에서 하나가 된다. 사랑의 거울을 통해서 믿음의 거울을 보며, 소망의 거울을 보게 된다. 사랑은 하나님이시기 때문이다. 사랑의 거울이 결국은 믿음의 거울, 소망의 거울이 하나로 하모니가 되게 하여서 결국은 사랑의 거울로 믿음을 보게 하시며, 소망의 거울을 보게 하신다. 그래서 하나님 안에서는 삼위일체 하나님처럼 믿음도 제일이고 소망도 제일이고 사랑도 제일이 되는 것처럼 만드신다. 그래서 믿음, 소망, 사랑의 거울은 삼위일체 하나님이신 사랑 안에서 하나의 거울로 존재한다. 놀라운 하나님의 은혜요 섭리이다. 삼위일체 하나님이 만들어 주신 세가지 색깔의 거울을 하나의 거울로 보게 하신다. 믿음의 말씀도 듣게 되고 순종하여 하나님의 축복도 받게 하신다. 죽음을 이기게 하여 살게 하는 소망도 가지게 하시며, 고멜같은 우리를 사랑하사 죄를 고백케 하시고 용서하여 주신다. 놀라운 하나님의 은혜요 사랑이다. 이와 같은 믿음, 소망, 사랑이 없다면 어떻게 이 어려운 세상을 살아갈 수 있을까? 그러나 우리는 하나의 거울이면서 세 가지 거울이 있다. 이 거울을 보면 찬양이 나온다. 믿음이 생긴다. 말씀이 들린다. 순종하게 하신다. 바랄 수 없는 중에 바라고 믿게 하는 소망을 갖게 하시며 하나님의 사랑 안에서 행하며 고멜임을 고백하며 살게 하신다. 세 색깔의 거울이 하나가 되게 하신 사랑의 거울을 통해서 하나님과 우리 자신을 바라보자. 믿음이 생기며, 소망이 생기며, 사랑이 생긴다.